JN445778

# 동화 청소년소설 읽기와 필사의 모든 것

창작의 힘을 끌어올리는
핵심과 응용의 기술

# 동화 청소년소설 읽기와 필사의 모든 것

한정영 지음

다른

머리말

# 이 책의 활용 방법

《동화·청소년소설 읽기와 필사의 모든 것》은 앞서 출간된 《동화·청소년소설 쓰기의 모든 것》의 심화된 창작 안내서입니다. 《동화·청소년소설 쓰기의 모든 것》이 이야기 구조를 이해함으로써 동화와 청소년소설의 창작 원리를 익히도록 했다면, 《동화·청소년소설 읽기와 필사의 모든 것》은 각각의 작품을 통해 개별적인 창작 방법을 안내하고(읽기), 나아가 창작 과정에 필요한 문장 쓰기를 돕고자(필사) 합니다.

이를테면, 《동화·청소년소설 읽기와 필사의 모든 것》은 비평이나 독서 방법을 다루기 위한 책이 아니고 또한 단순히 좋은 문장 쓰기를 권장하는 책도 아닙니다. 처음부터 끝까지 동화와 청소년소설을 쓰는 데 필요한 세부적인 방법론의 한 부분으로 이해해야 합니다.

개별 작품의 창작 방법을 안내하려는 이유는, 이른바 '스토리텔링 시대' 이후 이야기를 쓰는 방법이 매우 다채로워지고 있기 때문입니다. 전통적인 현실 동화는 물론이고, SF와 판타지가 눈에 띄게 증가했으며, 귀신이나 요괴 등을 소재로 하는 민담식 서사(현대판 옛날이야기)의 증가도 두드러졌습니다. 이에 따라 작가는 어떤 장르의 작품을 마주하더라도, 해당 장르의 작품을 더 흥미롭고 완성도 있게 써내는, 다양한 창작 방법을 익힐 필요가 있습니다. 작가는 그 다양성에 대비해야 합니다. 《동화·청소년소설 읽기와 필사의 모든 것》은 이런 요구에 일차적으로 대응하고, 나아가 개별 작품을 써나가는 데 필요한 디테일한 문장 쓰기 방법론에도 미시적으로 접근하기 위한 안내서입니다.

무엇보다 《동화·청소년소설 읽기와 필사의 모든 것》의 1부 〈창작을 위한 읽기 방법론〉에서는 여러 작가의 다양한 작품에 내재된 창작 방법론을 분석합니다. 어떤 장르든, 또 문학적인 작품이든 덜 문학적인 작품이든, 그 이야기를 완성도 있게 집필하는 데 가장 필요한 핵심 창작 원리가 무엇인지 확인하고, 아울러 작가(지망생) 누구라도 그와 같은 창작 방법을 어떻게 자신의 작품에 응용할 수 있는지를 제시하려 합니다. 따라서 작가(지망생)는 작품을 읽을 때, 비평적 관점이나 연구적 시선을 과도하게 좇지 말고, '어떻게 이 작품이 쓰였을까' 하는 관점에서 접근하기를 권장합니다. 주제나 사회적 의미 등을 파악하기 전에 작품 속 수많은 요소가 어떤 원리로 '한 편의 완결성 있는 작품'을 창작하는 데 기여하는지 살펴보는 것이 우선이라는 뜻입니다.

다른 작품과 소재 혹은 주제가 같다고 해도, 설사 비슷한 등장인물이 사용되었다고 해도 각각의 작품에는 그에 꼭 맞는 고유한 개별 창작 방법이 존재하기 때문입니다. 조금 폭넓게 이야기한다면, 창작 방법론은 작가, 혹은 작품의 숫자만큼 존재한다고 해도 과언이 아니지요. 그래서 전작《동화·청소년소설 쓰기의 모든 것》에서 창작의 원리를 이해했다면, 그다음은 각각의 작품이 어떤 창작 방법을 통해 제반 요소가 통일성 있게 배열되고, 또한 흥미롭게 전개되는지, 그것이 작품의 최종 목적에 어떻게 기여하는지 알아야 합니다.

따라서 '인물 읽기'는 작가가 자신의 작품을 쓸 때 캐릭터를 효과적으로 활용하는 방법에 관한 서술이며, '플롯과 사건 읽기'에서는 특장점 있는 플롯을 소개하고 이를 자신의 작품에 적용하는 방법을 안내했습니다. '테크닉 읽기'에서는 작가(지망생)들이 놓치기 쉬운, 기술적인 내용을 세부적으로 소개하고 이를 작품에 적용하는 방법을 설명했습니다.

이를테면《동화·청소년소설 읽기와 필사의 모든 것》의 1부에서는 창작 방법의 다양한 비전이 있음을 제시하려 했습니다. 그러므로 작가는 어떤 이야기를 창작하든, 그 작품의 소재와 제재에 맞는 다양한 방법을 알면, 같은 소재로도 새로운 이야기를 써낼 수 있을 뿐만 아니라, 작가 자신이 목적하는 바의 최대 효과를 얻어 낼 수 있다는 것을 확인하게 될 것입니다.

2부 〈창작을 위한 필사 방법론〉의 '필사'는 좋은 작품이라고 알려진 동화나 청소년소설의 좋은 문장을 제시하고 따라 써보는 식의 감성적 차원의 것이 아닙니다. 창작에 임했을 때, 특정한 부분에서는 어떤 문장을 어떻게 써야 작품의 완성도가 더 높아지는지, 혹은 어떤 문장이 사건을 더 흥미롭게 만들 수 있는지, 이와 같은 문제의 답을 현실적으로 성취하는 방법을 제시합니다. 이를테면, 풍경 묘사는 왜 하는지, 어떤 때 필요한지, 장면 전환을 할 때는 어떤 내용을 어떻게 담아야 효과적인지, 또한 단순한 에피소드 나열처럼 보이거나 기록물처럼 보이지 않도록 하려면 어떤 방법으로 서술해야 하는지, 혹은 액션 묘사를 하는 기술에는 무엇이 우선해야 하는지 등 세부적인 방법론을 제시할 것입니다. 따지고 보면 이 모든 것의 합이, 이른바 '좋은 작품'의 기반이 되는 셈이니까요. 특히 동화·청소년소설은 언어의 집적물로서, 이와 같은 문장의 질서정연한 배치가 잘 이루어졌을 때 가장 큰 효과를 발휘한다는 사실을 잊지 않아야 합니다. 그래야 미적 성취도 이룰 수 있고, 흔히 말하는 주제의 전달도 손쉬워집니다.

이 과정을 통해 작가는 필사의 필요성을 이해함과 동시에 자신의 작품에 직접 응용하는 방법을 배울 수 있습니다. 이 말은 곧, 작가는 필사를 감성적인 차원에서가 아닌, 목적 지향적으로 접근해야 한다는 의미를 내포합니다. 동화·청소년소설 작가가 되려는 사람에게 단순한 '따라 쓰기'는 작품에 아무런 도움이 되지 못하기 때문입니다. 이를 위해서 작가는 필사를 통해 단일한 하나의 빼어난 문장을 잘 쓰도록 노력해야 하는 것이 아니고, '필사 공부'가 이야기의 흐름을 자연스럽게 하고, 앞뒤 문장과의 논리적 연결성을 고루 갖추기 위한 것임을 미리 확인해 두어야 합니다.

다만 이 책 2부에서 《조선으로 온 카스테라》를 통해 안내하는 통권 필사의 각 항목은, 이 작품에만 해당하는 자의적인 차례입니다. 즉 통권 필사를 시작할 때, 이와 같은 방법으로 스스로 항목을 설정해 가면서 필사하면 자신의 작품을 써나갈 때 참조 항목이 되는 것이지요.

어떤 작품이든 아주 다양한 사례가 발견될 것이기 때문입니다.

《동화·청소년소설 읽기와 필사의 모든 것》에서는 필자의 작품을 다수 다루었습니다. 왜냐하면 어느 작품이든 그 작품을 쓴 작가가 가장 잘 알기 때문입니다. 특히 '필사'의 인용은 필자의 작품에 한정했는데, 다른 작가의 작품을 활용하면 공연히 특정한 작품(혹은 작가)의 좋고 나쁨을 가리는 것처럼 오해할 수 있기 때문입니다. 또한《동화·청소년소설 읽기와 필사의 모든 것》의 목적은 좋은 문장 수집이 아니고, 창작 방법론의 일환으로 필사 방법을 안내하는 것이기 때문입니다. 필사 그 자체가 목적이 아니고, 집필 과정에서 발견되는 자신의 취약한 문장 쓰기에 도움을 받는다는 목적을 환기해 주시기를 바랍니다.

《동화·청소년소설 읽기와 필사의 모든 것》은《동화·청소년소설 쓰기의 모든 것》이 그랬듯이 JY 스토리텔링 아카데미 작가님들의 도움을 많이 받았습니다. 함께 작품을 읽으며 창작 방법론을 찾아냈습니다. 작가님들은 다양한 문제 제기를 통해 이 책을 쓸 수 있도록 모티프를 제공했습니다. 또한 여러 질문을 통해 이 책의 차례를 구성하는 데에도 큰 역할을 했습니다. 따라서 이 책은 한 개인이 제시하는 안내서라기보다 여러 작가가 함께 쓰고 두루 합평하면서 작품을 써내는 과정에서 도출된 창작 안내서라고 해야 할 것입니다. 하지만 아쉽게도 지면과 개인적 능력의 한계로 더 많은 항목을 제시하지 못했습니다. 이번 책에서 다루지 못한 내용은 다음 책에서 다루기로 합니다.

아울러 《동화·청소년소설 읽기와 필사의 모든 것》을 손쉽게 이해하기 위해서 《동화·청소년소설 쓰기의 모든 것》을 꼭 먼저 읽기를 권합니다. 창작 방법론은 순서대로 익히는 것이 가장 좋은 방법이기 때문입니다. 더불어 이 책 곳곳에는 티핑포인트(TP), 평정선 등 여러 용어가 사용되었는데, 이런 용어의 뜻은 《동화·청소년소설 쓰기의 모든 것》에 상세히 설명되어 있습니다.

《동화·청소년소설 읽기와 필사의 모든 것》이 나올 수 있도록 격려해 주신 도서출판 다른 대표님과 책을 만드는 과정에서 다양한 질책을 해주시고 정성스레 편집해 주신 편집부, 그리고 출판사의 모든 분께 감사드립니다. 그리고 전작 《동화·청소년소설 쓰기의 모든 것》을 읽어 주셨고, 이 책도 함께 읽어 주실 모든 작가(지망생)님들께도 대작의 행운이 함께하기를 기원합니다.

**한정영**

차 례

## 3. 테크닉 읽기

# 2부 창작을 위한 필사 방법론

## 1. 필사를 시작하기 전에 알아야 할 것



## 2. 목적에 따라 필사하기

## 3. 통권 필사하기: 《조선으로 온 카스테라》

1부

# 창작을 위한 읽기 방법론

인물 읽기

플롯과 사건 읽기

테크닉 읽기

# 인물 읽기

## 긍정적인 인물을 만들어야 하는 이유

청소년소설도 그렇지만, 특히 동화는 그 장르의 특성상 '건강'해야 합니다. 어두운 면보다 밝은 면을 보여 주어야 하며, 주제도 부정적인 것보다 긍정적인 것을 다루는 편이 좋지요. 그 어떠한 목표도 현실적으로 불가능하다고 말하는 것보다, 현실이 어떻든 (우리가 원하는 세상이) 가능하다고 알려 주는 것이 필요합니다. 세상을 살아가다 보면 수많은 장애물이 존재하더라도 '우리'가 함께하면 어떤 것이든 이겨 낼 수 있다고 말해 주는 것이 중요합니다. 좋은 친구가 있으면 나쁜 친구도 있다는 말보다는 누구라도 우리의 친구가 될 수 있다고 말해 줘야 합니다.

그런 세상이 바로 '동심이 가득한' 세상입니다. 즉 동심이란, 막연하게 따뜻하고 행복으로 가득한 세상, 판타지처럼 알 수 없는 기적이 일어나는 세상을 의미하는 것이 아니라, 아이들이 현실적인 꿈을 이룰 수 있는 세상을 의미합니다.

그러므로 동화는, 어떤 주인공을 다루든 가능한 한 이런 면들을 지향해야 합니다. 물론 이런 요소들을 한 작품 안에 다 담을 수는 없어도 동화나 청소년소설을 쓰는 작가라면 이를 항상 기억해야 합니다.

**무엇보다 긍정적인 생각을 가지고 있는 주인공이 필요합니다.** 대체로 긍정적인 생각을 가진 주인공은 자신에게 어떤 어려움이 닥치더라도 이겨 낼 수 있다는 믿음을 갖고 있고, 주변의 인물들에게도 긍정적 영향을 미칩니다. 실제로 주인공의 긍정적인 행동은 이야기 자체를 경쾌하게 이끄는 데도 도움이 됩니다. 참고로, 이른바 '경쾌한 이야기'의 핵심은 긍정적 주인공에게 있지, 소소한 말장난이나 억지스러운 유머 남발에 있지 않습니다.

《눈물 파는 아이, 곡비》(김연진, 오늘책)의 주인공 아이(이름도 없이 그냥 어릴 때부터 아이라고 불려서 이름이 '아이'가 된 소녀)는 엄마의 강요에 못 이겨 남의 대소사에 따라다니며 '대신 울어 주는 아이'(곡비)가 되어야 합니다. 물론 아이는 이 일에 아주 익숙지 못합니다. 남의 장례식에 가서도 엄마에게 등짝을 맞고서야 겨우 눈물을 찔끔 흘리는 정도이지요. 이런 점은 참 아이다운 모습이라 애정이 가는 캐릭터로 발전할 가능성이 있습니다.

그런데 대체로 보통의 플롯이라면 이런 종류의 이야기에서 주인공은 자신의 처지를 인식하고 마침내 (엄마나 어른들이 보기에) 훌륭한 곡비로 성장하는 이야기가 펼쳐지지 않았을까요? 이를테면 낮은 신분과 여성이라는 차별에 시달리며 온갖 슬픔과 어려움을 감내하면서 꿋꿋하게 살아가는 모습을 떠올릴 것입니다. 어찌 보면 가장 보편적 플롯이지만, 요즘의 어린이 독자들에게는 그 고통의 변주가 때로는 교훈 강요처럼 보일 수 있습니다. 가끔은 너무 진지하기보다는, 정말 아이 같은childish 모습과 그 이면에 잠재된 '아이다운 재능'을 발견해 내는 이야기를 창작하는 편이 어떨까요?

《눈물 파는 아이, 곡비》의 주인공 아이는 그저 조금 투덜거릴 뿐, 자신 앞에 닥친 부조리한 상황들에 거침없이 다가섭니다. 아이는 아버지가 팽형을 당해서 사당에 갇혀 '죽은 듯 살아야 하는' 오생을 만나면서 그의 삶에 적극적으로 관여합니다. 사당에 갇혀 지내는 오생의 아버지에게 음식을 차려 주고, 나아가 오생과 겸상을 할 수 있도록 해주며, 심지어 오생의 아버지가 죽었을 때, 위험을 무릅쓰고 오생이 장례식을 치를 수 있게 도와줍니다. 이때 아이는 오생에게 마음껏 울도록 독려하고 자신도 눈물의 의미를 깨닫습니다. 시대적 배경을 참조하면 여자아이의 이러한 저돌적 사고는 다소 뜬금없게 보일 수 있습니다. 자신에게 직접 닥친 일이 아닌 '남의 일'에 적극적으로 '간섭'하고 있으니까요. 더구나 이 간섭이 큰 문제를 일으킬 소지가 있으므로, 더할 나위 없이 위험한 행동으로 보입니다. 하지만 바로 그 선택을 함으로써 다른 이의 문제를 자신의 문제로 이입시켜 '함께' 문제를 해결해 나가려고 합니다. 주인공 아이의 가장 큰 매력을 발견할 수 있는 부분입니다.

이어 아이는, 친구들과 스스로 '치마 입은 임금님' 노릇을 하며, 오생의 억울한 처지를 마음껏 토로하게 하고 심지어 놀이 중에 갑자기 끼어든 선비(훗날 이 선비가 정조 임금이라는 사실이 밝혀짐)의 안타까운 사연, 곧 아버지가 뒤주에 갇혀 죽었다는 사실도 듣고 위로합니다. 이 놀이를 통해 아이는 오생과 선비의 마음속에 단단하게 자리 잡고 있던 비통함을 일시적으로나마 해소해 줍니다. 긍정적인 사고를 갖지 않으면 할 수 없는 행동임이 분명합니다.

이처럼 자신의 생각과 행동의 옳음을 믿고 거침없이 실천하는 캐릭터는 어린이 독자에게 긍정적인 메시지를 던져 줍니다. 흔히 편집자들이 "어두운 이야기일수록 경쾌하게 써주세요!"라는 어려운 요구를 할 때가 있는데, 그럴 때 참고할 만한 캐릭터가 바로 '아이'라고 할 수 있습니다. 그 때문에 긴장감이 아주 높지 않아도 가독성이 좋습니다. 자신과 같은 아이children가 어른도 꺼리는, 아니 어른이라 더 꺼리는 일을 해나가는 모습을 보는 어린 독자들은 얼마나 통쾌할까요? 자신감도 불어넣을 수 있을 것입니다.

**이 긍정적 캐릭터의 가장 큰 장점 중 하나는, 안타고니스트**(적대자)**일지라도, 그가 특히 주인공의 또래**(어린이 또는 청소년)**라면 끝까지 적대자로 남겨 두지 않습니다.** 이러한 주인공의 화해 지향성 행보는 당연히 동화가 목표로 하는 동심의 세계를 구현하는 데 일익을 담당하지요.《눈물 파는 아이, 곡비》에서 가장 큰 적대적 역할을 하는 것은, 아이가 처한 환경입니다. 그다음으로는 아이를 끊임없이 감시하고 괴롭히는 달래라는 소녀입니다. 이 작품에서 달래는 아이를 위기의 순간까지 몰아가지만 결국 화해하고 친구 사이로 돌려놓습니다. 어린이들끼리는 적대자가 없이 모두 친구가 될 수 있다는 믿음을 확인할 수 있습니다. 이런 아이들의 '연대'는 어른들의 잘못된 생각마저 돌려놓는 힘을 갖습니다.

그러므로 작가는 작품 안에서 아무리 '나쁜 짓'으로 보이는 일을 한 적대적 인물이라도 주인공과 화해시키려 애써야 합니다. 이것이 동화가 갖는 미덕이기도 하지요. 상당수의 작품 말미가 다소 억지스럽게라도 적대자와 화해하는 장면으로 끝나는 것도 이 때문입니다.

동화가 지향해야 하는 또 하나의 미덕은 '기적'입니다. 즉 어른이 생각하기에 현실에서는 일어날 수 없어 보이는 일도 동화에서는 가능해야 합니다. 물론 지나치면 작위적으로 보일 수 있지만 그 가능성을 열어 두어야 한다는 뜻입니다.

《눈물 파는 아이, 곡비》에서 평민 아이들이 왕(정조)을 만납니다. 이는 개연성이란 측면에서 보면, 사실상 불가능해 보입니다. 그럼에도 불구하고 동화에서는 어린 주인공이 왕을 만나는 일이 종종 벌어집니다. 물론 정조 임금이 자주 암행을 나섰다고는 하지만 아이들과 하필이면 임금 놀이를 할 가능성은 희박합니다. 그러나 동화는 '기적'을 만들어 냅니다. 이 기적은 아이들이 내적으로 가지고 있는 희망에 근거한 것이며 간절한 그들의 바람을 들어주는 한 방법입니다. 긍정적 주인공에게는 기적이 일어나도 그다지 어색하지 않다는 뜻이기도 합니다.

물론 이 기적이 너무 잦고 필연적 이유가 없으면, 앞서 말한 대로 작위적인 사건이 됩니다. 종종 작가들은 이 특성을 이용해 터무니없는 일을 현실적인 것처럼 내놓기도 합니다. 그러나 이런 설정은 '정신 승리'에 불과하며 작법의 원칙에도 맞지 않습니다.《눈물 파는 아이, 곡비》에서는 오생과 정조의 비극적인 히스토리가 맞물리면서 서로 알레고리(153쪽, '은유, 혹은 알레고리 기법의 이점' 참고) 역할을 하지요. 두 인물이 아버지에 대한 치명적인 아픔을 지니고 있다는 면이 그렇습니다. 이는 세련된 기교입니다. 이 '만남의 기적'에 개연성을 부여하는 것입니다.

이처럼 동화는, 그 장르의 미덕이 잘 유지될 때 더욱 '동화답게' 읽힙니다. 작가가 이 미덕을 잘 유지하려고 노력할 때, 동화는 그 장르로서의 정체성을 갖게 됩니다. 물론 긍정적인 주인공이 큰 역할을 하는 것은 말할 필요도 없고요. 이처럼 긍정적 주인공은 그 자체가 곧 메시지가 되고, 동화의 지향점을 적시해 주기 때문입니다.

다만 이와 같은 긍정적인 인물을 만들기 위해서는, 그 인물에 대한 작가의 명확한 인식이 필요합니다. 무엇보다 긍정적인 인물은, 그 누구보다 다부지고 (잘못된 현실에 대해) 매우 반항적이며, 그것을 바로 잡으려는 의지가 충만한, 그런 인물이 아니라는 사실입니다. 이런 인물은 되레 앞에서 말한 바와 같이 과장되게 보일 수 있으며, 따라서 개연성을 해칠 수 있습니다. 소영웅주의의 소산으로 보이는 우를 범할 수

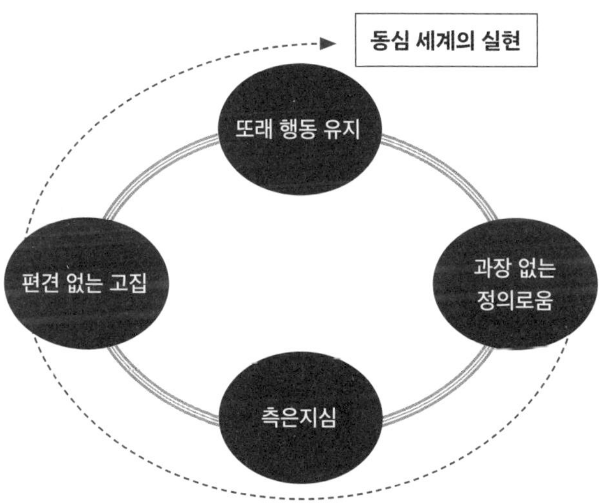


긍정적 인물의 조건

도 있겠지요. 오히려 동화와 청소년소설에서의 긍정적 인물은, '그 또래에 맞는 생각과 행동을 유지하되, 도리에 어긋나는 일을 모른 체하지 않으며, 자신의 사소한 행동 하나가 누군가를 위로해 줄 수 있다고 믿는 인물'입니다. 차라리 소박해 보이는 이 진심이, 인물에게 훨씬 강력한 힘을 부여할 것입니다.

즉 긍정적 인물의 사용은, 사실상 현실이 너무 각박하고 부조리로 넘치는 세상이기 때문에 더더욱 의미 있는 창작 방법이 될 수 있습니다. 긍정적 인물은, 그런 현실에서 오히려 가장 '문제적인 인물'이 될 수 있으니까요. 그뿐만 아니라 주제를 굳이 드러내지 않더라도 긍정적인 인물은 그 존재 자체가 훌륭한 주제가 될 수 있습니다.

## 문제 있는 인물을 만들어 나가는 방법

### 1. 내부 조건의 변형

모든 이야기는 '문제'에서 비롯된다고 했고, 이때 문제는 '주인공의 문제이며, 주인공을 위한 문제'입니다.(《동화·청소년소설 쓰기의 모든 것》5부 참고) 이 '문제'는 독자에게 이 책을 읽어야 할 필연적 이유를 만들어 줍니다. 문학성이 짙은 작품이라면 이 문제는 독자에게 삶의 방향성에 참고가 될 만한 메시지를 품고 있기도 하지요. 자신(독자)의 서사적 정체성을 확립해 나가는 데 참고할 만하다는 뜻입니다.

그리고 '문제'는, 그것이 발생하거나 주인공 스스로 인지하는 순간부터 주인공에게 목표를 설정하게 하고, 따라서 앞으로의 이야기는 주인공이 그 문제를 해결해 나가는 과정이 됩니다. 결국 주인공은 (이야기에서 최초로 발생한) 문제를 해결하기 위해서 사실상 또 다른 문제를 일으킵니다. 이렇게 일으킨 일련의 문제 덩어리가 곧 사건으로 비화하며, 이야기를 앞으로 나아가게 하는 원동력이 됩니다.

그래서 주인공이 어떤 문제를 가지고 있느냐에 따라 그 작품의 독특한 색깔이 결정됩니다. 이런 이유로 상당수의 작가는 '색다른'(곧 문제의 소지가 다분한) 인물을 찾기 위해 다양한 자료를 참고하여 다른 작가의 작품을 벤치마킹하기도 합니다. 주변에 별난 사람이 없는지 관찰하고, '숨은' 역사 인물을 검색해 보는 일도 마다하지 않습니다. 하지만 이런 일은 오로지 '새로운' 인물을 찾는 일이지, 문제 있는 인물을 찾는 일은 아닙니다. 그리고 명백히, 작가는 인물을 '만들어 내는' 사람이지, 어딘가에 묻혀 있는 인물을 '발견해 내는' 사람이 아닙니다. 작가는 글 쓰는 사람이며 고고학자 역시 아니지요.

즉 모든 문제의 기원은 평범한 곳에 있습니다. 이 말은 문제 있는 인물은, 애초에 따로 존재하는 것이 아니라, 평범한(문제없는) 인물의 또 다른 모습(변형)이라는 것을 이해해야 한다는 뜻입니다. 더 거칠게 말하자면, 작가가 그 문제를 만들어 내야 한다는 것이지요. 실제로 아무런 문제가 없어 보이는 사람에게도 문제는 언제든 생길 수 있는 것이니까요.

《좋아, 하는》(김화요, 대교북스주니어)의 주인공 지수는 키가 큰 여학생이고 운동을 잘하며, 그런 이유로 같은 여자아이들 사이에서 인기가 많습니다. 또래 아이라면 누가 보아도 동경할 만한 아이입니다. 심지어 '네가 내 남자 친구였으면 좋겠다'는 말을 하는 친구도 있지요. 이처럼 동성 친구들이 좋아하는 보이시boyish한 여학생 캐릭터는 최근에는 흔한 편입니다. 지수는 문제는커녕 반 아이들 모두에게 칭찬받고 사랑받고 있는, 아무런 문제가 없어 보이는 인물이지요.

그런데 지수에게는 친구들이 모르는 비밀이 한 가지 있습니다. 이제부터 작가가 문제를 만들기 시작하는 것이지요. 다름 아니라, 지수는 겉보기와는 달리, 귀엽고 예쁜 것에 심취해 있는, 게다가 인형 옷 꾸미기를 좋아하는 '전형적인 여자아이'라는 것입니다. 심지어 지수는 자신이 꾸민 인형을 SNS에 올리기까지 하는데, 닉네임이 '살랑 핑크'입니다. 지수는 이런 자신의 진짜 모습이 밝혀질까 두려워합니다. 자칫 그런 진짜 모습에 친구들이 실망할까 전전긍긍하지요. 그 때문에 자신의 참모습은 감춘 채 바깥에서는 동성 친구들의 '남자 친구 역할'을 거듭합니다. '가짜의 삶'이 자신을 괴롭힙니다.

'문제'가 만들어졌습니다. 이 문제는 작품의 전반을 지배합니다. 주인공 지수는 자신이 인형을 좋아하고 꾸미는 것을 좋아하는, '매우 여성스러운 면모'를 들키지 않기 위해 안간힘을 씁니다. 이를 위해서 지수는, 심지어 자신이 가슴속에 품고 있는 문제를 유일하게 이해해 주는 속 깊은 친구 안희도를 배신하기도 합니다.

이 극적인 배신은, 짝꿍 안희도(남자아이)가 인형 관련 인플루언서인 도리안(안희도의 누나)의 심부름을 하면서 발생합니다. 다름 아닌, 망사 옷감을 비롯한 인형 옷 재료를 지수에게 전달하는 일이지요. 그래서 이 옷감을 가지고 학교에 왔는데, 뜻밖에도 반 아이들에게 발견됩니다. 이것을 보고 친구들이 안희도를 망사 변태라 부르는 소동이 발생합니다. 이때 지수는 옷감이 자신에게 배달된 것이라고 말하지 않습니다. 자신의 진짜 모습을 들키지 않기 위해서였지요. 물론 안희도 역시 지수를 지켜 주기 위해서 아무 말도 하지 않습니다. 그럼으로써 매우 여성스러워 보이는 옷감이 안희도의 것이 되고, 안희도는 반 아이들에게 '변태'로 낙인찍히게 된 것입니다. 이런 상황에서도 지수는 나서지 않습니다.

지수의 배신은 여기서 그치지 않습니다. 사실은 안희도를 짝사랑하면서도, 여러 가지 도움을 준 안희도와 친하지 않다는 사실을 입증하기 위해 피구 게임 때, 일부러 안희도를 세게 맞혀 아웃시킵니다. 바로 이 과정에서 누군가 안희도를 밀쳐서 안희도는 발목을 크게 다치지요. 결국 지수는 자신의 비밀을 지키기 위해 안희도를 희생시킨 꼴이 되고 말았습니다. 주인공의 내부에 잠들어 있는 사소한 문제가 외부로 나가 문제를 만들고, 또 더 큰 문제를 일으키는 형국입니다.

어른들이 보기에는 별것도 아닌 일을 숨기기 위해서 지수는 반복해서 친구를 배신하고 일을 더 크게 만들어 갑니다. 즉 지수는 스스로 흑화되면서 마음에 담아 둔 생각과는 다른 행동을 하게 되고, 이는 독자의 안타까움을 자아내면서 독서에 집중하게 만들지요.

이처럼 '문제'가 있는 인물을 만드는 방법은, 평범한 한 인물에서 시작해, 한두 가지의 성격을 변형하거나 설정을 바꾸어 주는 것입니다. 이 작품에서는 두 번째 캐릭터인 안희도 역시 같은 방법으로 만들어 냅니다. 안희도는 남자아이인데, '여자들이나 하는' 발레를 좋아합니다. 콩쿠르도 준비하고 있고요. 안희도 역시 그런 자신의 모습을 반 아이들에게 알리지 않습니다. 다만 지수와는 달리 자신이 좋아하는 일에 떳떳하지요.

표면적으로 보면, 남자 같은 여자아이와 여자 같은 남자아이의 이야기로 보입니다. 하지만 안희도라는 캐릭터는 주인공(지수)의 문제를 더 확대하기 위해 선택된 캐릭터입니다.

초반의 긴장감은 그리 크지 않아 보일 것입니다. 어른의 시각에서 보면 그렇습니다. 하지만 아이들에게 자신의 인기 있는 모습이 사실은 가짜이고, 진짜 모습은 따로 있다는 사실을 들키는 일은 심각한 문제일 수 있습니다. 물론 '사소한' 문제도 큰 문제처럼 보이게 만드는 것이 작가의 능력이긴 합니다.

이 외에도《좋아, 하는》에는 초등학생 여자아이의 심리 변화, 특히 처음에는 최악이라고 생각했던 짝꿍 안희도를 조금씩 좋아하게 되는 과정이 잘 담겨 있습니다. 이런 부분은 블록버스터급의 사건이 아니라도, 작가는 이야기를 얼마든지 재미있게 만들 수 있어야 한다는 사실을 증명합니다.

더하여, 이 작품의 작가는 작가의 말에 "우리가 남들과 다른 고유한 존재인 이유는 아마도 그런 부분(각자 좋아하는 게 조금씩 다른 것 -글쓴이 주) 때문이 아닐까요. 각각의 마음과 각자의 취향, 그로 인해 서로 다른 빛깔을 지녔으니까요. 이 이야기는 그런 생각으로부터 태어났답니다."라고 썼습니다.

이 말에 따르면, 작가는 관념적이고 추상적인 주제를 구체성 있는 사건으로 아주 잘 표현한 것입니다. 즉 어떤 주제를 쓰고 싶더라도, 그 주제가 구체적 사건으로 표현되지 않으면 안 됩니다. 동화와 청소년소설은 그런 방법으로 주제를 전달하는 것입니다.

그러므로 작가는 '문제'가 있는 인물을 찾아내느라 애를 쓸 것이 아니라, 우리 주변에 널려 있는 아주 평범한 인물 중 하나를 선택해 딱 한 가지 조건만 변형하는 쪽이 더 현명한 방법임을 잊지 말아야 합니다. 즉 전혀 새로운 문제를 가진 인물을 찾을 것이 아니라, 오히려 문제가 없어 보이는 주변 인물에서 시작해도 된다는 뜻입니다.

이를 몇몇 창작 이론가들이 일반적으로 적용하는 함수 형태로 나타낼 수 있습니다. Y가 문제 있는, 즉 창조하려는 인물이라면, f는 (문제 없는) 일반적 인물입니다. 여기에 하나 이상의 변수(x)를 추가하는 것이지요. 이때, x값은 문제를 발생시킬 수 있도록 관찰 인물(f)에게 이전에는 없었던 조건이어야 합니다. 그래야 x값이 돌발 변수로 작용합니다. 이 돌발 변수가 문제를 만들 것이고, 이전과는 다른 인물(Y)이 만들어질 수 있습니다.

이를테면 《좋아, 하는》의 지수(Y)는, 친구들에게 인기 많은 보이시한 여자아이(f)에, '분홍색과 인형 만들기를 좋아하는 성격'(x)이라는 조건 변수가 대입되어 만들어진 캐릭터입니다.

일반적인 인물

$$Y = f(x)$$

작품 속에서 기대하는 인물

조건 변수

**문제 있는 인물을 만드는 방법 1 – 내부 조건의 변형**

이처럼 지수와 같은 인물은, 위와 같은 공식을 통해서 얼마든지 만들어 낼 수 있습니다. 예를 들어, '얼굴도 예쁘고 노래를 잘해서 아이돌을 꿈꾸는 여자아이'(f)인데 '정작 대인 기피증'(x)이 있다면 재능을 사용할 수 없는 문제적 인물(Y)이 될 수 있지요. 또한 '조선 시대에, 대대로 벼슬을 한 가문에서 태어난 도령'(f)이지만 '공부보다는 요리에만 관심 있는 아이'(x)라면, '시대적으로 고난에 휩싸일 가능성이 큰 인물'(Y)이 됩니다.

즉 문제 있는 인물은 적극적으로 창조하려는 작가의 노력에서 발현되는 것임을 기억해야 합니다.

## 2. 외부 조건의 변형

대부분의 이야기에서 주인공의 '문제'는 고난을 야기합니다. 그리고 이 고난은 가독성의 원동력이 되지요. 독자는 주인공이 이 고난을 해결해 나가는 과정을 함께(자기 동일시) 경험합니다. 특히 내부 조건에서 비롯되는 고난보다 외부 조건에서 비롯되는 고난은, 그 문제의 요인이 대중적인 것일수록 폭넓은 공감을 얻을 수 있습니다. 아무래도 내부 조건에서 비롯되는 문제는 개별성과 특수성이 두드러져서 흥미로울 수는 있지만 외부 조건에서 기인하는 문제보다 대중성에서 취약할 수 있습니다. 또한 경우에 따라서 해당 작품이 사회적 의미를 갖는 데에도 결정적인 역할을 하지요.

물론 이때 외적 조건이란, 흔히 주인공을 둘러싼 환경을 의미합니다. 즉 이 환경을 악화시키면 주인공을 문제적 인물로 치환할 수 있습니다. 대체로 문제란, 주인공이 나아가고자 하는 방향과 이를 억압하는 조건의 충돌에서 발생하기 때문입니다.

그 때문에 특히 역사 동화(소설)의 경우, 전략적으로 '낮은 신분-여성-미성년자(어린이와 청소년)'를 주인공으로 설정하면, 어렵지 않게 외부 조건에 대해 열악한 인물이 탄생합니다. 현대 이전까지는 신분제 사회였고, 여성에게 불평등했으며, 어린이와 청소년의 권리가 취약했던 시대였기 때문이지요. 즉 이런 주인공은 설정 그 자체만으로도 가혹한 환경과 마주해야 하는 상황이 발생합니다. 여기에 더하여 주인공이 지배 구조나 제도에 반하는, 특정한 목적까지 가지고 있으면 외적 조건은 적대자의 역할을 충실하게 수행하게 됩니다. 이를테면 노비이거나 평민인 여자아이가 글을 배워 낮은 벼슬이라도 하고 싶어 한다면, 이미 이 주인공은 시대의 이데올로기에 역행하는 포지션을 취하게 되고, 이는 주인공의 생존 자체를 위협할 수도 있습니다. 즉 문제적 인물이 되는 것이지요.

반대로 현대 배경에서 위와 같은 조건은 문제의 강도가 약화됩니다. 지금은 신분의 차별이나 성평등 문제가 조선 시대보다 개선된 편이며, 어린이와 청소년의 인권 역시 그때보다는 진일보한 측면이 있으니까요. 따라서 현대 배경의 작품에서는 이러한 조건보다는 가난, 편부나 편모 가정, 다문화 가정, 난민 등의 문제를 더 자주 내세웁니다. 결국 작가는 문제적 인물을 만들기 위해서 외적 조건을 전략적으로 선택(강화)해야 한다는 뜻입니다.

《칠성 에이스》(고수진, 미래인)의 주인공 창이가 마주한 일차적인 외적 조건은 부모의 부재입니다. 부모 없이 할머니와 살고 있으니, 당연히 가난이라는 조건이 추가되겠지요. 이 정도만으로도 아직 성인이 되지 않은 주인공의 '문세'의 소지는 다분합니다. 여기에 작가는 주인공에게 야구에 대한 강한 열망을 부여합니다. 즉 열악한 환경에 주인공의 열망까지 가세하면 외적 조건의 주인공에 대한 적대적 반향성은 훨씬 커집니다.

그런데 오래지 않아 창이의 버팀목이던 할머니가 세상을 떠나면서 창이는 홀로 남습니다. 환경의 변화가 추가되어 문제가 커졌고 고난이 한층 강해졌습니다. 그럼에도 불구하고 자신의 욕망을 포기할 수 없었던 창이는 일과 학업을 병행하기로 합니다. 학교를 다녀야 야구 선수로 정식 등록할 수 있기 때문입니다. 물론 욕망이 열악한 환경을 압도하기 때문에 창이는 일과 학업을 병행하면서, 동시에 연습을 이어 나가지요.

하지만 창이에게 불리한 외적 조건이 하나 더 추가됩니다. 그것은 일제 강점기라는 시대적 불안정성에 오는 것인데, 주권 침탈의 피해자인 창이는 일본인 아이들 때문에 사사건건 시비에 휘말립니다. 일본인 아이들이 연습을 못 하게 방해한다든가, 연습 경기를 약속해 놓고 시합장에 나타나지 않는 식이지요. 일본인들의 이 모든 행위는 야구 선수의 길을 가야 하는 창이에게 번번이 걸림돌이 됩니다.

이처럼 중첩된 외적 조건의 적대성은, 주인공을 더욱 문제적 인물로 보이도록 합니다. 그리고 주인공은 이 문제에서 벗어나기 위해서 온갖 노력을 펼칩니다. 여기에 더하여 창이는 엄마로 의심되는 인물이 일본인의 부인이 되어 있고, 하필이면 자신의 경쟁자인 요시다의 엄마로 살고 있다는 사실을 알게 됩니다. 이런 미스터리한 상황도 주인공 창이를 더욱 문제적 인물로 만드는 데 일정한 역할을 담당하지요. 이 모든 것이 일제 강점기라는 시대적 배경과 독립운동에 참여한 부모의 이력 때문에 생긴 일이므로 외적 조건의 변이라 할 수 있습니다.

물론 다양한 적대 환경을 중첩시키는 방법도 있지만, 하나의 적대 환경을 가중시키는 방법도 있습니다. 《으라차차 강파란》(강미숙, 썬더키즈)의 주인공 강파란은 한국에서 태어났고, 보통의 어린이들처럼 '떡볶이를 좋아하고, 코인 노래방에 가면 트로트를 부르는' 아이입니다. 하지만 파란은 이름과는 어울리지 않게 검은색 피부를 가진 세네갈 난민입니다. 이것이 파란을 고통스럽게 하는 적대 환경입니다. 아이들은 파란을 '초코 우유', '까망이'라고 부르기를 주저하지 않습니다.

그런데 이 적대 환경은 생각보다 더 강력하게 파란을 억압합니다. 그 억압은 축구 선수가 되고 싶다는 욕망에서 비롯됩니다. 파란은 코치의 추천을 받았음에도 피부색이 다르다는 이유(학부모들의 항의)로, 또한 돈이 많이 든다는 이유로 입단 테스트마저 받을 수 없게 되지요. 그럼으로써 파란의 꿈은 좌절되고 맙니다.

피부색이 검은 난민이라는 적대적 환경의 억압은 여기에서 그치지 않습니다. 우여곡절 끝에 파란은 씨름 선수가 되어 지역 씨름 대회에서 우승하지만 전국 대회에는 출전할 수 없게 됩니다. 난민이라서 국적이 없기 때문입니다(2025년부터 이 법은 개정되어 출전이 가능하게 되었습니다).

이처럼 외부 조건의 다양하고 지속적인 위협은, 스스로 특별한 문제의식을 갖지 않아도 주인공을 곤경에 처하도록 만듭니다. 그러므로 매력적인 인물은 억지로 찾아내는 것이 아니라, 외부 조건만 변형시키고 추가하면서 얼마든지 얻어 낼 수 있습니다. 그러한 외부 조건은 주인공의 강한 욕망과 부딪치며 사건을 만들어 내고 긴장감을 유발합니다.

앞 장의 함수 공식으로 설명하자면, 내적 조건의 변화는 평범한 인물의 개별적 특성을 추가하거나 삭제해서 만들어지고, 외적 조건의 변화는 환경적 특성의 추가 혹은 삭제를 통해서 만들어진다고 할 수 있습니다.

당연한 말이지만 이때, 시대에 반하는 인물의 개별적 욕망을 추가하면 더 매력적인 주인공을 만들 수 있습니다. 물론 그 욕망을 다 이루지 못해도 됩니다. 동화와 청소년소설은 그 과정을 일관성 있게 제시하는 것을 더 중시하는 장르이기 때문이지요. 다만 시련이 너무 극단적이면 작위적인 작품이 될 우려가 있으므로 그 수준을 조절해야만 합니다.

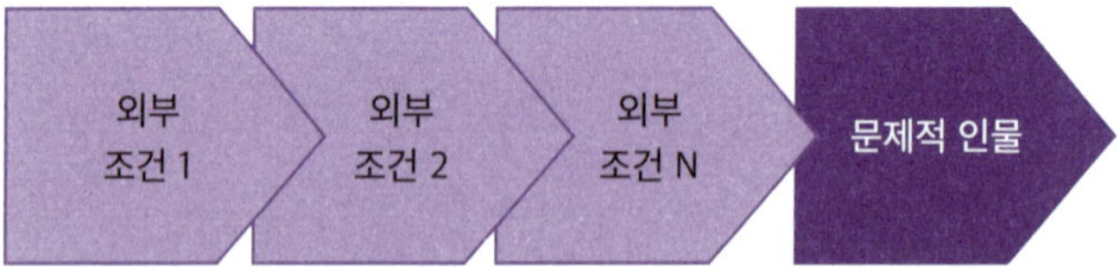


문제 있는 인물을 만들어 나가는 방법 2 - 외부 조건의 변형

## 인물의 히스토리가 중요한 이유

'매력적인 주인공'을 만들고픈 열망은 모든 작가에게 있습니다. 그런 주인공 하나만 있으면, 많은 독자가 자신의 작품을 오래 기억할 것이라 믿기 때문이지요. 이때 '매력적'이라는 표현은 다양하게 정의될 수 있습니다. 특히 독자의 개성이나 연령에 따라서도 그 의미의 차이가 발생하겠지요. 피상적으로는 잘생기거나 예쁜 외모부터 시작해, 항상 정의롭다거나(힘이 약한 자를 돕는 등), 특별한 능력(귀신을 볼 수 있는 능력 등)을 가지고 있다거나, 아무리 불행한 조건 속에서도 희망을 잃지

않는 낙관적인 성격 등도 매력적인 요소가 될 수 있습니다.

작가는 이런 인물을 만들기 위해서, 우선은 그 인물만의 독특한 히스토리를 부여해야 하며, 그 인물이 자신 앞에 닥친 사건을 마주할 때도 기발할 만큼 개성적인 태도를 보이도록 해야 합니다. 즉 앞서 언급한 예시도, 그것이 하나의 요소로 작용할 수는 있지만 그 자체로 매력적이라고 볼 수는 없습니다. 즉 매력적인 인물이 되기 위해서는 그 성격과 행동이 합리적 개연성과 적합성을 가져야 합니다. 상식적이고 현실적인 바탕 위에 창조되는 특수성이 그 인물의 매력을 만들 것입니다.

즉 주인공의 매력이란, 그의 외모나 추상화된 성격에 의해 드러나는 것이 아니고, 당면한 사건을 마주하는 주인공의 행동을 통해서 나타납니다. 특히 그 행동 양식이 구체적이고, 나아가 개성적일 때, 독자는 그 인물을 더 매력적으로 느낍니다.

그런데 이때, 주인공이 어떤 행동을 하든 그런 행동과 사고의 동력動力은 그의 히스토리(history, 정확히는 historic에 가깝습니다)에 기초합니다. 즉 인물의 특별한 경험이 쌓이면, 그것이 주인공의 성격 형성에 영향을 미치고, 주인공은 현재 벌어지고 있는 사건의 해결 방법으로 그 경험을 참조하기 때문이지요. 어린이와 청소년이 더 다양하고 폭넓은 스키마를 가질수록 서사적 정체성을 확립하는 데 도움이 된다는 말도 이와 관련이 있습니다. 즉 그 인물만의 히스토리는 개성을 갖추는 단초가 되고, '매력'의 근간이 됩니다. 따라서 인물이 매력적이지 않다면 히스토리에 원인이 있다고 볼 수 있습니다.

결론부터 말하자면 히스토리는 개성적인 성격을 구체화하고 행동의 당위성을 부여해 줍니다. 그러므로 그 인물의 히스토리가 독특하다면, 이야기의 전반을 흥미롭게 만들 수 있습니다. 모든 사건은 주인공을 중심으로 전개되니까요. 그러므로 작가는 주인공을 비롯한 등장인물의 히스토리를 어떻게 만들지 고민해 보아야 합니다. 현재 주인공의 모습이 매력적으로 보이려면, 히스토리가 탄탄해야 한다는 뜻입니다. 그래서 수많은 창작 이론서의 안내자들이 작가에게 '주인공의 자서전을 만들어 보라'고 충고하는 것입니다.

앞서 말했듯이 인물의 현재 행동은, 그 인물의 히스토리의 영향을 받습니다. 특정한 인물에게 유독 적대적이라든가, 어떤 특정한 사건이 발생하면 다른 때와는 달리 기피하거나 반대로 더 적극적으로 대처한다든가, 다른 이에게는 그저 평범한 상황인데, 그 인물은 유독 민감하게 반응한다든가 하는 이유는 그 인물이 품고 있는 히스토리의 특수성 때문이라고 보아도 무방합니다. 그리고 이 '특수성'이 그 인물의 개성을 만듭니다. 결국 인물의 현재 행동과 사고는 히스토리에 기초한다고 보면 되겠지요. 대체로 개성적이고 매력적인 인물의 기초는 이 히스토리에서 시작합니다.

《천 년의 음모》(한정영, 올리)의 제나는 "베나로스 대종탑 아래로 가세요."라는 제사장의 명령에 따라 과거(2031년)로 시간 여행을 왔습니다. 그러나 여행지에 도착하자마자 흰 가면을 쓴 사내가 제나를 뒤쫓습니다. 제나는 그가 자신처럼 미래(2151년)에서 온 시간 여행자라 생각하고 자신의 목숨을 노린다고 여기지요. 이에 제나는 위협을 느끼며, 특히 동생 제타를 지키기 위해 동분서주합니다. 그런데 이런 중에 자신의 주변을 맴돌던 소녀(은파)를 만나 자신이 이미 이전에도(2064년)

이곳에 온 적이 있다는 말을 듣습니다. 심지어 그때, 자신(제나)이 은파에게 더 과거(2031년)로 돌아가야 한다고 말했다는 것이지요. 이야기의 초반부터 알 수 없는 인물에게 쫓기고 과거와 미래가 뒤엉킨 여행을 하고 있다는 사실에 직면한 제나는 당혹스러워합니다. 어쩌면 독자도 혼란스러울 것입니다.

무엇보다 중요한 것은, 제나는 왜 이런 모험을 해야 하느냐는 것입니다. 그녀는 목숨을 걸고서라도 어떻게든 이복동생 제타를 지키려 하고, '왜 이곳에 두 번이나 와야 했는가, 그래서 지금 해야 할 일은 무엇인가?'라는 수수께끼를 해결해야 하는데, 그 이유가 궁금해지지요. 사실 정답은 제나의 히스토리에 있습니다. 그래서 독자는 이때부터 제나의 히스토리와 현재 일어나는 일, 곧 누군가(팔색 거미단)에게 쫓기면서 도시 파괴를 멈추는 일에 동시에 주목하게 되지요.

보통 주인공의 현재 행동의 강한 당위성은 거부할 수 없는 히스토리의 강렬함에 있습니다. 우선 제나가 동생 제타를 보호해야 하는 이유는 자신의 목숨을 살려 준 왕비 때문입니다. 이전의 왕비였던 친엄마가 불미스러운 사건으로 왕궁에서 쫓겨났을 때, 자녀들까지 처벌하자는 대신들의 의견을 물리치고 제나와 제타를 자식으로 품었던 사람이 새 왕비였기 때문이지요. 이처럼 이전의 히스토리가 현재의 행동에 영향을 미칠 뿐만 아니라, 그 구체적 행동을 통해 캐릭터가 구현되는 것이지요. 다른 일도 아니고 목숨을 건졌다는 이유보다 더 강력한 동기가 어디에 있을까요? 그래서 제나는 도시를 폭풍에서 구하는 일보다 제타를 지키는 일을 더 우선시합니다. 엄청난 폭풍이 몰려올 때 도시를 구할 유일한 사람이 자신인데도 제나는 그것을 포기하고 제타를 지키기 위해 도시를 떠나려 하지요.

이처럼 강력한 히스토리는 현재 주인공의 행동을 지배합니다. 즉 제나가 아무리 거칠고 위험해도 당면한 모험을 포기하지 않는 이유는 히스토리가 그만큼 절박하다는 뜻입니다. 사실 반란자들은 제나의 부모인 왕과 왕비를 해치려 했고, 그들은 가까스로 반란자들을 피해 섭씨 50도를 넘나드는 죽음의 땅으로 달아났습니다. 이 과정에서 제나의 두 오빠는 목숨을 잃었습니다. 따라서 제나는 어떻게든 이 모험을 이겨 내고 도시를 지켜야 합니다. 주인공의 멈추지 않는 행동의 모티프는 바로 여기에서 비롯된다고 할 수 있습니다.

결국 주인공의 히스토리가 얼마나 강렬한지에 따라 주인공의 현재 행동이 탄력을 받습니다. 이럴 때 개연성도 확보되지요. 따라서 작가는 주인공의 현재 행동의 당위성은 그의 히스토리에 뿌리가 있음을 잊어서는 안 됩니다.

가령 여말선초를 배경으로 하는 역사 동화, 《진홍이 아니라 분홍》(정현혜, 오늘책)의 주인공 란이의 이해할 수 없는 행동도 이를 근거로 설명됩니다.(56쪽, '역사 동화에서 실존 인물 사용 방법' 참고) 이를테면 보잘것없는 10대 소녀에 불과한 란이가 당대 최고 권력자인 정안군(조선 3대 임금 태종)과 여러 번 마주치면서도 다른 사람들과는 다르게 행동하지요. 어가 행렬 중에 만났을 때는 고개를 들라는 정안군의 명령에도 핑계를 대어 마주 보지 않는다든가, 숲에서 만났을 때는 이미 정안군이 왕으로 등극했는데도 '전하'라는 말을 하지 않고 버티지요. 란이의 이런 행동의 이면에는 자신의 참담한 가족사가 자리하고 있습니다. 란이의 할아버지가 정몽주와 가깝게 지낸 죄로 장형 100대를 맞고 목숨을 잃었으며, 아버지도 유배를 떠났기 때문이지요. 이후에는 폐족이 되어 사실상 천민이나 다름없는 처지로 전락한 것입니다. 이런 란이의 히스토리는, 정안군에 대한 분노로 점철되어 있고, 즉 문제적 행동을 유발하게 하는 원동력이 됩니다. 한편으로는 독자에게는 긴장감을 높이면서 작품 전반에 중요한 모티프로 자리 잡습니다.

다시 말해 이야기의 모든 재미는 '과정'에 있고, 이 과정이 흥미로워지는 것은 개별 히스토리의 개성에 달렸습니다. 그 히스토리는 지금 주인공의 판단과 행동의 절대적 키워드이기 때문입니다.

따라서 작가는 어떤 이야기를 쓰기 위해서는 반드시 주인공의 '과거 - 현재 - 미래'를 일목요연하게 정리할 필요가 있습니다. 즉 주인공의 히스토리는 사실 현재의 행동을 개연성 있게 끌고 가기 위해 차후에 선택되는 것이 아니라, 애초에 기획 단계에서 미리 설정되어 있어야 한다는 뜻입니다. 사건은 인과관계에 의해 매우 논리적으로, 또한 치밀하게 발전되어야 하기 때문입니다.

덧붙여, 간혹 최근 '이유 없이 다짜고짜 그런 일이 발생하는 이야기가 인기'라는 말이 있는데, 그런 이야기는 거의 없습니다. '(현재적) 현상'만을 바라보려는 시도가 많은 것은 사실이지만, 동화와 청소년소설은 한 인물의 '정체성'을 만들어 가는 장르입니다. 대체로 히스토리가 축약되었거나, 지나치게 분산되었을 뿐입니다. 세상의 모든 이야기는 우연처럼 보일 수 있으나 결국은 필연에 의한 것입니다. '정말 아무런 이유 없이 갑자스레 일어난 일인 줄 알았더니, 알고 보니 이런 이유 때문이었어!'의 형태입니다.

따라서 작가는 작품을 시작하기 전에 적어도 주인공의 '자서전'만큼은 성실하게 만들어 두는 것이 좋습니다. 보편적 경험은 물론 특수한 경험까지, 필요하다면 시시콜콜한 에피소드까지 놓치지 않는 성실함이 필요하다는 뜻입니다. 이 모든 것의 합이 그 인물의 정체성이고, 성격이며, 따라서 현재 행동의 분수령이 되기 때문이지요. 다만, 자서전조차도 그렇듯이 작품 속에 그 모든 것을 다 넣을 필요는 없습니다. 아니, 오히려 필요한 내용만 넣는 것이 창작의 기술이겠지요.

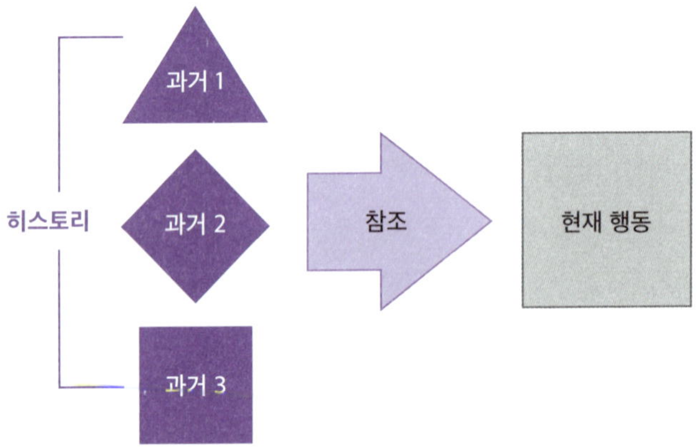


인물의 히스토리와 현재 사건의 관계

이를테면, 그림에서 보는 바와 같이, 서로 결이 다른 과거가 한 인물에 존재할 수 있습니다. 자서전이라면 이를 골고루 다루겠지만, 동화나 청소년소설에서는, 작가가 목적하는 바의 주인공의 행동에 더 직접적으로 관련된 히스토리에 중점을 두면 됩니다. 그래야 일관성이 생기고 통일성이 유지됩니다. 즉 주인공은 과거에 다양한 경험(△◇□)을 했지만, 현재에 일어나는 사건에 가장 필요한 히스토리(□)를 작가가 우선적으로 참조한 것입니다.

## 매력적인 조연이 필요한 이유

많은 작가가 '그 이야기에서는 조연이 훨씬 더 매력적이에요!'라는 말을 가끔 듣습니다. 그러나 이 말은, '그 이야기는 조연까지 매력적이야'라는 의미보다는, '주인공은 그다지 흥미롭지 않았어'라는 뜻을 내포한다는 점을 상기해야 합니다. 즉 작가는 이 작품의 흠결이 적지 않다고 받아들여야 합니다. 여러 번 강조했다시피 조연이 주인공보다 매력적이어서는 안 됩니다.

물론 그렇다고 조연을 소홀히 해도 된다는 뜻은 아닙니다. 정말 매력적인 조연은, 자신만의 개성적인 면모를 유지하면서도 주인공의 생각과 행동에 직·간접적인 영향을 미쳐서 끊임없이 주인공을 역동적인 인물로 만들기 때문입니다. 따라서 조연은 비록 주인공보다 작품에 대한 지배력은 적을지라도 이야기를 풍요롭게 만들고 주제 형성에도 관여합니다. 특히 비중이 높은 조연은 간혹 정체될 수 있는 주인공의 행동 리듬에 자극을 주어 주인공을 활기 있게 만들어 냅니다. 즉 조연의 반복된 간섭이 주인공의 역동성을 살리고 캐릭터를 형성하는 데 큰 도움을 준다는 뜻입니다.

《가짜 모범생》(손현주, 특별한서재)의 가장 의미 있는 조연은 선휘의 엄마입니다. 엄마의 특이성 대부분은, 특히 선휘의 쌍둥이 형인 건휘에 대한 집착에서 나타납니다. 그리고 이 집착은 형이 죽은 뒤, 광기를 더하여 동생 선휘에게 전이됩니다. 형이 죽기 전에도 엄마는, 형이 저지른 범죄(친구의 목을 졸라 기절시킨 일)를 선휘에게 자백하도록 강요했을 만큼 비정상적 사고의 전형을 보여 줍니다. 실제로 엄마는 형이 죽은 뒤에도 한동안은 선휘를 건휘라고 부르기도 하고, 형의 죽음을 '실패'라 규정짓습니다. 이는 엄마가 선휘를 단순한 '(1등을 해야 하는) 교육적 대상'으로밖에 생각하지 않았다는 단적인 증거입니다. 즉 작가의 말을 빌자면 엄마는 '교육 폭력'의 주체일 뿐이지요.

한 번 '실패'한 경험이 있는 엄마는 두 번의 실패를 하지 않으려는 듯 이번에는 선휘를 옥죄기 시작합니다. 사사건건 형과 비교하는 것은 물론, 뒷심이 약하다, 우선순위가 무엇인지 모른다는 등의 말을 선휘에게 쏟아붓습니다. 특히 선휘가 유일하게 마음을 열었던 은빈과의 좋은 관계까지 파탄 내지요. 하지만 그럴수록 형 못지않은 모범생이었던 선휘는 점점 성적이 떨어지고 우울과 고립감에 시달립니다.

결국 이로 인해 선휘는 자신도 모르게 엄마에게 "내 인생에서 꺼져."라는 말을 내뱉기도 하고, 마침내 아파트 창문 밖으로 뛰어내리려 합니다. 그제야 엄마는 자신의 잘못을 깨닫지만, 그전까지 보여 온 엄마의 선휘에 대한 집착은 비이성적이기까지 합니다. 아니, 그것은 선휘에 대한 집착이라기보다는 '1등'에 대한 집착이라 말할 수 있겠지요. 그런 면에서 이 이야기는 어른들에게도 강렬한 메시지를 전달합니다.

《가짜 모범생》의 주인공 선휘를 형과 다름없는 '진짜 모범생'에서 '가짜 모범생'으로 만든 일등 공신은 도리어 엄마입니다. 이 특성 있는 조연이 자칫하면 평면적 인물에 머물 뻔했던 선휘를 움직인 것이지요. 즉 엄마의 행동에 대한 반작용으로 선휘는 자신의 정체성을 찾으려 하고 작가가 말하는 대로 '교육 폭력'에 저항합니다.

실제로 엄마의 이러한 캐릭터는 매우 정교하게 설계되어 있습니다. 쌍둥이 형제가 태어나면서부터 머리에 좋다는 음식을 외국에서 직접 '공수'하는 것은 물론, 병원에서 만난 도인(대종교를 믿는 대종 이모)을 집 안으로 들여 육아를 맡기기도 합니다(심지어 엄마는 가톨릭교도입니다). 회장 선거에도 사실상 직접 개입할 뿐만 아니라 이른바 '돼지 엄마'가 되어 모둠 수업을 주도합니다. 이와 같은 치밀한 조연의 캐릭터는 아주 탄탄한 자의식을 가진 존재여서 주인공을 어떤 식으로든 움직이게 할 수밖에 없습니다.

물론 이처럼 잘 만들어진 조연은 적대자가 아닌 조력자 역할을 할 때도 주인공의 생각과 행동에 지대한 영향을 미칩니다. 적대자는 갈등을 극대화함으로써 주인공의 연속적 행동을 유발하고, 조력자는 변화와 발전의 아이콘으로 작용하도록 합니다. 나아가 작가라면 이런 조연에 대해서는 스핀 오프spin-off의 욕심마저 갖게 될 테지요.

《윤초옥 실종 사건》(전여울, 사계절)에는 스핀 오프의 대상이 될 만한 인물이 둘이나 있습니다. 남자아이가, 그것도 조선 시대에 화장을 하고 싶어 하는 욕망을 가지고 있는 주인공 '이해'도 틀림없는 문제적 인물입니다. 그런데 주인공이 우연히 만난 초옥이라는 소녀는 내로라하는 양반가 소생임에도 불구하고 놀이패에 들어가 줄을 타고 싶어 합니다. 딴에는 이유가 있습니다. '양반 여인들에게 유달리 엄격한 그 법도'가 자신을 숨 막히게 한다는 것이지요. 이런 이유로 초옥은 이해를 스승으로 모시고 줄타기를 배웁니다. 심지어 화장을 하고 사람들 앞에서 줄을 타기까지 하는데, 이 일이 부모에게 알려져 졸지에 '시집을 가게' 생겼습니다. 하지만 초옥은 부모님의 도움으로 자신의 실종 사건을 꾸미고, 마침내 이해와 이해의 아버지의 도움을 받아 놀이패에 합류합니다. 이 정도라면 매력적인 조연이 아닐까요? 다만 뒷부분에 이를수록 조옥의 역할과 물리적 행동의 절대적인 양이 주인공 이해보다 더 많긴 하지만, 매력적인 조연인 것만은 분명합니다.

그러므로 자신이 설정한 주인공이 너무 평면적이라거나, 움직임이 덜하고 조금은 덜 매력적이라고 느껴진다면, 조연을 좀 더 키워 보기를 권합니다. 결국 모든 이야기는 (인간 상호 간의) '관계'에 관한 것이므로 어떻게든지 주인공은 그에 반응할 수밖에 없습니다. 주인공은 조연과 작용과 반작용, 액션과 리액션을 반복하는 과정을 통해 사건을 만들어 내고 이야기를 앞으로 밀어내니까요.

## 동화에서 어른 캐릭터를 다루는 방법 -연대의 기법

동화나 청소년소설에서 어른 캐릭터는 주인공의 히스토리에 지대한 영향을 미칩니다. 이는 당연히 어린이와 청소년의 비독립적 속성 때문인데, 어른은 (특히 부모의) 죽음이나, 사망, 다툼, 이혼 등을 통해 주인공에게 원천적 문제나 갈등의 원인을 만들기도 하지요. 이 말은 결국 어린이와 청소년이 직면한 문제의 상당수가 어른에게서 온다는 뜻입니다. 그런가 하면 (특히 조부모가) 일방적인 어시스턴트로 등장하여 긴장감을 느슨하게 만들기도 합니다. 이는 매우 일반적인 현상인데, 어린이와 청소년의 사회적 경험의 폭과 깊이가 제한되어 있기 때문이지요. 당연히 이런 과정을 통해 어린이와 청소년은 '성장'합니다. 그 때문에 또래 캐릭터만큼이나 어른 캐릭터를 어떻게 사용하느냐가 작품 완성도의 한 축을 담당한다고 볼 수 있습니다.

어른 캐릭터를 사용할 때, 가장 빠지기 쉬운 함정은 '역할론'이라 불릴 만큼 그들의 역할과 태도를 기계적으로, '늘 있던 자리'에 위치시키는 것입니다. 공부와 1등을 강요하는 행위 등으로 주인공의 욕망을 번번이 좌절시키는 부모가 대표적이며, 부모의 문제(편부모 상태, 새엄마와의 갈등, 다문화 가정 등)로 위기에 빠진 아이(주인공)를 조건 없는 사랑으로 보듬어 주는 조부모 또는 선생님이 그렇고, 부모의 엄격한 통제의 고리를 느슨하게 풀어 주며, 물리적 도움(용돈 등)을 주는 삼촌이나 이모, 고모가 그렇습니다. 친인척이나 선생님의 범위를 넘어서면 어른 캐릭터는 대부분은 적대자의 역할을 합니다.

아쉬운 점은, 상당수의 동화에서 어른의 캐릭터가 이 범위를 크게 벗어나지 않는다는 사실입니다. 물론 아이들의 현실적 경험이 이 경계 안에서 반복된다는 사실을 인지하면, 그다지 이상한 일은 아닙니다. 하지만 이를 반복하게 되면, 클리셰의 한계에 부딪치게 되고, 플롯 자체가 허약해지는 더 큰 문제에 맞닥뜨리게 됩니다. 이 경우 이야기의 흥미가 떨어지고 완성도에 치명적 약점이 될 수도 있습니다.

결국 작가는 어른 캐릭터를 효과적으로 사용할 방법을 모색해야 한다는 뜻입니다. 즉 어른 캐릭터의 개성적 전개는 아이 캐릭터(주인공)의 개성은 물론 이야기의 흥미도에 비례한다는 의미로 이해해도 좋습니다.

《푸하하 달리기 클럽》(임지형, 우리학교)의 주인공 재민이는 '잼민이'라는 별명으로 통하는, 키도 작고 평소에도 자신감이 없는, 시쳇말로 '아싸'입니다. 학교에서도 놀림을 받고 친구 태우의 괴롭힘에 무기력하게 당하지요. 또한 용기가 없어서 자신의 고민을 누구에게도 이야기하지 못합니다. 이런 캐릭터의 특성상 딱히 어울리는 친구도 없어서, 이와 같은 작품에서는 어른 캐릭터의 역할이 더 중요합니다.

그런데 재민이의 가족 구성은 조금 특이합니다. 엄마는 재민이를 낳다가 죽었고, 아빠는 그런 엄마를 그리워하다가 집을 나간 상태입니다. 부모의 부재는 아이들을 곤경에 빠뜨리기 좋은 환경을 제공하는데, 이런 상황이 재민이를 더더욱 '나약한' 캐릭터로 만들지요. 여기까지는 매우 일반적인 설정이지만, '츤데레' 역할에 진심인 친할머니와 친할머니의 식당에서 일을 돕고 있는 이모(고모가 아님)가 한집에 사는 이묘한 구성 방식이 흥미롭습니다.

여기에서 할머니는 무한 사랑 대신에 '어른보다 일찍 죽은 며느리에 대한 서운함'을 손주에게 간접적으로 표출하면서 방관하는 듯한 태세를 취합니다. 어른보다 일찍 죽었다는 이유로 며느리의 제사상도 차리지 않는 할머니의 견고한 태도에 소심한 주인공은 섭섭함보다는 미안한 마음을 갖습니다. 이처럼 어른의 태도에 따라 주인공의 태도나 감정 변화가 다르게 나타난다는 사실을 잊어서는 안 됩니다. 이때 엄마의 역할을 이모가 맡고 있으며, 매일 주인공의 안부를 묻는 동네 할아버지가 그 보조적 역할을 수행합니다. 이를테면 주변의 이 어른들이 주인공의 정체성을 만든 것입니다.

그런데 주인공 재민이에게, 또 다른 어른을 통해서 변화의 조짐이 생깁니다. 무엇보다 이 작품에서 매우 특별한 어른의 역할을 수행하는 인물은, 옥탑방에 세 들어 사는, 삼촌뻘 '짝짝이 형님'입니다. 그는 스물아홉 살의 시나리오 작가 지망생입니다. 여러 번 공모전에서 떨어졌고, 끼니도 곧잘 거르며, 방세도 밀린, 그 또한 '아싸'의 삶의 중심에 있지요. 이처럼 볼품없어 보이는 인물(어른)이 주인공(아이)의 사실상 멘토 역할에 나섭니다. 성공한 어른이 아니라 실패한 어른을 내세운 이 뜻밖의 인물 배치는 서로가 서로의 도움으로 현실의 불편한 문제를 해소한다는 점에서 알레고리 역할도 수행합니다.

그 매개체가 달리기와 동화책입니다. 재민이는 짝짝이 형님의 권유로 달리기를 하면서 위험(따돌림과 폭력)을 피하는 법을 배우고, 짝짝이 형님은 재민이에게 동화책을 빌려 읽으면서 동화 작가가 되기로 마음먹습니다. 이야말로 진정한 '연대'의 모습이 아닐까요? 실제로 짝짝이 형님은 재민이에게 친구의 폭력으로부터 도망치라고 권하고, 그것이 비겁한 것이 아니니 괜찮다고 위로합니다. 이처럼, '그럴수록 당당히 맞서야 한다'는 식의 교과서적 충고가 아니라, 나약한 아이의 입장을 고려해 충고하기란 그리 쉬운 일은 아니지요. 그런가 하면, 재민이는 짝짝이 형님의 월세 걱정을 덜어 주기 위해서 짝짝이 형님을 글짓기 선생님으로 삼아 월세를 면제받게 해줍니다. 이런 구체적 행동이 둘 사이를 더욱 견고한 관계로 만들어 줍니다. 특히 어른 캐릭터가 단순히 주인공에게 위로나 충고 따위를 해주는 잔소리꾼이 아니라 서로를 인정해 주는 동등한 인간임에 더 큰 의미가 있지요.

이처럼, 모범 또는 표준이 되는 어른을 내세워 아이(주인공)가 그를 닮고 깨닫도록 하는 인물 배치를 통해서 뻔한 교훈을 전달하는 것보다, 서로의 삶을 위무하며, 그 안에서 현실의 삶을 타개할 용기를 얻는 이 과정이야말로 훨씬 더 새롭지 않을까요? 짝짝이 형님의 히스토리가 부재한 것이 조금 아쉽기는 하지만 이 작품의 가장 큰 매력은 바로 이 부분에 있습니다.

따라서 작가는, 어느 한쪽(주로 어른)의 일방적인 충고를 통해서 다른 한쪽이 영향받는 평이한 전개가 아닌 상호작용을 통해 서로의 존재를 인식하는 이런 전개에 대한 날카로운 관찰력을 지녀야 합니다. 어른과 아이의 수직적 구조 속에서, 그리하여 새로울 것 없어 보이는 일상에서 빈틈을 바라볼 줄 아는 작가의 날카로운 시선이 필요하다는 뜻입니다. 이를테면 《푸하하 달리기 클럽》에서처럼, 어른이라고 해서 반드시 아이들을 교화 또는 훈육하는 입장일 필요는 없다는 사실만 인지해도 얼마든지 그 '빈틈'을 발견할 수 있습니다. 또 그래야 어른 캐릭터의 새로운 모습을 창출해 낼 수 있습니다.

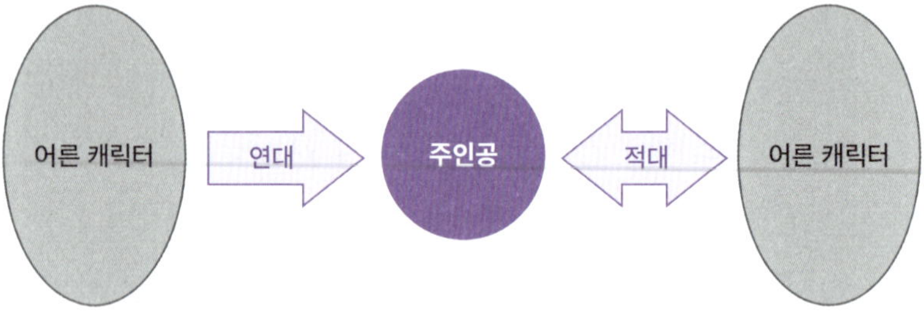


어른 캐릭터의 역할

## 복잡한 인물 관계의 이점과 단점

이따금 특정한 작품에 대해 일부 평자는 '이 이야기는 관계에 관한 이야기다'라고 언급하곤 하는데, 사실 모든 이야기는 '관계' 그 자체를 다룹니다. 관계에 대해 다루지 않는 작품이 없다는 뜻이지요. 인간의 특성상 관계의 뒤틀림에서 문제가 발생하고, 그 관계의 회복, 또는 화해를 위해 노력하는 과정이 이야기의 전부라 해도 과언이 아니지요. **그럼에도 불구하고 그와 같은 진술이 종종 나타나는 것은, 유독 그 작품에 나타난 인물 상호 간의 관계의 특이성이 도드라져서 그런지도 모릅니다.**

특히 성인과는 달리 어린이와 청소년에게 '정상 혹은 비정상적인' 관계는, 성장에 매우 지대한 영향을 미칩니다. 따라서 동화(청소년소설)에서 종종 미혼모 가정이나 조부모 가정, 다문화 가정, 편모 편부 가정이 자주 중요한 소재 혹은 배경으로 등장하는 것은 그다지 낯선 현상이 아닙니다. 따라서 작가는, 역설적으로 주인공의 주변 인물과의 정상적인 관계에 '흠집'을 내거나, '뒤틀어' 놓음으로써 이야기를 출발시킬 수 있습니다. 이러한 흠집이나 뒤틀림은, 주인공에게 큰 '문제'로 작용할 것이고 주인공은 이 문제를 해결하기 위해서 노력할 테니까요.

이러한 관계의 비정상, 혹은 특이성이 유독 어린이(청소년)에게 혹독한 것은, 그들이 비독립적 객체에 머물고 있기 때문입니다. 사회는 이들을 아직 성장 과정에 있으며 보호받아야 할 존재로 규정하고 있는데, 이 말은 곧 성인 세계의 질서와 규칙의 그늘이 매우 짙게 드리워져 있다는 뜻이기도 합니다. 그러므로 주변인들과의 관계가 조금이라도 어긋나면, 이는 곧 그들(어린이와 청소년)을 현실적으로 고난에 이르게 합니다. 위에서 언급한 미혼모 가정, 조부모 가정 등의 경우처럼 관계의 '이상' 징후가 모두 이러한 예에 해당합니다.

그러므로 작가는 주인공과 주변인의 존재 유무 및 그들과의 관계를 어떻게 설정할지 고민하는 것만으로도 이야기를 만들어 나갈 수 있고, 심지어 그 깊이도 조절할 수 있습니다.

《훌훌》(문경민, 문학동네) 속에 등장하는, 주인공의 주변인과의 관계는 다른 어떤 작품에 비해 파격적입니다. 작품이 끝날 즈음이 되어서 그 관계의 비밀이 밝혀질 때까지, 독자는 이 낯선 관계에 의문을 표시할 수밖에 없습니다. 불행의 요소들을 한 사람(주인공)에게 몰아준 것 같은 느낌 때문이지요. 그래서 초반에는 다소 과장되어 보일 수도 있습니다.

주인공 나(유리)는 할아버지와 단둘이 살고 있습니다. 사실 이런 관계 설정도 그리 흔한 편은 아니며, '문제'를 발생시킬 수 있습니다. '단둘'이 산다는 말은, 엄마와 아빠가 없다는 뜻이니까요. 물론 유리는 친부모에 대해 알지 못하며, 어떻게 입양되었는지도 알 수 없습니다. 그래서 유리는 한편으로는 자신을 버리고 떠난 친부모에 대해 원망하고 나중에 꼭 찾아가겠노라고 스스로 다짐합니다. 유리의 가족 관계 설정에 대한 정보는 이야기의 가장 앞부분, 유리가 담임 선생님과 상담하는 장면에 미리 노출됩니다. 사실상의 파격은 여기서부터라고 할 수 있지요.

그런데 유리와 할아버지의 사이는 아주 매끄럽지 않습니다. 할아버지는 홀로 2층 방에 머물며 주인공 유리에게 참견과 간섭을 전혀 하지 않지만, 다정하지도 않습니다. 식사도 2층에서 혼자 해결합니다. 이러한 1층과 2층의 물리적 거리가 두 사람의 관계를 상징하며, 할아버지는 보호자인 듯 아닌 듯한 모습으로 존재하고 있습니다. 고등학생인 유리는 이런 생활이 숨 막혀, 어떻게든 대학에 진학하여 이 집에서 '훌훌' 떠나고 싶어 합니다. 뜻밖인 점은, 할아버지가 그런 유리에게 대학교 합격증만 가져오면 독립할 만큼의 돈을 주겠다고 약속했다는 사실입니다. 따라서 할아버지의 역할이 적대자인지 조력자인지 모르는 상태입니다. 이런 상황을 두고, '나'는 '그게 나쁜 건 아니었다'라고 말하지요.

이런 두 사람의 관계 설정만으로도 이야기는 충분히 흥미롭습니다. 물론 '흥미'는 독자의 몫이고, 유리 자신의 고통은 만만치 않겠지요. 그런데 유리의 '관계로 인한 고통'은 여기에서 그치지 않습니다. 갑자기 '엄마(서정희)가 죽었다'는 연락이 오고, 졸지에 상을 치렀는데, 그 엄마가 남긴 초등학생 남자아이(연우)가 새로운 가족이 되어 집으로 들어옵니다.

이쯤 되면 독자는 혼란과 호기심을 동시에 가지게 될 것입니다. 알고 보니, 죽은 엄마는 유리를 입양한 엄마였고, 어느 날 유리를 버리고 떠났다가 갑작스레 사고로 죽었던 것입니다. 그사이에 연우라는 동생이 생겼던 것이지요.

이때부터 유리는 단 한 방울의 피가 섞이지 않은 두 사람과 함께 살게 됩니다. 주인공 유리의 입장에서 할아버지는 자신을 입양한 엄마의 아버지이고, 연우는 자신을 입양한 엄마의 아들입니다. 이들을 가족이라고 말할 수 있을까요?

이처럼 꼬이고 뒤틀린, 주인공과 주변인의 관계는 원치 않은 사건을 유발하게 되고 이야기를 독자가 생각지도 못한 방향으로 이끌어 갑니다. 이를테면, 유리는 졸지에 연우의 학부모 역할까지 해야 하고, 암에 걸린 할아버지의 보호자 노릇도 해야 합니다. '비정상적인 관계'의 틀에 갇힌 주인공의 삶의 핍진성이 깊이와 두께를 더하고, 범상치 않은 인물이 만들어졌습니다.

물론 작품 말미에, 할아버지가 2층에서 내려와 식탁에 마주 앉음으로써 이 '비정상의 관계'가 정상으로 회복될 수 있다는 희망을 남깁니다.

무엇보다 어린이(청소년)에게 관계의 불안정성은, 그것이 아무리 미약하더라도 그들에게 큰 영향을 미칠 수밖에 없습니다. 이 말은 조손 가정이나 다문화 가정 등이 항상 문제를 일으킨다거나, 반대로 그렇지 않은 가정은 문제가 없다는 뜻은 아닙니다. 앞에서 말한 대로 어린이(청소년)의 미성숙한 자아를 염두에 두면, 그만큼 삶에 대한 강력한 도전에 직면하는 것이지요. 따라서 작가는 주인공의 '관계 설정'에 주목할 필요가 있습니다. 이 설정에 따라 아주 독특한 캐릭터가 만들어질 수도 있으니까요.

이를테면 《훌훌》의 주인공 유리는 이 관계의 혼란 속에서 만들어진 개성적인 캐릭터입니다. 다소 거칠게 말하면, 다른 그 어떤 요소보다, 다만 관계를 엉클어 놓았을 뿐인데도 캐릭터의 특이성이 강해서 독자의 이목을 집중시키는 것이지요.

즉 작가는 인위적으로 주인공의 개성을 만들려 하지 말고, 주인공의 관계를 한 번만 비트는 방식으로도 주목받는 캐릭터를 만들 수 있다는 사실을 인지해야 합니다. 앞서 말한 대로 특정한 작품만이 '관계'에 주목하는 것이 아니지요. 모든 작품은, 주인공을 중심으로 한 관계를 다루고 있으며, 이 관계를 어떻게 설정하느냐에 따라서 작품의 깊이를 좌우할 수도 있습니다.

다만, 지나치게 복잡한 '관계의 설정'은 작위성을 지적받을 수 있습니다. 작가는 '이야기를 위한 이야기'가 아니라 '그럴듯한 이야기'를 써야 하니까요.

## 청소년소설의 정체성 찾기 과정의 일반적 구조

보통 정체성이란, '어떤 존재가 본질적으로 가지고 있는 특성'으로 정의되는데, 청소년소설에서는 흔히 '자아 찾기'라는 말로 대체되기도 합니다. 즉 정체성 찾기란 포괄적으로 자신만의 본래적 특성을 확인하고 이를 통해 독립된 주체를 확립하는 것이 목표가 되지요.

그래서 특히 청소년소설의 정체성 찾기는 여러 주제 중의 하나라기보다는 사실상 장르적 본질이라고 할 수 있습니다. 이를테면 청소년소설에 등장하는 주인공들의 수많은 '고민' 혹은 '문제'로 제시되는 모든 소재는 바로 '정체성 찾기'의 맥락 위에 있다고 해도 과언이 아닙니다. 그리고 이들의 혼란의 핵심에는 가혹한 현실로 적시되는 기성세대의 엄격한 규율에 청소년이 적절하게 대처하기에는 미숙하다는 현실이 자리하고 있습니다.

그래서 정체성 찾기는, 이처럼 당사자에게는 고통을 수반하게 되므로 스스로 나서려 하지 않습니다. 그럴 만한 자극이 있어도 웬만해서는 회피하거나 거부하려 하지요. 사실, 뭉뚱그려서 고통이라 표현하지만, 여기에는 전면적인 자기부정은 물론 극단적으로는 소외를 경험해야 하며, 그 폐허 위에 자신의 존재를 새로이 세우는 일이라서 통과의례 그 이상의 모험이 필요하지요.

보통 정체성 찾기의 시작은 보통 주인공이 **외부와의 충돌을 강하게 경험할 때, 가시화됩니다.** 《레플리카1, 2》(한정영, 이지북)는, 해수면 상승 이후, 동맹시에 거주하는 부유층의 자녀로 살고 있던 주인공 세인이 원체의 삶을 대신 살고 있는 복제 인간이라는 자신의 정체성을 찾아가는 청소년소설입니다. 이야기 초반, 주인공 세인은 부유층의 특권에 힘입어 복제 인간을 사냥하는 불법 게임도 스스럼없이 즐기는 등, '그들만의 평범한 생활'을 영위합니다. 물론 이때의 '평범한 생활'이란, 그 계층과 연령 등을 고려해 일상적으로 아무런 문제가 없다는 뜻입니다.

세인이 자신에 대한 의혹에 휩싸이기 시작한 계기는, 친구 리아의 리포트를 돕기 위해 제3 거류지(해수면 상승 이후 하층민이 자리 잡고 사는 곳)를 방문한 시점입니다. 리아가 제3 거류지에 사는 불량배에게 납치당했을 때, 자신도 모르는 초인적인 힘으로 그들을 제압하면서부터이지요. 이때 처음으로 자신의 신체에 대한 의구심을 갖게 됩니다. '동시에 의문이 들었다. 도대체 내 몸에 무슨 일이 일어난 걸까.'라는 생각을 하게 되는 지점이지요. 곧바로 세인은, 그 모든 장면을 목격한 정체불명의 소녀 녹두에게 "너(세인)도 패티 티슈(복제 인간을 낮추어 부르는 말)구나?"라는 말을 듣습니다. 이 외부의 충격이 일차적으로 세인의 혼란을 부추깁니다.

물론 이때 세인은 녹두의 의문 자체를 신뢰하지 않습니다. 이는 당연한 반응입니다. 장기적으로 보면 정체성을 찾는 일은, 앞서 말한 대로 (이전까지의) 자신의 삶 일체를 부정하는 일이 될지 모르며, 아울러 다양한 방식의 고통을 수반하는 일이 될 것이기 때문입니다. 더욱

이 자신의 지위와 부 등, 현존 시스템에서 누리는 것이 많을수록 이러한 거부는 매우 개연성 있습니다.

하지만 이런 저항 뒤에는 더 강력한 의문과 마주하게 됩니다. 세인은 복제 인간을 사냥하는 또 다른 게임 '바이크 헌터'에 참여했을 때, 차마 몸을 제거하지 못하고 그냥 돌려보내 주지요. 이 부분은 독자에게, 주인공에게 무슨 문제가 있음을 암시합니다. 여기에 더하여 세인은 다시 나타난 녹두에게 또다시 휴먼 AI 3세대(복제 인간을 기반으로 하는 안드로이드)라는 말을 듣습니다. 또한 녹두는 세인이 왜 휴먼 AI 3세대인지도 설명합니다.

이때, 세인은 강력하게 반발합니다. 이 반발은 정체성 확인 뒤에 따를 수밖에 없는 고통에 대한 저항이기도 합니다. 그러나 이 반발이 무색하게도 세인은, 반복적으로 녹두를 만나게 되고, 안가로 추정되는 모처에서 자신의 기억이 누군가(원체)의 복제품이라는 사실을 마주하게 됩니다. 그럼으로써 세인은 지금 자신의 모습이 자신의 것이 아닐 수도 있다는 의심의 수위를 높여 갑니다. 바로 이 단계에서, '나는 누구이고, 여기는 어디인가?' 따위의 질문들이 연속됩니다.

이처럼 정체성 찾기의 첫 단계가 (현재의) 자신이, (본래의) 자신이 아닐 수 있다는 의심에 빠져드는 단계라면, 두 번째 단계는 스스로 확인하는 단계입니다. 자신이 (애초에는 외부적 충격으로 시작되었지만) 던진 질문을 해소하기 위해서입니다. 그래야만 그다음의 '행동'에 나실지 말지를 결정할 수 있기 때문이지요.

물론 당연하게도 주인공은 이 지점에서 자신을 '확신'하고 다음 행동에 나서게 되지요. 이때부터 본격적으로 '정체성 찾기'의 완성 단계로 나아갈 수 있게 됩니다. 즉 정체성 찾기는 '나는 누구인지?'를 확인하는 것이 전부가 아니라, 확인했기 때문에 그에 걸맞은 행동에 나서는 단계까지 이르러야 완성됩니다.

일단 '확인' 단계에 다다르면 주인공은 본격적인 '문제 인물'이 됩니다. 확인하려는 행동 자체가 개별적 욕망이기 때문입니다. 즉 청소년 주인공의 욕망은 대체로 기성세대의 질서와 통제에 반하는 것이어서 갈등은 필연적이고 이른바 '문제'가 발생하는 것은 당연한 귀결입니다. 왜냐하면 정체성을 찾겠다는 말은 독립적 개체로서 부모를 포함한 그 어떤 외부의 압력에도 굴복하지 않겠다는 의지를 포함하기 때문입니다. 그러므로 기성세대와의 갈등은 필연적이지요. 물론 이와 반대로 만약 확인 과정을 포기하면 억압 주체에 종속됨을 의미합니다. 따라서 확인의 과정은, 주체적 개인으로서 한 발 내딛음의 표시이고, 이 지점에서 청소년소설의 장르적 특성이 가장 잘 드러납니다.

결국 세인은, '(부모님이 자신에게 냉담하게 대했던) 온갖 기억들이 그 사실(복제 인간)을 인정하라고 재촉'하고 있음을 인정합니다. 그에 따라 녹두의 권고를 받아들이기로 하고, 엄마와 함께 메디컬 센터에 갔을 때, 녹두가 준 알약(마취되어도 청각은 열려 있는 상태를 유지해 주는 약)을 삼킵니다. 그러고는 수술대 위에서 의사들이 나누는 이야기를 듣고, 자신의 몸속에 CPU가 장착되어 있을 뿐만 아니라, 폐기되기 직전임을 알게 되지요.

이와 같은 확인 과정을 먼저 선택하는 이유는, 정체성은 보통 가족과 친구를 포함한 다양한 주변 사람들과의 관계를 정립하는 과정에서 일차적으로 확립되기 때문입니다. 즉 수술대 위에서 세인은 자신이 부모의 가족이 아니었음을 확인하는 것이지요.

이제 정체성 찾기의 마지막 단계는 행동입니다. 자신이 누구인지 알게 되었으므로 그에 걸맞은 행동을 함으로써 자신의 정체성을 재설정하는 기초를 마련하지요. 알다시피 앞서 확인 단계에서 주인공은 문제 인물이 되었으므로, 행동에 나선다는 말은 곧 사건을 만든다는 뜻입니다. 이 사건을 통해서 청소년 주인공은 이제껏 한 번도 경험해 보지 못한 세상과 마주해야 하는데, 이런 상황에서 주인공은 '본래적 나'를 증명하고, 홀로 설 수 있음을, 그런 정도가 되었을 만큼 '성장'했음을 증명해야 합니다. 물론 실패해도 상관없습니다. 현실적으로 주인공을 적대하는 세력의 힘과 위력이 너무나 커서 그 성공은 매우 어렵기 때문입니다. 즉 청소년이 정체성을 찾는 일은 그 과정 자체만으로도 가치 있는 일입니다. 다만 문학 작품의 특성상 화해하고 그 이후를 모색하는 결론을 보여 줄 뿐이지요.

이를 위해 세인은 병원에 입원 중인 원체를 찾아가고, 그와 속 깊은 이야기를 나눈 뒤에, 함께 병원에서 탈출합니다. 이후 세인의 행동은, 아버지와 동맹시로 대표되는 지배계급의 음모를 확인하거나, 아울러 피지배계급을 지키기 위해 반시동맹에 힘을 보태는 쪽으로 나아갑니다. 만약 세인이 정체성을 찾지 못했다면 나올 수 없는 행동입니다.

이처럼 정체성 찾기는, '의심→(방황 및 거부)→확인→행동'이라는 과정에서 완성됩니다. 즉 거듭된 행동을 통해 정체성은 구체화되고 작품에서의 캐릭터도 완성되지요. 그런 점에서 정체성 찾기의 과정은 청소년이 성인으로 향하는 통과제의와 다름없습니다. 통과제의는 고통을 수반하며, 성장을 목적으로 합니다. 따라서 작가가 정체성 찾기의 이와 같은 과정을 플롯으로 인지한다면, 더욱 견고한 작품을 설계할 수 있을 것입니다.

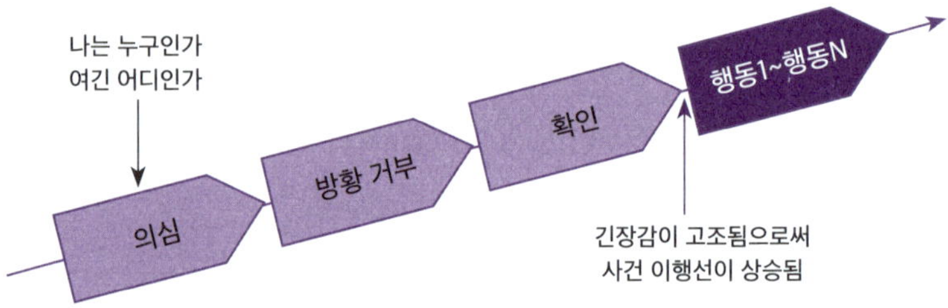


정체성 찾기 과정

## 역사 동화(소설)에서 실존 인물 사용 방법

꽤 많은 작가가 "역사 동화를 쓸 때, 실존 인물을 어떻게 다루어야 할까요?"라는 질문을 합니다. 이때 '실존 인물'이란, 기록으로 존재하며 이름을 알린 적이 있는 사람을 의미할 것입니다. 물론 역사 동화를 쓴다고 반드시 실존 인물이 필요한 것은 아닙니다. 무엇보다 최근의 역사 동화나 역사 청소년소설은 전통적인 역사 소설이 아닌, 팩션을 의미하기 때문입니다. 즉 팩션은 이미 성공한 위인을 주인공으로 삼기보다 기록에 존재하지 않는 평민(혹은 그 이하의 신분)을 주인공으로 다루는 경우가 많습니다.(《동화·청소년소설 쓰기의 모든 것》 1부 질문 10 참고)

그럼에도 불구하고 이런 질문이 반복되는 이유는, 실존 인물이 자주 역사 동화(소설)에 등장하기 때문일 것입니다. 그리고 실존 인물을 등장시키면 그만한 반사 이익이 있으니까요.

무엇보다 유명한 실존 인물을 끌어다 쓰면, 역사 지식이 많지 않은 어린이와 청소년 독자들의 독서 진입 장벽을 낮출 수 있습니다. 즉 잘 알려진 역사 인물이 등장함으로써 독자는 한층 친숙함을 느낄 것이고 따라서 접근이 용이해집니다. 실제로 출판사에서 이를 홍보에 활용하기도 하고요. 그 이유는 실존 인물의 등장만으로도 독자는 시공간적 배경을 부분적으로 이해할 수 있기 때문입니다. 이는 역사 동화(소설)에서 매우 중요한 문제인데, 시공간에 대한 정보가 적절하게 제시되지 않을 경우, 독자들에게는 일차적으로 등장인물의 단순한 움직임조차 이해되지 않을 수 있습니다. 종국에 이는 등장인물의 존립 근거를 위협하는 일이 되지요. 등장인물은 그 시대와 공간에 어울리는 행동(물리적 움직임을 비롯해 말투 등을 모두 포함)을 해야 하기 때문입니다.

반대로 시공간에 대한 독자의 지배력이 높을수록 주인공의 모든 행위를 쉽게 이해할 수 있으므로 독서 행위 자체가 흥미로워집니다. 그래서 작가는 역사 동화(소설)를 쓸 때, 시대 배경 설명에 공을 들이지요. 시대 배경에 대한 지식 정보가 없는 독자는 이야기를 이해할 수 없을 것이라는 염려가 크기 때문입니다. 물론 시공간에 대한 정보의 난이도나 깊이를 조절하지 못하면, 특히 앞부분에 집중적으로 배치할 경우, 가독성이 떨어집니다. 그러나 인지도 있는 인물이 등장하면, 그 존재 자체만으로 시대적 배경의 일부가 설명되지요.

《진홍이 아니라 분홍》에는 조선의 3대 임금 태종이 등장합니다. 무엇보다 이 작품은 배경 설정이 매우 친절합니다. 부담스럽거나 지루하지 않다는 뜻이지요. 이를테면 2장 〈폐족〉에서 동네 아낙네들이 빨래터에서 나누는 '고려든 조선이든 배가 고픈 것은 마찬가지'라는 대화라든가, 혹은 '벼슬아치들이 모두 바뀌고 두문불출하는 고려 충신들'이라는 대화, 그리고 주인공 '란이의 할아버지가 정몽주와 가까이 지낸 죗값으로 장형 백 대를 맞고 목숨을 잃었다'는 서술로 시간적 배경이 조선 초기라는 사실을 알려 줍니다. 이러한 짧은 반복은, 역사에 취약한 독자라도 이야기의 배경으로 자연스럽게 끌어들입니다. 즉 이야기의 흐름에 방해되지 않도록 시대 배경에 대한 힌트를 다양한 방법으로 분산 배치하여 얻은 효과입니다.

그리고 작가는 마침내 특정 인물을 등장시킵니다. 주인공 란이가 할아버지의 원수이자 적대자로 생각하는 정안군(훗날 태종 임금이 됨)과 마주칩니다. 물론 그 뒤에도 란이는 태종과 여러 번 만나지요.

《눈물을 파는 아이 곡비》 역시 역사 속 실존 인물을 등장시켜 배경을 드러냅니다. 이 동화는 적어도 중반까지 조선 시대 어느 때쯤이라는 것 외에는 정확한 시대를 가늠하기 힘들지요. 다만 아이들이 화성(정조 시대에 지어짐)을 드나들며 노니는 것을 보아, 조선 후기라는 것은 짐작할 수 있습니다. 그런 아이들이 화성에서 밤늦게, 하필이면 임금님 놀이를 하다가 한 선비를 만납니다. 그리고 그 선비가 자신의 아버지가 '뒤주에서 돌아가셨다'고 말함으로써 (이 역사적 사건의 상세한 내용을 모르는 어린이 독자들은 짐작하기 힘들 수 있지만) 정조 때가 시간적 배경으로 선택되었음을 확신케 합니다.

이처럼 배경에 대한 상세한 설명보다는 차라리 독자가 쉽게 알 수 있는 '카메오'를 등장시키면 지난한 배경 설명을 피할 수 있고, 또한 배경 설명이 더 필요하다면 단계적으로 설명을 나누어 배치하되, 가능한 한 대화 등을 통해 사건의 한 요소로 파악되게 하는 것이 좋습니다.

《바다로 간 소년》(한정영, 서해문집)에서도 장영실이 등장하여, 주인공과 갈등과 협력 관계를 이어 나갑니다. 비록 공간 배경이 중국(명나라)이지만, 대략 세종 시대라는 것을 짐작할 수 있습니다. 더구나 장영실이 임금(세종이라는 언급은 없음)의 명을 받고 '새로운 글자를 만들기 위해 왔다'는 사실을 말함으로써 1446년(훈민정음을 반포한 해) 즈음의 일임을 알 수 있지요.

물론 실존 인물의 역할은 이에 머물지 않습니다. 《조선으로 온 카스테라》(한정영, 다른)에는 2명의 실존 인물이 등장합니다. 한 사람은 빙허각 이씨이고, 나머지 한 사람은 다산 정약용입니다. 이 두 사람의 등장으로, '조선 후기'라는 시대 배경이 자연스럽게 설정됩니다. 더하여 독자는 이들의 (시대적) 역할을 기대할 것입니다. 물론 실존 인물을 어시스턴트로 둘지, 적대적 인물로 활용할지에 따라서 기대의 방향은 다르겠지만요.

《조선으로 온 카스테라》의 주인공 다미는, 자신의 미래를 포기한 상태입니다. 왜냐하면 엄마가 역모에 가담한 뒤 실종되고, 아빠 역시 엄마를 찾다가 역모 가담자로 관아에 끌려가 모진 고문을 당한 뒤 말까지 잃은 상태입니다. 그래서 비록 중인 신분이지만, 보통의 여인으로 살아가기 힘들다고 판단하게 된 것입니다. 그러나 다미의 위기는 여기에서 머물지 않고, 질병 후유증으로 사실상 바보가 되어 버린 이웃집 순남 오라버니와 혼인을 하게 될 처지에 놓입니다. 순남 오라버니의 아버지는 다미에게, 다미 아버지가 밥벌이를 못 한다는 이유로, 수시로

먹을 것을 마련해 줍니다. 이것이 미끼가 된 탓입니다. 다미는 이런 자신의 상황을 절박하게 인식하고 엄마의 먼 친척인 조 상궁에게 부탁해 궁녀가 되기로 합니다. 그리고 약속만 하고 나타나지 않는 조 상궁을 직접 찾아 나서지요. 이 정도만으로도 알 수 있듯, 다미의 적대자는 특정한 인물보다는 그녀가 마주한 현실적 상황과 사회 환경입니다.

이때 다미는 첫 번째 실존 인물 빙허각 이씨를 만납니다. 빙허각 이씨는 미래를 포기한 다미에게 손재주가 있음을 인정하고, 엄마와 아버지가 헛된 일을 하지 않았음을 알려 주지요. 그리고 '네 손끝을 믿으라!'면서 궁녀가 되는 길을 포기하고 자신의 길을 가라고 다미에게 우회적으로 충고합니다. 그뿐만 아니라 다미가 위기에 빠졌을 때, 그녀를 두물머리로 보내 그녀의 손재주를 사용할 수 있도록 돕습니다. 이어 두물머리 주막집에서 일손을 돕던 다미는 그곳에서 필사된 《규합총서》와 《화한삼재도회》를 읽게 되고 특히 조선에 없는 요리 몇 가지에 관심을 갖게 됩니다. 그리고 직접 그 음식을 만들어 보지요.

그러는 와중에도 큰 자신감을 가지지 못했던 다미는, 두 번째 실존 인물 다산을 만납니다. 그리고 다산에게서 "남들이 하지 않을 것을 해보려는 용기야말로 새 세상을 열어 보려는 것과 무엇이 다르겠느냐? 네가 가수저라를 온전히 만들 수 있다면 그것이 너에게 새로운 세상을 만들어 줄지 어찌 알겠느냐?"라는 말을 듣습니다. 물론 이 말에 따라 다미는 훗날 가수저라(카스테라)를 만들어 내고 또 다른 조력자의 도움으로 제물포로 가서 가수저라와 차를 함께 파는 찻집을 열게 되지요. 미래를 포기했던 다미가 스스로 새로운 길을 개척한 것입니다.

이처럼 《조선으로 온 카스테라》에서는 실존 인물이 조력자의 역할을 하면서 동시에 주제를 안내하는 역할을 하고 있습니다. 특히 빙허각 이씨와 다산 정약용은, 그 업적과 족적이 뚜렷하여 그들의 삶 자체가 삶의 가치 기준이 되어도 좋을 만한 인물이지요. 이처럼《조선으로 온 카스테라》에서는 실존 인물을 조력자로 등장시켜 주제에 밀착시키는 방법을 택했습니다.

이와는 반대로 실존 인물을 적대자로 활용하는 경우도 있습니다. 앞서 언급한《진홍이 아니라 분홍》에서는 여말선초의 어수선한 정국에서 사실상 폐족이 된 주인공 란이의 적대자로 정안군이 등장합니다. 이 작품에서 정안군은 조선 초기, 혼란한 정세를 안정시킨 왕의 이미지가 아니라, 조선의 건국을 반대한 옛 고려 충신을 인정사정없이 제거하고(이때 란이의 부모님도 피해자가 되었지요), 형제의 난에서 무력으로 승리한 폭군의 이미지로 그려집니다. 물론 현실적으로 평민보다 더 못한 처지가 된 란이에게 임금(정안군)은 경쟁 대상이 될 수 없으나, 이 대결 구도는 곧 독자에게 큰 긴장감을 일으키도록 합니다. 이뿐만 아니라, 이 작품에서도 염색 장인이 된 란이가 궁중의 납품 요구에 진홍(정안군과 폭력을 상징)이 아닌 분홍(란과 평화를 상징)을 진상함으로써 주제에 밀착하고 있습니다.

또한 실존 인물을 주인공과 대비시켜 알레고리의 효과를 노리기도 합니다. 앞서 언급한《눈물 파는 아이, 곡비》와《여름에 내리는 비, 잠비》(김도영, 비룡소)의 정조가 그렇습니다. 정조는《눈물 파는 아이 곡비》에서는 팽형을 당해서 아버지를 아버지라 부르지도 못하고, 아버지의 장례식에도 참석할 수 없는 오생의 은유 역할을 하며,《여름에 내리는 비, 잠비》에서도 얼자로 태어나 꿈을 잃은 주인공 규안의 은유 역할

을 합니다.(153쪽, '은유, 혹은 알레고리 기법의 이점' 참고)

물론 실존 인물의 비중이 지나치게 많아지면, 주객이 전도될 수 있습니다. 주인공보다 조연이 더 매력적이면, 주인공에 대한 호기심이 반감되는 것과 비슷한 경우이지요. 더구나 실존 인물은 이미 검증된 인물이어서 안정감이 있기 때문입니다. 즉 실존 인물의 사용은, 목적을 분명히 하되, 짧고 간결하면서도 임팩트 있게 등장시키는 것이 좋습니다. 그래야만 고증에도 유연하게 대처할 수 있습니다. 아무래도 실존 인물이 작품 안에 머무는 시간이 많으면, 그만큼 고증해야 하는 부분이 많아지기 때문입니다. 즉 해당 인물을 주인공(이럴 경우, 위인전이 될 가능성도 배제할 수 없습니다.)으로 내세우지 않을 바에는 강한 인상을 남기는 정도로만 만족하는 것이 가장 좋은 방법일 수 있다는 뜻입니다.

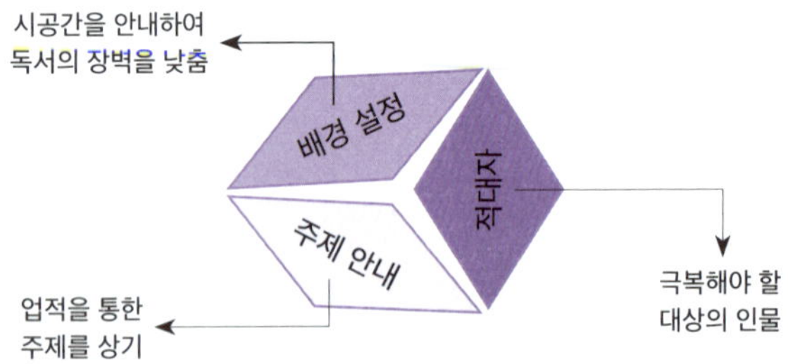

역사 동화(소설)에서 실존 인물 사용법

## 본격적인 의인화 동화를 쓰는 방법

대상 독자의 연령대가 낮아지면(초등 중·저학년), 동물이 주인공으로 등장하는 동화가 많아집니다. 이는 일차적으로 물활론物活論에 근거한 것으로, 어린 독자가 동물을 좋아하기 때문이지요. 특히 개와 고양이가 대표적인데, 이는 다른 어떤 동물보다 친숙하게 느끼기 때문입니다. 또한 작가로서는 동물이 주인공인 동화를 쓸 때, 현실 동화를 쓸 때와는 달리 어린이의 세계를 잘 이해해야 한다는 부담에서 자유롭기 때문에 선호하기도 합니다.

게다가 각 동물이 가진 (다분히 인간 중심적이긴 하지만) 개별적 특성을 이야기에 등장하는 인물의 성격으로 환치함으로써 캐릭터에 대한 독자의 직관적 이해를 높일 수 있습니다. 늑대는 무섭고 잔인하다든지, 여우는 교활하다든지 하는 것들 말입니다. 물론 이런 동물 사용은 역할론이라는 한계에 직면하는 것이 보통이지만, 어린 독자들에게 '주제를 직설적으로 전달'하는(교훈을 주는) 데는 용이합니다. 특히 우화가 그러한데, 무엇보다 동물의 추상적 특징 등으로 주제를 유도하면 주제를 효과적으로 전달할 수 있습니다. 흔히 알고 있는《이솝 우화》가 대표적인 예입니다.

무엇보다 우화는 사람이 탈을 쓰고 동물 흉내를 낸다고 생각하면 쉽습니다. 동물의 외양을 하고 있지만 사람처럼 행동하고 사람처럼 생각합니다. 우화 속의 동물은, 두 발로 걸어 다니고 사람처럼 옷을 입고, 직업을 갖기도 하고, 사람이 하는 일도 합니다. 선생님도 있고, 학생도 있지요. 서로 다른 종끼리, 심지어 사람과도 쉽게 이야기를 나누기도 합니다. 결국 문학(작품)적 기반은 상당 부분 포기하고 주제 전달을 위한 최소한의 장치만 남겨 두는 것입니다. 이를테면 시·공간적 배경도 구체적이지 않은 경우가 많고, 또한 각 인물의 히스토리보다 현재 일어나고 있는 특징적 사건의 확대를 더 중요시합니다. 이때 동물의 행동은 다소 과장이 되기도 합니다. 물론 동물 세계에서 벌어지는 이 모든 일들은 인간 세계의 은유로 기능하고, 그 때문에 풍자성을 갖기도 합니다.

그에 반해 더 본격적인 의인화 동화는, 동물의 생태적 특성을 유지한 채 인물(동물)은 그들의 물리적 세계를 이탈하지 않습니다. 특히 이런 의인화 동화는 우화가 가지고 있는 인간 중심적 사고에서 탈피하여 동물의 개별적 특성을 인정함으로써 독자적인 영역을 확보하지요. 그럼으로써 문학 작품의 장르적 기반을 놓치지 않으려 합니다.

이와 같은 본격 의인화 동화는, 의인화된 동물이 인간과 무리 없이 의사소통을 하거나 인간 세계의 질서를 모방하지 않습니다. 동물 삶의 범위 내에서 가능한 히스토리를 만들어 나가지요. 이를테면 이러한 의인화 동화에서의 주인공은 인간적인 주제를 형상화하지만, 이를 위해 벌어지는 구체적인 사건은 동물 세계에서 가능한 것들로 한정됩니다. 그래야만 리얼리티와 개연성을 확보할 수 있습니다. 따라서 본격 의인화 동화는 우화에 비해서 더 문학적이라고 말할 수 있지요. 따라서 '본격'이라는 표현은, 여타의 문학작품이 그러하듯, 문학적 기반 위에, ①주인공의 치열한 삶을 다루고 있으면서, ②이야기가 오로지 주제만을 전달하기 위해 기능적으로 쓰이지 않으며, ③캐릭터의 대체 불가능성이 더욱 분명한 작품으로 이해하면 될 것입니다.

《들개왕》(곽영미, 책읽는곰)은 주인공 '나'가 반려견의 안락한 삶을 포기하고 들개의 자유를 얻고, 나아가 '들개왕'을 찾아 나서는 이야기입니다. 누군가(인간)에게 의지하는 삶이 아닌, 고통스럽더라도 스스로의 삶을 개척해 나가는 것이 더 가치 있는 일이라는 주제가 두드러집니다. 물론 들개왕의 정체는 끝까지 드러나지 않습니다. 이는 들개왕이 구체적으로 존재하기보다는, 자유로운 삶을 상징하는 것이라 할 수 있지요. 그러므로 '나'가 들개왕을 정말 만나는지는 중요하지 않습니다.

'겁도 많고 떠돌이로 살아 본 적이 없는' '나'(달)는 검정 고양이(빛)를 따라 들개왕을 찾는 여정에 나섭니다. '언제나 죽음이 도사리고 있는' 떠돌이의 삶을 택한 것이지요. 그러다가 개장수에게 납치되기도 하고 동굴에서 잠을 자며, 로드 킬의 위험에 빠지기도 하고 들개 무리의 대장에게 속아 위험에 빠지기도 합니다. 이를테면 이 모든 경험은 통과제의에 해당되며, 그런 중에도 주인공 달은 생전 처음으로 사냥을 하고 조금씩 성장해 갑니다. 물론 이때 달이 겪는 구체적 사건은 어린 강아지로서 겪는 고통이며, 사고 역시 이 바탕 위에서 전개됩니다. 이를테면 예측되는 바의 동물 세계 범위 밖으로 이탈하지 않는다는 것이지요. 즉 작가가 달의 여정에 인위적 질서를 개입시키지 않고, 자연인(동물)으로서의 캐릭터 유지에 애쓴 흔적이 역력합니다.

따라서 동물이 주인공인 동화를 쓸 때, 작가는 단순한 우화를 쓸 것인지, 본격적인 의인화 동화를 쓸 것인지를 먼저 결정해야 합니다. 두 가지 방식의 접근 태도와 서술 양식이 다르기 때문입니다. 후자에 비해 전자는 지켜야 할 (문학의) 형식적 제한이 많지 않은 장점이 있으나, 오히려 절제되지 않은 상상력 때문에 설정은 물론 사건의 전개가 작위적으로 흐를 가능성이 크지요. 이때 '절제되지 않은 상상력'은 대체로 개연성을 포기하고 에피소드의 흥미만을 추구하기 때문에 생겨납니다.

따라서 작가는, 단순한 우화를 쓸 때는 더욱 흥미로운 사건을 만들어 내는 데에 주목하고, 본격적인 의인화 동화를 쓸 때는 문학적 형식을 고려해야 합니다. 우화는 주제 전달이나, 특정한 에피소드를 통한 놀이적 특성의 강화에 목적을 두는 것에 만족해도 되지만, 본격적인 의인화 동화는 동화의 특성에 맞게, 주인공이 성장하는 이야기를 담아야 하기 때문입니다. 따라서 우화는 주인공이 누구로든 대체 가능한 경우가 많지만, 본격적인 의인화 동화는, 어떤 경우라도 주인공이 대체 불가능하게 보여야 합니다. 그리고 무엇보다 우화는 단지 어린이만을 위해서 쓰이지 않지만, 본격적인 의인화 동화는 독자를 특정(어린이)하기 때문에, 작가는 단순한 주제 전달을 넘어서 아이들의 세계를 충분히 이해해야 하며, 그 세계에 대한 책임 의식이 필요합니다.

무엇보다 단순한 우화는 이야기적 재능만으로도 충분히 쓸 수 있지만, 본격적인 의인화 동화 창작을 위해서는 문학적 재능의 습득이 필요합니다.(《동화·청소년소설 쓰기의 모든 것》 1부 참고) 그러므로 작가는 자신의 작품이 나아가야 할 방향을 분명하게 인지해야 합니다.

# 플롯과 사건 읽기

## 몽타주 기법으로 쓰기

동화나 청소년소설은 말할 것도 없고, 모든 이야기는 사건의 연속체입니다. 그러나 이 말은, 에피소드를 시간순으로 줄지어 늘어놓으라는 뜻은 아니고, 엄밀하게는 이야기 전체의 핵심이 되는 큰 사건을 중심으로 편집하라는 의미이며, 이것이 바로 극적 구성입니다. 이에 따라 자잘한 에피소드는 회상이나 간단한 설명 등에 흡수시켜야 하고 (특히 장편의 경우) 각 장이 독립적인 메시지를 발생시키도록 해야 합니다.

그러나 스토리텔링 시대에는 '기-승-전-결' 식의 전통적 짜임새가 상당 부분 와해되고 에피소드 병치형 글쓰기가 많아졌습니다. 이런 이야기는 대체로, 에피소드가 '그다음 날~', '그날 오후에는~', '며칠 뒤

~', '한번은 이런 일도~' 같은 식으로 연결되어 있는데, 대체로 가벼워 보이지만, 독자들에게는 한결 접근이 쉬워 보이는 이점도 있습니다. 무엇보다 다양한 에피소드를 병렬시켜 몽타주의 효과를 유도합니다.

알려진 것처럼 영화에서 몽타주는 '따로따로 촬영한 화면을 적절하게 떼어 붙여서 하나의 긴밀하고도 새로운 장면이나 내용을 만드는 일'로 정의되지요. 즉 따로 떼어 놓고 보면 서로 관련이 없는 에피소드처럼 보이지만, 합쳐 놓으면 하나의 의미 있는 장면(사건)이 되는 것으로 이해할 수 있습니다. 이때, 동화나 청소년소설은 영화처럼 공간을 몽타주하는 것이 아니라, 다양한 시간(에 벌어진 에피소드)을 몽타주하는 것입니다.

《순일중학교 양푼이 클럽》(김지완, 자음과모음)은 4명의 화자가 차례로 자신의 이야기를 전개하는 피카레스크식 소설입니다. 차례대로 예은-보민-종희-시래 등 총 4명의 에피소드가 전개되지요. 예은은 남자 친구 한주와 성관계를 하고 나서 생리를 하지 않자, 공황 상태에 빠져 고통받는 이야기를 들려줍니다. 보민은 다이어트 이야기, 종희는 폭력배 출신인 아빠와의 갈등과 화해 과정, 시래는 진로에 대해 고민하다가 스스로 머리를 박박 밀고 결국 영화배우가 되기로 결심하는 이야기를 전달합니다. 따지고 보면 성 문제, 외모(다이어트), 부모와의 갈등, 진로 문제는 청소년들이 흔히 겪는 고민입니다. 즉 이 각각 다른 에피소드의 총합은 현시대를 살아가는 여자 청소년의 모습이라고 할 수 있지요.

이 4개의 흩어진 에피소드는 양푼이를 통해 하나로 통합됩니다. 4명의 아이는 틈만 나면 양푼이에 자신이 준비한 온갖 재료를 넣어 빙수를 만들어 먹곤 합니다. 이런 모습은, 서로의 문제를 홀로 품고 있지 않고, 오히려 드러내어 함께 해결해 가는 모습과 닮아 있으며, 그래야 한다고 말하고픈 작가의 목소리를 대변하고 있습니다. 즉 아이들은 반복적으로 양푼이에 온갖 음식과 더불어 자신들의 고민과 문제와 이야기들을 넣고 '비벼'서 각자의 고통을 완화하지요. 이 행위는 아이들의 천진한 장난처럼 보이지만, 이 행위를 통해서 아이들은 서로의 이야기를 들어 주면서 일체감을 확인하게 됩니다.

또한 소설 외적으로는 제각각 흩어져 있는 에피소드들이 양푼이 안에 온전히 담김으로써 작품의 통일성을 유지하고 파편화된 이야기를 통합하여, 청소년이 다양한 문제에 직면해 있음을 상징합니다. 그 때문에 시점이 누구로 바뀌든 양푼이에 '비벼 먹기' 행위가 반복되는 것이지요. 물론 이는 이 소설의 라이트모티프가 되면서 이 작품의 가장 큰 매력적인 요소로 자리 잡습니다.

아울러 각각의 이야기 역시 짜임새 있는 기승전결 형식을 취하기보다는 에피소드를 병렬시킴으로써 몽타주 효과를 노립니다. 〈예은이의 모든 처음〉의 첫 장면은 양푼이 클럽 아이들이 모여서 갑자기 이별 선언을 하고 떠난 예은이의 남자 친구를 성토하는 장면인데, 에피소드의 순서는, '예은과 한주의 이별→양푼이 클럽 아이들의 한주(예은의 남자 친구)에 대한 성토→예은이가 고백받고 고민→친구(최시래)에게 의견을 묻고→점심시간 급식실→생리를 확인하기 위해 화장실로 달려감'입니다. 현재와 과거가 뒤엉켜 있고, 더구나 과거의 일까지 현재 벌어지는 일처럼 서술되어 있습니다. 집중력을 잃으면 다소 산만해 보일 수도 있는 이러한 에피소드 병치를 통해서 막 남자 친구와 헤어진 주인공의 어수선한 모습을 짐작할 수 있습니다.

이러한 서술 방식은, 작가가 짜임새 있는 구성을 염두에 두고 전략적으로 에피소드를 배치했다기보다, 때마다 필요한 이야기를 툭툭 던져 놓은 듯한 느낌을 주지요. '한편 눈에 보이지 않는 것도 말라 버렸다', '반면 예은은 남자애들과 늘 우호적으로 지냈다', '여기까지가 시래는 모르는 예은의 이야기다'와 같은 환기식 서술이 그 한 예라 할 수 있습니다. 물론 이 병치된 에피소드를 편집하여 종합적인 의미를 확보해 내는 것은 독자의 몫입니다. 작가는 다소 쓰기 쉬운 방법을 선택했고, 독자는 다소 어렵게 이해해야 하는 방식이라고 할 수 있습니다.

시래의 이야기에서 에피소드 병치는 조금 더 빠르고 감각적입니다. 시래의 이야기가 시작되면서, 영화 감상평을 하나 싣더니, 갑작스럽게 삭발을 하기로 마음먹고, 미용실에 들러 거절당하고, 바버샵에서 비교적 담담하게 머리를 밀고, 이후에는 학교에서 주목받고 욕먹다가, 가족들로부터 온갖 구박을 받는 에피소드가 연속적으로 이어집니다. 그런가 하면, 그 사이사이에 아빠가 구청에서 일한다고 소개하며, '머리카락은 하루도 빠짐없이 0.33밀리미터씩 자란다'는 정보까지 전달합니다. 이 에피소드들은 언제 어디에서 일어난 일인지, 특히 시간 정보를 적시하지 않음으로써 시간 몽타주 서술의 특성이 두드러집니다. 즉 몽타주 기법은 개별적 에피소드에 큰 의미를 두기보다 여러 개의 에피소드가 시간과 상관없이 배열된 후, 종합되어 만들어질 효과에 더 큰 관심을 두기 때문입니다.

이후, 시래가 본의 아니게 영화 촬영 장소에 자신도 모르게 난입했다가, 엑스트라 배우를 경험하면서 배우가 되겠다고 다짐하고 부산 영화제를 관람하기 위해서 가출 아닌 가출을 감행하는 장면으로 이어집니다. 이 일련의 다소 자극적인 에피소드는 우연성이 강해서 더더욱 몽타주 효과가 커집니다. 즉 이 모든 에피소드가 뭉쳐져서 주인공(시래)의 정체성이 확인되는 것이지요.

그러나 작가가 이와 같은 서술 방법을 택할 때는, 비록 치밀하고 논리적인 장면 편집에서는 자유로울 수 있지만, 개별적 에피소드의 쓸모에 대한 직관적 선택이 필요합니다. 구연하는 듯 자연스러워야 하는 에피소드 병치가 잘못하면 단순히 짜깁기한 누더기로 보일 수도 있기 때문입니다. 그러므로 작가는 다양한 에피소드를 수집하되, 이야기의 흐름을 해치지 않는 에피소드만 추릴 수 있어야 합니다. 메시지 전달에 필요한 에피소드의 결집력이 필요하며, 단순히 재미있어 보인다고 무작정 늘어놓아서는 안 됩니다. 이뿐만 아니라, 이 개별적 에피소드는 가능한 한 감각적이고 한눈에 보아도 특색 있어야 합니다. 한번에 주목을 끌 수 있는 에피소드여야 한다는 뜻입니다. 왜냐하면 몽타주에 사용되는 에피소드는 매우 파편적이기 때문이지요.

이처럼 개별적 에피소드에 집중하되, 중간중간 라이트모티프를 반복해 주는 요령도 필요한데, 이는 앞에서 이야기한 것처럼 이야기 전체의 통일성을 유지하기 위해서 필요합니다. 개별적 이야기의 의미도 중요하지만 전체의 주제도 염두에 두어야 하기 때문입니다.

《우리들의 마녀 아틀리에》(이재문, 다른) 역시 피카레스크 구성으로 적어도 세 인물의 독립적이면서도 또한 서로의 관계가 얽힌 채 진개되는 이야기입니다. 강은서, 오하람, 김서윤이 그들인데, 이들은 마녀 아틀리에의 주인인 마녀 할머니와 얽히면서 삶의 전환점을 맞게 되지요. 이처럼 피카레스크식 구성은 서로 다른 인물들이 각자의 할당된 지면에서만 주인공의 역할을 하며 각각의 메인 스토리를 구성하고, 다른 주인공의 스토리에서는 부수적인 인물로 등장합니다. 또한 세 주인공 모두 사소하게나마 스며들어 있는 아우터 스토리outer story 속에서 핵심적인 문제 해결의 실마리를 찾습니다. 이 작품의 아우터 스토리는 마녀 아틀리에의 주인인 마녀 할머니가 이끌어 갑니다. 이때 중요한 것은 한 작품 속에 서로 다른 이야기가 존재하는 만큼 각각의 메인 스토리는 매우 개성적이어야 한다는 점입니다.

메인 스토리의 주인공 중 하나인 서윤의 히스토리에 주목해 봅니다. 서윤은 두 가지의 문제를 품고 있습니다. 하나는 피부병입니다. 마녀 아틀리에의 문고리를 만진 뒤부터 심해졌는데, 피부과에서 더 큰 병원 진료를 권할 정도입니다. 그런데 친구 은서가 그 피부병은 저주로 생긴 것이라 어떤 약을 써도 낫지 않는다고 말하며 서윤을 마녀 아틀리에로 끌어들입니다. 그런데 서윤은 이때, 또 다른 문제에 직면하는데 다름 아닌 은서와의 껄끄러운 관계입니다. 그 때문에 자신의 피부병을 고치기 위해 선뜻 나서지 못하지요. 피부병이 발병한 곳으로 되돌아가 피부병을 고쳐야 하는 아이러니와, 이를 위해 과거에 친했다가 지금은 매우 서운한 관계가 되어 버린 은서와 매번 부딪쳐야 하는 고민이 서윤을 압박합니다. 이 당면한 문제를 해결하기 위해서 서윤은 자신의 불편한 히스토리를 독자에게 고스란히 드러냅니다.

이처럼 몽타주식 글쓰기는 표면적으로는 거칠게 여러 사람의 이야기를 늘어놓은 것 같지만, 내면적으로는 그 총합의 효과가 가져올 효과의 극대화를 위한 것입니다. 즉《순일중학교 양푼이 클럽》도 그렇고,《우리들의 마녀 아틀리에》 역시 당대를 살아가는 청소년의 다양한 모습을 보여 줌으로써, 청소년의 현실적 모습을 총체적으로 나타낸 것입니다.

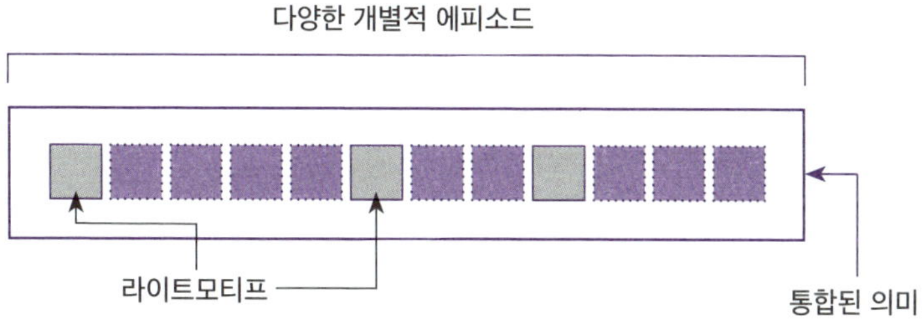


**몽타주 기법으로 쓰기**

## 로드 픽션 구성의 합리적 방법

환경을 적대자로 만드는 가장 간단한 방법 하나는, 아예 처음부터 로드 픽션의 형태를 띠는 것입니다. 목적지를 정해 두고, 주인공에게 미션을 부여하는 방식을 사용합니다. 특히 사건 중심의 이야기를 목표로 한다면 더더욱 유리할 수 있지요. 물론 이때 주인공이 만나는 여행지는 낯선 곳이어야 합니다.(사건 중심 이야기에 대해서는, 《동화·청소년소설 쓰기의 모든 것》5부 참고)

누구든 처음 가보는 곳(공간)에 대한 낯섦은 곧 긴장감으로 다가오고 이것은 어떤 에피소드, 혹은 그 이상의 것(사건)으로 확장될 가능성을 내포하게 됩니다. 또는 그런 기대를 하게 만듭니다. 더구나 어린이와 청소년 독자들이 모험 이야기를 선호한다는 점에서 로드 픽션은 게임과 흡사한 성취감을 느끼게 할 수도 있습니다. 하나의 미션을 해결할 때마다 레벨이 올라가는 게임의 구조처럼, 로드 픽션은 주인공이 낯선 장소 한 곳 한 곳을 통과할 때마다 독자에게 그와 비슷한 만족감을 줄 수 있다는 뜻입니다. 특히 이와 같은 구조는 주인공에 대한 자기 동일시가 빨리 일어나기 때문에 초반부터 가독성을 높일 수 있는 장점이 있습니다.

다만 로드 픽션은 공간을 인위적으로 만들어야 한다는 점에서, 공간에 대한 높은 상상력과 집중력을 작가에게 요구합니다. 물론 현실적이고 일상적 공간을 활용하고자 한다면 주인공을 보행 약자(장애인, 또는 경험이 부족한 어린 아이)로 설정하는 방법도 고려해 볼 만합니다. 더하여 특정한 공간에 있는 단순한 사물의 종류와 위치 및 거리를 파악하는 공간지각력이 필요할 뿐만 아니라 이것을 인위적이고 입체적으로 변형시킬 수 있어야 공간 자체가 새로워지고 긴장감도 더할 수 있습니다.

물론 그렇다고 지나치게 생소하고 복잡한 공간을 만드는 것만이 중요한 것은 아닙니다. 스키마의 폭과 깊이가 협소한 어린이 청소년 독자들에게는 그와 같은 공간은 도리어 읽는 데 어려움을 줄 수도 있기 때문입니다. 무엇보다 생소하고 복잡한 공간을 이해시키려면 상세한 묘사가 필요한데, 어떤 묘사든 동화와 청소년소설에서는 가독성을 떨어뜨리게 마련이지요. 즉 새로운 공간을 복잡하지 않게, 도리어 단순화하면서 그 공간의 특성을 잘 부각할 수 있는 핵심만 잘 드러내는 것이 가장 좋다는 의미이기도 합니다.

《시간 고양이 4》(박미연, 이지북)에서는 시작부터 주인공 서림에게, 정해진 시간(32시간) 안에 미아(정체 불명의 동물)를 스위스 융프라우에서 서울까지 데려가야 하는 미션이 주어집니다. 문제는 미아를 다른 누군가(적대자)가 노리고 있고, 더구나 기상의 변화가 극심한 상황이 반복되어 서림의 여행을 방해(적대자 역할)한다는 것입니다. 그 바람에 하이퍼루프 열차를 타면 몇 시간 안에 서울에 도달할 수 있다는 희망이 중도에 깨지고 말지요.

로드 픽션의 출발점이 여기입니다. 이제부터 주인공은 생각지도 못한 장애물(낯선 공간)을 수도 없이 만나게 되고, 이를 통과해야만 목적지에 다다를 수 있습니다. 시간마저 제한되어 있어서 이 미션의 긴급성은 주인공을 더욱 큰 고난에 빠뜨립니다. 독자의 긴장감이 최고조에 다다르고 흥미가 절정에 이릅니다.

주인공 서림은 일단 산악 열차를 타고 하이퍼루프 열차역까지 가려 하지만 뒤쫓는 적대자의 습격에 의해 중간에서 내려야 했고, 졸지에 하이퍼루프 열차역까지 가는 방법이 사라집니다. 이때, 차선으로 선택한 방법이 패러글라이딩입니다. 위험하지만 서림과 리호는 한 번도 해본 적이 없는 패러글라이딩으로 가까스로 하이퍼루프 역에 도착함으로써 첫 번째 미션에 성공합니다.

그리고 마침내 한국행 열차에 탑승하지만, 열차는 얼마 가지 않아 폭우와 낙뢰를 만나 헝가리의 부다페스트역에서 멈추고 맙니다. 이때 서림은 다시 한번 적대적 공간과 마주합니다. 폭우로 인해 도심이 물에 잠기고 모든 것이 급물살에 떠내려가 버리고 서림 역시 물에 빠져 허우적거리다가 가까스로 구조됩니다.

물론 곧바로 다음 미션이 기다리고 있습니다. 어쨌든 정해진 시간 안에 서울까지 가야 하니까요. 곧 서림은 해킹 등을 통해 가까스로 무인 택시 드론을 탑니다. 하지만 얼마 지나지 않아 그마저도 연료 부족으로 아무것도 없는 황무지에 곤두박질칩니다. 이곳은 중간 목적지 모스크바까지 540킬로미터 남은 지점입니다.

이어서 주인공 일행은 폐가에서 발견한 옛날 자동차를 타고, 다시 열차를 타고 낯선 곳을 두루 탐험합니다. 그때마다 주인공에게는 적대자의 추격은 물론 주위의 환경 때문에 발생하는 어려움이 닥치지요. 그럴수록 긴장감은 고조되고, 주인공이 목적지에 이르기 직전까지 이 긴장은 유지됩니다.

특히 교통수단을 열차와 패러글라이딩, 드론, 자동차 등으로 다채롭게 설정한 것도 이야기를 흥미롭게 끌고 가는 데 큰 도움이 됩니다. 이동 수단의 종류에 따라 색다른 긴장감을 끌어낼 수 있고, 또한 다른 사건을 만들어 낼 수 있기 때문이지요. 실제로 패러글라이딩이나, 드론과 같은 수단은 열차나 자동차와는 또 다른 흥미를 유발합니다.

단 로드 픽션의 형식을 취할 경우, 같은 유형의 환경 조건은 피하고, 이야기의 후반부로 갈수록 환경이 더 열악해야 하는 것이 핵심입니다. 환경 조건이 유사하면 주인공에게 비슷한 사건이 일어날 수 있으며 이는 모험의 경중에 관계없이 지루함을 줄 수 있기 때문이지요. 또한 앞부분의 환경이 더 악조건이면 뒤쪽의 이야기가 싱거워질 위험이 있습니다.

특히 이런 적대적 환경을 활용한 이야기는 SF나 판타지를 쓸 때 특히 유효합니다. SF나 판타지는 모두 독자가 경험한 적이 없는 공간을 다루기 때문입니다. 그러므로 독자에게는 모든 환경이 낯설지요.

역사 동화의 경우도 마찬가지입니다. 시간과 공간이 재설정되면, 낯익은 공간도 낯선 공간으로 바뀌니까요. 특히 《비단길을 건너는 아이 야나》(이경이, 보리)는 주인공 야나가 신라(경주)에서 출발해, 한반도와 대륙을 가로질러 사마르칸트까지 이르는 대장정을 다룹니다. 과거가 현재보다 여행이 더 힘든 조건임을 감안하면 야나의 여행이 만만치 않을 것임은 짐작하고도 남습니다.

야나의 여행 경로는 이른바 비단길로 압축되는데, 주인공에게 주어진 미션은 '아빠(푸른 눈의 칸씨) 찾기'입니다. 야나의 아버지는 이란계 유목 민족인 소그드인 출신으로 신라인과 혼인하여 야나를 낳았습니다. 그는 한동안 신라 왕실을 위해 일했는데, 왕권 교체기에 누명을 쓰고 사마르칸트로 떠나야 했지요. 야나는 아빠가 남긴 몇 가지 단서만으로 아빠를 '뒤쫓는' 모험을 벌입니다. 우선 야나는, 친구 무소와 함께 배를 타고 중국(당나라)의 장안으로 향합니다.

장안사에서부터 시작한 낯선 여행은 청동말(골동품 상점)에서 아빠가 암호처럼 남긴 두루마리를 얻고, 여기에서 모티프를 얻어 다음 여정으로 이어집니다. 서역으로 간다는 대상을 만나, 그들과 합류하여 여행을 시작하지요. 야나는 둔황(석굴)을 지나고 텐진산맥 아래쪽의 투루판 마을에서 (불의의 사건을 겪으며 얼결에) 오아시스도 없는 타크라마칸 사막 한가운데까지 나아갑니다. 이어 또다른 오아시스 도시를 거쳐 텐샨을 넘어 마침내 사마르칸트에 이릅니다. 물론 이곳까지 오는 동안 야나는 사막의 혹독한 기후 조건과 싸워야 했고, 노예 사냥꾼과 맞닥뜨리기도 합니다. 그뿐만 아니라 아빠의 메시지가 담긴 두루마리를 빼앗기지 않기 위해 쫓고 쫓기며 몸싸움도 벌여야 하지요. 그럼으로써 흥미가 배가됩니다. 더하여 이 작품에는 아버지가 남긴 암호를 풀어나가는 또 다른 재미도 있습니다.

이처럼 시간과 공간을 초월한 로드 픽션은, 낯선 환경을 보여 주는 것만으로도 긴장감을 높일 수 있습니다. 실제로《비단길을 건너는 아이 야나》는 장안에서 사마르칸트까지는 가는 여정을 통해 색다른 풍경과 문화를 독자에게 전해 줍니다.

물론 그렇다고 현실적 배경에서는 로드 픽션이 흥미가 없다거나 불가능하다는 뜻이 아닙니다. 주인공이 어린이인 동화에서는 서울에서 부산까지 가는 여행도 매우 험난한 여정일 수 있습니다. 앞서도 말했지만, 어린 독자일수록 공간에 대한 경험이 부족하고, 또한 이동 방법마저 익숙하지 않기 때문에 집을 나서는 순간 '모험'이 시작되는 것이지요.

주인공의 목표에 대한 분명한 인지, 정해진 시간, 중간 경유지마다 발생하는 이채로운 사건들과 그에 따른 다양한 적대적 환경, 목표에 가까울수록 더해지는 위험의 강도와 같은 요소들이 로드 픽션의 성공 여부를 결정합니다. 이에 따라 작가는 다양한 공간에 대한 정보와 그 디테일에 대한 자료를 미리 준비해 두는 것이 좋습니다. 영화는 물론이고 서사가 담긴 다양한 영상을 많이 참고하면 도움이 될 것입니다.

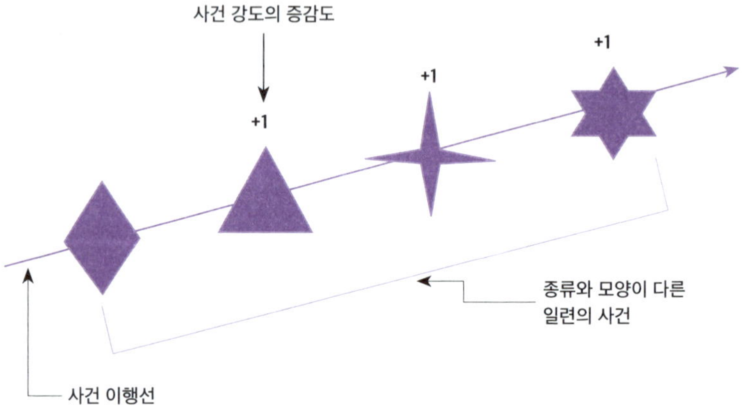


로드 픽션의 전개 방법

## 주제를 제대로 전달하는 이야기

작가 지망생이 가장 큰 압박을 느끼는 지점 중의 하나는, 개별적 차이가 있지만 대체로 문장과 주제입니다. 그래서 목적 없는 필사(2부에서 상세히 다룸)를 하고 주인공의 히스토리를 생각하기도 전에 주제부터 정합니다. 그러나 도리어 주제에 대한 강박에서 벗어나지 않으면 이야기가 잘 써지지 않습니다. 그 이유는 주제를 먼저 정하고 거기에 합당한 인물과 사건을 '끼워 맞추려' 하기 때문입니다. 이럴 경우, 이야기를 쓰기 전에 야심만만하게 계획했던 매력적인 인물 구상은 포기해야 합니다. 인물이 주제에 종속되는 현상이 발생하기 때문입니다. 작가(지망생)가 분명하게 인지해야 할 것은, 주제는 추상적인 것이지만, 서사는 구체적이어야 한다는 사실입니다. 이 사이의 유격이 크다는 점을 인지해야 합니다.

즉 주제를 더 잘 드러내기 위해서는 인물의 행동과 이를 통해 벌어지는 사건이 매우 구체적이어야 한다는 뜻입니다. 특히 작가의 개입으로 주제가 언표에 드러나면 이야기의 장르적 속성마저 위협할 수 있습니다. 사실 주제를 먼저 정하고, 그에 맞추어 가는 서술 방식은 동화(청소년소설) 보다는 에듀테인먼트 스토리텔링에 더 적합합니다.

따지고 보면 주제는 이야기를 발생시키는 원동력이 아니라, 도리어 독서 후 개별 독자의 심리적 태도일 뿐입니다. 같은 책을 읽은 뒤에 독자마다 유독 감동받은 부분(사건 혹은 장면)이 다를 수 있고, 또한 그 폭과 깊이에도 차이가 나는 현상이 이 견해를 뒷받침하지요. 따라서 작가가 주제에 집착하면 흥미로운 작품을 쓰는 데 오히려 방해가 될 수 있습니다. 대전제는 될 수 있을지언정 선행 조건은 아닌 셈이랄까요?

실제로 주제는 주인공이 지금 벌어지고 있는 사건에 대해 어떠한 태도를 취하느냐에 따라 선명하게 드러납니다. 이야기의 주체가 주인공이고, 모든 사건이 주인공을 중심으로 짜이기 때문이지요. 즉 주인공이 자신 앞에서 벌어진 일에 어떻게 반응하느냐에 달렸다는 것인데, 크게 반응하면 주제는 더 선명해지며, 소극적인 반응을 할 때 주제는 흐릿해집니다. 즉 주인공의 적극적인 반응이 주제 환기에 도움이 된다는 의미이지요.

시간 유전자를 이식받으면 더 젊어지고 더 오래 살 수 있는 미래가 배경인《시간 유전자》(김혜정, 라임)의 핵심 주제는, 이야기의 마지막 장에 나오는, '시간은 돈이기 전에 우리가 살아가야 하는 순간들'이라는 서술로 요약됩니다. 그렇다면 주인공은 이 주제를 실현하기 위해서 아주 구체적인 행동을 해야 합니다.

애초에 주인공 지후(나)의 목표는 이 시대(미래 세계)가 지향하는 것처럼 '전국 초등학교 성취도 평가에서 상위 3% 안에 들어서 영재 학교에 진학'하는 것이고, 이를 실현하기 위해서 엄마가 정해 놓은 타임 테이블에 맞추어 생활합니다. 물론 이 타임 테이블은 대부분은 공부로 짜여 있지요. 그리고 그 덕분에 영재 학교에 입학할 수 있는 자격을 얻습니다. 당연한 말이지만, 이를 위해서 지후는 시간을 쪼개어 쓰고, 하고 싶은 게임도 미루는 고통을 감내해 왔지요. 여기에는, 앞서 말한 것처럼 엄마의 입김이 크게 작용하는데, 엄마는 시간 유전자를 팔아서라도 (비록 반대 급부로 빨리 늙는다 할지라도) 그렇게 얻은 돈으로 유복한 삶을 살려는 사람이기 때문입니다. 심지어 엄마는 학교에 오가는 시간을 절약하기 위해서 지후에게 오토카까지 사줍니다. 이 부분에서 엄마의 극단적 성격이 드러납니다. 그리고 그것이 옳다고 믿지요. 여기까지 보면 주인공은 시간에 지배당하고 있으므로, 또한 사실상 엄마의 의견에 동조하고 있는 것과 다름없으므로, 아직 선의의 주제는 도출되지 않습니다. 혹시라도 지후가 주인공으로서 지금까지와 같은 태도를 유지한다면 잘못된 주제, 곧 '시간을 팔아서라도 성공해야 한다' 따위의 메시지를 줄 수도 있습니다.

이때 만약 작가가 목적한 주제를 강조해야 한다면, 주인공이 시간이 돈으로 환산되는 세상의 직접적인 피해자여야 하고 이를 바로 잡으려는 노력 등이 있어야 합니다. 그럼으로써 모든 것이 돈으로만 값어치가 매겨지는 세상이 폭로되고, 그런 세상에서 벗어나려는 주인공의 노력이 주제로 부각될 것입니다. 그러나 주인공은 아직 이 세계에 착색된 상태여서 이런 일을 하기 힘들지요. 결국 위의 주제를 도출하기 위해서는 철저하게 현실적 이데올로기에 착색된 지후를 돌려세워야 합니다.

이를 위해서 작가는 지후가 좋아하는 세랑 누나를 활용합니다. 마침 세랑 누나는 교통사고로 부모님을 잃었고, 홀로 깨어났으나 바이러스에 감염되어 사고 이전의 기억을 잃었으며, 현재는 보육원에서 생활합니다. 연민에 더하여 좋아하는 마음까지 쌓인 상태라 지후는 '세랑 누나랑 있을 때면 내가 세상에서 가장 마음 편하고 행복한 사람이 된 것 같은 기분'을 느낍니다. 한편 이런 세랑 누나에게는 더 큰 비밀이 있고, 심지어 아버지를 위해서 자신의 시간 유전자를 불법적인 방법으로 팔아야 하며, 나아가 신분 세탁까지 해야 하는 인물입니다. 이런 사실을 알게 된 지후는 시간이 돈으로 환산되는 현실에 본격적으로 회의를 느끼게 됩니다. 즉 지후는 자신이 사랑하는 사람을 돕는 과정에서 시간(사실상 돈)에 지배당해서 사는 일이 얼마나 어리석은 짓인지를 알게 되고, 엄마의 강요에 반항함으로써 주제를 환기하기 시작합니다.

이때부터 시간 거래의 피해자는 세랑 누나가 아닌, 주인공(지후) 본인이 됩니다. 이처럼 주인공이 '가난하게 오래 사는 것보다 덜 오래 살더라도 부유한 게 낫다'는 물질주의적 세계관에 직접적이고 강경하게 반기를 듦으로써 주제는 더욱 또렷해지지요.

그런데 이때 중요한 것은, 주인공의 반항의 강도가 얼마가 강하고 실천적이며 역동적인가에 따라 도출되는 주제의 크기가 달라집니다. 강하게 반응하면 주제는 더 잘 드러나고 주인공의 행동이 소극적이면 주제의 표출 성과도 작습니다. 이를테면 지후가 자신의 일이 아니라 세랑 누나의 일이기 때문에 그저 이해하고 위로하는 수준에서 그친다면, 그 이후의 행동이 지속될 수 없습니다. 이 정도에서 이야기가 마무리된다면, 주제에 대한 환기가 한정적일 것입니다.

그러나 세랑에 대한 애정이 큰 만큼 지후가 세랑에게 벌어지는 일을 곧 자신의 일로 여기는 데 다다르기 때문에 이후 행동이 지속될 수 있는 것입니다. 그리고 이러한 행동은, 단순히 그 모험의 강도가 높다는 이유 때문에라도 매우 강렬하게 주제를 환기할 수 있습니다. 즉 주제의 강조는 작가의 해설이나, 인물을 통한 직접적 언술보다 주인공의 구체적이면서 강하고 역동적인 움직임을 통해 더 잘 드러납니다.

따라서 주제를 더욱 두드러지게 나타내고 싶다면, 작가가 직접 나서서 설명하지 말고, 주인공을 더욱 궁지에 몰아넣은 다음, 그 반동을 최대한 이용해야 합니다. 이때 받은 탄력의 강도에 따라 주제는 선명해질 수도 있고 미미해질 수도 있습니다.

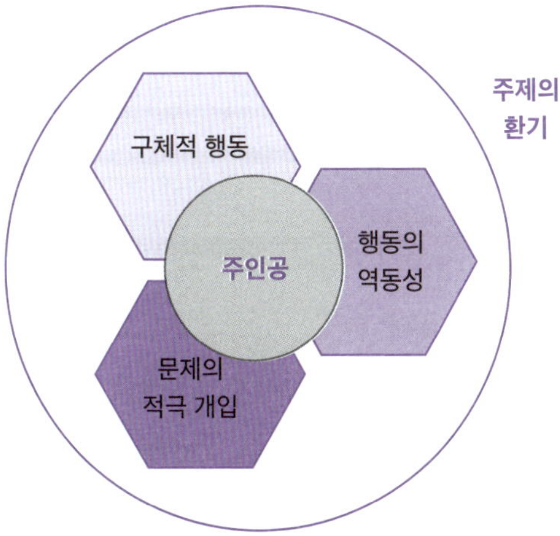


주제를 잘 전달하려면?

## 동화는 단순 구성일수록 잘 읽힌다

동화에서 단순 구성을 강조하는 이유는, 우선 대상 독자가 어리기 때문입니다. 복잡하게 전개되는 이야기는 그 의미를 파악하는 데 시간이 걸리고, 따라서 독자가 흥미를 잃게 만들지요. 즉 독서의 장벽을 높이는 꼴이 됩니다. 나아가 작가가 전달하려는 메시지가 아이들에게 제대로 전달되기 힘듭니다. 이 말은 결국 단순 구성이 독자에게 더 흥미롭게 읽힐 수 있으며, 주제 전달에도 용이하다는 뜻입니다.

이른바 단순한 구성이란, 단일한 사건이 아니라 일련의 사건이 한 인물(주인공)을 중심으로만 전개되는 구성을 말합니다.(《동화·청소년소설 쓰기의 모든 것》 3부 참고) 시점을 이탈하지 않고, 오로지 모든 사건이 주인공을 중심으로 일어나야 한다는 뜻입니다. 이때 시점의 이탈이란, 서술 주체가 주인공이 아닌 또 다른 캐릭터로 옮겨 가는 것을 말하는데(전지적 작가 시점과는 다릅니다), 이때 독자는 주인공 외의 다른 여러 캐릭터의 삶(히스토리)까지 이해해야 하므로, 복잡하다는 느낌을 받습니다. 그뿐만 아니라 주인공이 아닌 다른 인물이 서술 주체가 되어 있는 시간 동안, 주인공은 이야기 속에서 도리어 부수적 인물로 존재하게 되는 역효과가 발생합니다.

그러므로 시점의 이탈을 최대한 방지하고 주인공에 일어나는 사건만으로 이야기를 전개해야 합니다. 즉 작가는 '독자에게 문학 작품으로서의 동화(청소년소설)는 한 개인(주인공)의 삶을 들여다보는 일'이란 사실을 잊어서는 안 되며, 다른 사람(비주인공)의 삶은 주인공의 삶을 한층 완결성 있게 만들기 위해 참조할 뿐이라는 사실을 인지해야 합니다. 물론 이 '참조'되는 분량은 꼭 필요한 만큼, 최소한만 할애해야겠지요.

《꿀벌이 사라졌다》(현민, 이지북)는 중학년 동화라는 점을 감안하더라도 이야기가 주인공에게 잘 집중되어 있습니다. 꿀벌이 사라진 것으로만 알았던 세계에 살던 주인공 하니가, 사실은 부자들의 도시인 가온시가 꿀벌을 독점하고 있다는 사실을 알게 되고, 이 꿀벌을 온 세상에 퍼트리기 위해 애쓰는 이야기로 축약할 수 있지요. 물론 기후 위기로 인한 꿀벌의 멸종이 식량 재난을 가져왔고 이로 인해 빈부 격차가 심화되었으며, 특히 가난한 사람들이 사는 미리내 마을에 그 피해가 집중되고 있다는 시대적 배경이 깔려 있습니다.

이런 간단한 로그 라인에서 보듯이 하니가 가온시와 미리내 마을을 오가며 벌이는 모험이 이야기의 중심을 차지하고 있습니다. 물론 모든 사건은 단 한 번도 주인공 하니의 시점에서 벗어나지 않습니다. 이처럼 시점이 끝까지 한 사람(주인공)을 유지하면 캐릭터의 밀도가 높아집니다. 이 말은 주인공의 캐릭터로서의 총체성을 잘 드러낼 수 있다는 뜻이고, 그만큼 개성 있는 캐릭터로 자리 잡을 확률이 크다는 것을 의미합니다. 물론 이런 캐릭터는 독자를 공감시키기에도 충분합니다. 독자의 자기 동일시도 빨라집니다. 딱 한 사람(주인공)의 삶만 이해하면 되니까요.

물론 위에서 언급한 대로 주인공의 삶 외에 다른 캐릭터의 삶도 참조해야 합니다. 특히 주인공의 삶에 가장 직접적 영향을 미치고 있는 인물들의 삶이 그렇습니다. 우선 벌에 대한 하니의 관심이 아빠에게서 비롯되었으므로, 아빠의 삶은 적극적으로 참조되어야 합니다.

두 번째는 윤재입니다. 특히 윤재는 하니의 조력자로 가온시에 더 쉽게 접근하게 해주고, 그럼으로써 두 세계(가온시와 미리내 마을)의 연대 가능성까지 보여 주지요. 그리고 빼놓을 수 없는 인물이 할아버지입니다. 특히 할아버지는 하니의 아빠와 가온 정원 원장(윤재 아빠)을 가르친 선생님이라는 과거를 가지고 있음으로써 (과거 세계의) 화해를 이끌어 내는 역할을 합니다.

중요한 것은, 주인공 외에는 그 어떤 인물도 주목을 받을 만큼의 히스토리는 없으며, 주인공 하니가 사건을 해결해 나가는 힌트의 역할에 머물고 있다는 것입니다. 즉 작가는 주인공 외의 모든 인물은 주인공의 삶의 완결성을 위한 역할에 머물도록 해야 하며, 어떤 경우라도 다른 인물이 주인공보다 매력적이어서는 안 된다는 것을 인지해야 합니다.

더하여 사건과 사건이 병렬적으로 연결되는 것이 아니라, 꼬리에 꼬리를 무는 방식이어야 하며, 최초의 사건부터 시작해서 최후의 사건에 이르기까지 그 강도가 점진적으로 높아져야 합니다. 이런 방법은 판타지와 같은 주인공의 모험을 그리는 동화에서도 유용합니다. 다만 이 '강도'에 대한 판단이 어려울 수 있는데, '강도'는 표면적 위험도와 비례하는 것이 아니라, 주인공의 위험도에 따른 것입니다. 이를테면 나무 꼭대기에 올라가 있는 주인공이 날 수 있는 능력이 있다면 위험도는 거의 없습니다. 그러나 평평한 땅에 있더라도 주인공을 심하게 괴롭히는 친구가 하나만 있어도 위험도는 훨씬 큽니다. 즉 주인공이 겪는 마지막 사건은, 그 종류와 상관없이 주인공의 존립의 근본을 뒤흔들 만큼 강력해야 한다는 뜻입니다.

이를 위해 가장 좋은 방법은, 주인공이 궁극적으로 반드시 달성해야 하는 목표를 설정해 두는 것입니다. 그리하면 주인공은 (적어도 외연적으로는) 오직 그 목표를 향해 끊임없이 노력하는 모습을 보이게 됩니다. 《꿀벌이 사라졌다》의 하니가 그렇습니다. 하니는 가온시에만 존재하는 꿀벌을 미리내 마을까지 날려 보내야 한다는 목표를 전면에 내세우고, 오로지 이 목표를 이루기 위해 위험을 무릅쓰고 가온시를 에워싸고 있는 전기 담장을 넘어섭니다. 그리고 이 과정이 반복되면서 점점 더 큰 위기가 찾아오고 마침내 가온 정원의 보안 요원에 붙잡히고 맙니다. 즉 목표에 근접할수록 위기가 커짐을 알 수 있습니다.

그리고 목표가 또렷하면 TP1과 TP2가 선명하게 드러나서 이야기를 단순하고 명료하게 보이게 하는 데 유리합니다. 이 두 개의 TP(티핑 포인트)가 이야기의 입구와 출구의 역할을 하기 때문이지요. 이때 이야기의 기본 구조가 또렷하게 드러나는데, 이 경우 구성이 구조와 일치하는 양상을 보입니다. 주인공에게 어떤 문제가 생겼는지 분명하게 제기하고(TP1), 그 문제가 명쾌하게 해결되도록(TP2) 하는 것이지요. 이처럼 형식상, 또한 내용상 이야기의 들고나는 부분이 명확하게 보이면 독자의 기억에도 오래 남습니다. 물론 작가는 대상 독자가 어릴수록 이런 방법에 더 집중해야 합니다. 즉 처음부터 TP1과 TP2를 명확히 정해 놓으면 집필하기 훨씬 수월하지요. (티핑 포인트에 관해서는《동화·청소년소설 쓰기의 모든 것》4부 참고)

단순 구성

## 다른 작가 작품의 플롯을 해킹하는 방법

다수의 창작 안내서가 강조하는 창작 방법론의 첫 단추는 '무엇을 쓸까?'보다는 '어떻게 쓸까?'에 초점이 맞추어져 있습니다. 이미 많은 작가가 사용한 소재나 주제를, 같은 글쓰기 방법으로 접근하면 똑같은 이야기를 하나 더 쓰는 꼴이 되기 때문입니다. 학교 폭력, 다문화, SNS와 같은 디지털 미디어의 부작용과 폐해, 우정과 사랑, 공부와 부모님의 압박 등과 같은 내용이 동화(청소년소설)의 일반적 소재, 혹은 주제인데, 이를 다른 작가가 이미 써낸 방식으로 쓰면 차별성이 사라집니다. 그래서 작가들은 저마다 신선한 소재를 찾아내려고 무던히도 애를 씁니다.

그러나 아이러니하게도 어린이와 청소년의 사회적 삶의 테두리는 집과 학교와 학원 등이 전부이기 때문에 소재와 주제의 차별성을 쉽게 확보하기 어렵습니다. 그러므로 동화와 청소년소설에서는 더더욱 '어떻게 쓸까?'에 대한 고민이 필요합니다.

다른 이야기의 플롯을 가져와 쓰는 것도 '어떻게'의 문제를 해결할 수 있는 방법 중 하나입니다. 특히 고전의 플롯을 차용하려는 시도는 현대의 작가들에게도 종종 있는 일이지요. 명작 중에는, 제임스 조이스가《오디세이》를 패러디하여《율리시스》를 썼고, 알랭 로브그리예가 오이디푸스 신화를 패러디하여《고무 지우개》를 썼습니다. 꼭 이와 같은 예가 아니더라도 이미 오래전부터, 상당수의 작가가 전래 동화나 신화를 모티프로 활용했습니다. 즉 그것의 목적이 패러디든 오마주든 플롯 차용은 작가가 목적 의식적으로 접근해 볼 만한 창작 방법이라 할 수 있지요. 그래서 상당수의 작가가 이미 영화나 연극 등, 이웃한 서사 장르의 창작 방법까지 실험적으로 문학 작품에 활용하기도 했습니다.

무엇보다 플롯을 차용하면, 대체로 사건의 배열 방식, 즉 어떤 사건을 어떤 순서로 늘어놓을 것인지 결정할 수 있습니다. 플롯은 그 작품의 뼈대로서 모든 요소의 합리적이고 합목적적 배치이므로, 플롯의 결정은 사실상 '어떻게'의 문제를 부분적으로 해결하게 되는 원리입니다.

《변신 인 서울》(한정영, 사계절)은 프란츠 카프카의 《변신》의 플롯을 활용했습니다. "어느 날 잠에서 깨어 보니 잠자는 벌레로 변해 있었다." 라는 첫 문장으로 시작하는 《변신》과 흡사하게, 《변신 인 서울》의 첫 문장은 "어느 날 아침, 불안한 잠에서 깨어났을 때, 반희는 자신이 손바닥만 한 토끼로 변해 있는 것을 발견했다."로 시작합니다. 제목과 첫 문장 모두 카프카의 《변신》을 염두에 두고 쓰였음을 알 수 있습니다.

《변신》의 주인공 그레고르 잠자는 직장에 출근해야 한다는 강박에 시달리며 빨리 사람의 모습으로 돌아가려고 애쓰고, 그러나 결코 벌레에서 벗어날 수 없다는 것을 깨닫지요. 그러는 동안 밖에서는 가족들이 빨리 일어나 회사에 가라고 재촉합니다. 잠자는 가족 구성원 중에서 유일하게 생산 활동을 하는 인물로서 그가 출근하지 않으면 가족을 부양할 수 없기 때문입니다. 즉 잠자는 가족들에게 사랑을 바탕으로 하는 진실한 가족 구성원이 아닌, 돈벌이를 책임지는 경제적 수단으로 여겨지고 있는 것입니다. 결국 잠자가 나오지 않자, 가족들은 문을 부순다는 등의 협박을 하고, 끝내 열쇠 수리공을 불러 강제로 문을 열지요.

이와 비슷하게, 《변신 인 서울》의 주인공 반희는 처음엔 토끼로 변한 자신의 모습을 발견하고, 오히려 침대 위에서 뛰며 즐깁니다. 하지만 꿈이 아님을 깨닫고 자기 모습이 얼른 사람으로 돌아오기를 기대하지만, 그 바람은 이루어지지 않습니다. 이때, 바깥에서 엄마가 학교에 가라고 재촉합니다. 하필 중요한 시험이 있는 날이어서 더더욱 엄마의 재촉이 거세지요. 사실 아이에 대한 걱정 때문이 아니라, 엄마는 시험 결과를 기대하고 있습니다. 아들이 1등을 해서 체면을 세워 주었으면

하는 바람이지요. 즉 엄마는 아이를 사랑하고 아끼기보다 자신의 입지를 다져 줄 도구로 여기고 있는 것입니다.

이처럼,《변신 인 서울》은《변신》의 플롯을 그대로 따라갑니다. 그러다 보니, 인물의 성격과 특징도 흡사한 모습을 보입니다. 더 이상 돈을 벌지 못하게 된 자식(《변신》)에게, 또한 (시험을 볼 수 없기에) 1등을 하지 못해 자신의 자랑거리가 될 수 없는 자식(《변신 인 서울》)에게 실망하여 방치하는 엄마의 모습이나, 권위주의적이고 가부장적 태도로 위압적인 모습을 표출하는 아버지의 모습을 보아도, 두 작품이 흡사합니다. 주인공에게 유일한 희망이었던 누이(혹은 누나)의 역할도 일맥상통하는 데가 있습니다. 물론 그들도 끝내는 주인공의 곁을 떠나는데, 이 역시《변신 인 서울》이《변신》을 좇아가고 있는 형국입니다.

이를 통해 구체화되는 주제 역시 원작을 따릅니다. 벌레 혹은 토끼로의 변신이 의미하는 바가 '인간의 비인간적 삶에 대한 항의'라고 할 때, 역시《변신 인 서울》은《변신》의 대의적 주제를 이어받고 있지요. 이를테면, 사회적 규율보다 인간의 자율성을 추구하려는 시도를 할 때, 현대 사회는 그를 쓸모없는 '것'으로 취급한다는, 피할 수 없는 현실적 진실을 두 작품 모두에서 경험할 수 있습니다. 이는《변신》의 그레고르 잠자가 살던 시대나 반희가 살고 있는 현재 모두 도구적 이성의 지배를 받고 있기 때문입니다. 즉 노동 사회에서 쓸모없는 인간은 폐기 처분된다는 씁쓸한 현실을 전달하고 있는 것입니다.

그레고르 잠자와 반희가 꿈이 아닌 꿈에서 깨어나려 몸부림치는 이유도 같은 선상에서 이해할 수 있습니다. 순수한 욕망을 통해 벌레와 토끼로 변했으나, 그렇게 홀로 남겨지면 소외가 뒤따를 것이고 소외의 가장 극단적 형태는 죽음에 이를 수도 있다는 것을 알기 때문입니다. 결국 잠자는 고독한 죽음을 맞이하고, 반희는 자신에게 닥친 '비극'의 원점으로 되돌아가는 결말을 맞이합니다. 도구적 이성이 지배하는 세계가 개선되지 않는 한 그 비극이 계속되리라는 경고라 볼 수 있습니다.

다른 이야기의 플롯을 가져와 작품을 쓰는 일은, 원작이 유명할수록 접근의 허들을 낮추어 줍니다. 원작의 주제는 물론 그 작품의 특성을 알고 있다면, 독자는 원작과 패러디된 작품을 비교하며 읽는 재미도 느낄 수 있고요. 물론 원작이 명작으로 분류되더라도 어린이 청소년 독자들과 괴리가 있는 것이라면 도리어 난이도가 올라갈 수 있습니다. 가령 카프카의《변신》은 성인 문학에서도 다소 난이도가 높은 작품이라 심도 있는 문학적 의미까지 포함하는 따르려는 시도보다는, 갑자기 벌레로 변한다는 설정에 기반한 표피적 플롯에서 더 나아가지 않는 것이 좋겠지요.

그러므로 특히 동화는, 어린이 독자들도 한 번쯤은 익히 읽어 보았을 만한 전래 동화와 같은 작품의 플롯을 차용하는 것을 권장합니다. 이런 시도는 에듀테인먼트 스토리텔링의 영역에서도 상당수 사용하고 있는 방법이라서 참고해 볼 만합니다.

다만 작가는 자신이 쓰려는 작품의 주제와 인물의 사용 등에 대한 고려가 원작의 플롯을 따라도 애초의 목적을 해치지 않거나 오히려 더 견고해진다고 판단될 때 플롯 차용을 하는 것이 좋습니다. 그래야 원작의 의미를 해치지 않으면서 자신의 작품 역시 존재 가치를 증명할 수 있습니다.

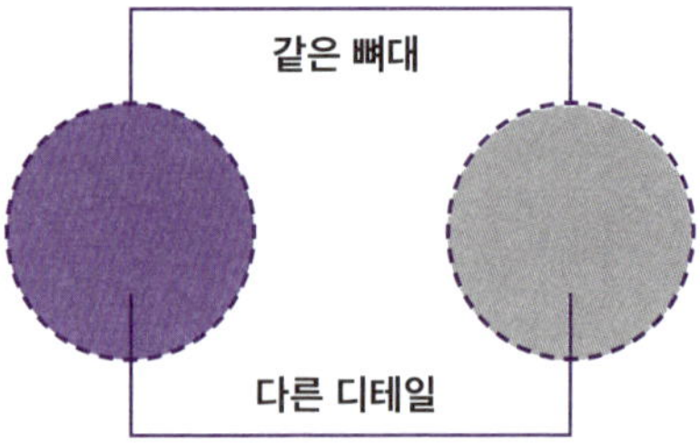

플롯 해킹

## 지도를 활용하는 방법

이야기 속에서 공간은 사건이 일어나는 장소이며, 이 특정한 장소에 따라 다른 사건이 일어납니다. 즉 서로 다른 공간을 활용해서 다양한 사건을 만들 수 있다는 의미이지요. 사실 로드 픽션이 아니라도, 공간을 다양하게 활용하면 사건이 역동성을 갖도록 하는 데 도움이 됩니다. 공간이 바뀐다는 것은, 이미 주인공을 움직이도록 장치한 것이기 때문입니다.

문제는 공간이 다양해지면, 주인공의 행동선이 복잡해지면서 자칫 오류가 발생할 수 있다는 것입니다. 그래서 작가는 스토리보드 단계에서부터 사건을 발전시켜 나갈 공간을 지도로 그려 두는 것이 좋습니다. 즉 어느 정도의 줄거리(스토리보드)가 정리되었다면 미리 주인공의 이동선을 설정하고 그에 따른 사건을 전개하면 되는데, 바로 이 이동선을 그려서 집필 시에 활용하는 것입니다. 특히 지도는 공간에 대한 지배력을 높여서 사건을 전개하는 데에도 매우 유리합니다.

또한 주인공의 행동선은, 특히 로드 픽션처럼 주인공의 이동이 많고, 옮겨 다니는 장소마다 다른 사건이 일어난다는 점을 고려하면, 사실상 플롯의 주요 뼈대가 됩니다. 따라서 주인공의 행동선을 지도 위에 표시해 주면 플롯을 한눈에 들여다보는 효과를 얻게 되고 자신의 작품에 대한 지배력이 높아집니다. 물론 이 지도를 책에도 그려 줄 수 있다면 독자들이 작품을 이해하는 데에도 큰 도움을 줄 수 있습니다.

《닻 별》(한정영, 시공주니어)은 가온 숲이라 불리는 시에라 동물원의 중심부에서 일어난 일을 그리고 있습니다. 닻별은 복제된 늑대로, 사육사의 명령에 충성하도록 설계되어 있습니다. 이들은 관람객들이 동물 우리가 아닌, 자연 상태로 늑대를 관람할 수 있도록 회색 늑대 무리를 이끄는 역할을 합니다. 작품은 주인공 닻별과 회색 늑대의 갈등을 기본 축으로 하여, 닻별이 지진과 피폭으로 파괴된 동물원 곳곳을 다니며 사건 속에 휘말리는 이야기가 핵심입니다.

이때, 이야기는 SF이므로 사실상 동물원은 작가가 재창조한 공간입니다. 그러므로 여러 개의 사파리는 물론, 버드 타워라든가, 황금 소나무 울타리, 으뜸길 등 이 작품 안에서만 유효한, 그러나 작품에서 반드시 알아야 하는 비공식 용어가 많이 등장합니다. 그러므로 특히 이 용어에 대한 이해가 없으면 독자는 작품을 읽을 때 주인공이 어디서 어디로 이동하는지 모를 수 있습니다. 그리고 앞서도 말했지만, 작가 역시 집필 과정 중에 머릿속으로만 헤아리기 어려워서 혼선을 빚을 수 있습니다.

이야기의 시작 지점은 제8 사파리(①)입니다. 주인공의 이동을 발생시킨 요인은 지진입니다. 강력한 지진이 일어나 사실상 인간의 통제가 불가능해지고, 그럼으로써 수많은 동물이 죽거나 제멋대로 흩어집니다. 특히 지진으로 화재가 발생하고 지형이 바뀌어 자신이 어느 방향으로 가야 하는지조차 가늠하기 힘들죠. 이때 닻별은 버드 타워를 이정표 삼아 자신이 성장한 바람의 집과 울프 랩(②)으로 향합니다. 그리고 이어서 주인(미리내)을 찾기 위해, 동물원의 정문을 지나 미리내가 살고 있을 것으로 추정되는 기숙사 단지(③, 하얀 집)로 떠납니다. 이곳에서 그는 샛별을 만나, 낙원시로 가다가 길이 막혀 동물원으로 되돌아옵니다.

이때, 동료인 바람 6호가 사체를 확인하고 범인이 회색 늑대라 단정한 다음, 나비 정원과 분수광장(④)을 가로질러, 호랑이 사파리(⑤)를 지나고 마침내 늑대 사파리(⑥)에 이르지요. 이곳에서 닻별은 회색 늑대들과 치열한 싸움을 벌이고 죽음의 위기에 처합니다. 다행히 호랑이 주몽의 도움으로 늑대 사파리를 빠져나온 닻별은 다시 울프 랩(⑦)으로 가서 자신을 따라온 샛별을 만납니다. 아울러 회색 늑대인 슈룹을 클로닝 인큐베이터에서 꺼내 다시 으뜸 길(⑧)을 따라 다시 한번 나비 정원(⑨)을 통과해 회색 늑대 무리에게 보내지요. 그런 다음 자신도 동물원을 탈출하기로 하고 울타리 밖으로 나갑니다. 이어 공학자 휴게센터(⑩, 공 모양의 건물)까지 도달합니다. 이후(작품의 후반부)에는 동물원 밖에서의 모험이 계속됩니다.

즉 이야기의 절반 이상이 다양한 공간으로 나뉘어 있는 동물원 안에서 벌어지기 때문에 작가는 주인공이 오가는 방향을 지시할 때 오류가 생겨날 수 있기 때문에라도 공간에 대한 지배력을 높일 필요가 있지요.

말하자면 지도 그리기는, 독자에 대한 배려 이전에 작가가 자신의 작품에 대한 완벽한 지배력을 갖추기 위해서 필요한 것입니다. 물론 지도는 앞서 말한 것처럼 SF와 같이 창조된 공간에만 필요한 것이 아닙니다. 현실 동화에서도 미리 동선을 설정해 놓으면 활용하기 편리합니다. 작가가 주인공의 이동 경로를 미리 확인하면, 사건을 기획할 수 있고, 스토리보드 단계에서부터 주인공의 행동반경을 점검할 수 있습니다.

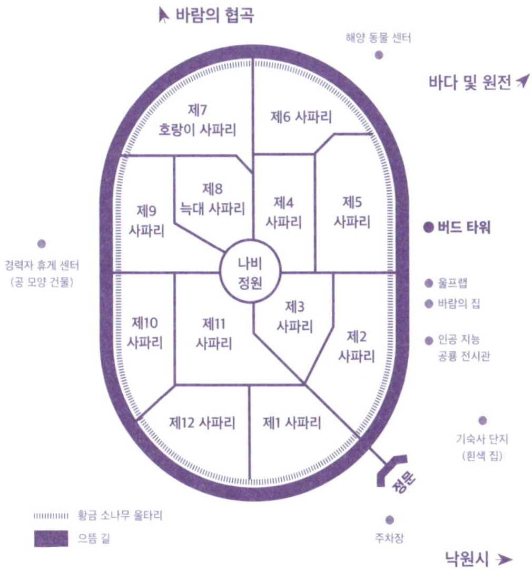


가온 숲 지도

## 생활 판타지에 적절한 '설정'의 크기는?

작가(지망생)는 왜 자꾸 판타지에 관심을 기울일까요? 무엇보다 판타지의 이점은, 세상에서 한 번도 일어나지 않은 일, 또는 일어날 수 없는 일이 벌어짐으로써 이야기의 긴장감을 높일 수 있다는 데 있습니다. 판타지가 시작되는 순간부터 새로운 세계가 시작되기 때문에 그 지점이 바로 첫 번째 티핑포인트(《동화·청소년소설 쓰기의 모든 것》 4부 참고)이며, 사건의 출발점이기도 하지요. 그런 탓에 상당수의 작가가 판타지에 대한 미련을 버리지 못합니다.

물론 이때의 판타지는, 현실 속 세계의 일부가 변형을 일으키는 로우 판타지를 의미합니다. 하이 판타지는 전적으로 새로운 세계를 만들어야 한다는 부담감 때문에 동화와 청소년소설로는 활발하게 창작되지 않습니다. 현실적 기반이 전혀 없이 독립적으로 존재하는 세상은, 상대적으로 어린 독자들이 이해하기 힘들 것이기 때문입니다. 그 세계를 이해할 수 있는 기반 역시 현실적 경험에서 얻어진 스키마입니다. 인간은 경험한 것만 상상할 수 있다는 말을 기억하면 쉬울 테지요. 어린 독자들은 그 경험의 폭과 깊이가 넉넉하지 않습니다.

물론 하이 판타지는 작가에게도 만들어 내기가 쉽지 않습니다. 무엇보다 개연성과 리얼리티가 문제인데, 그 세계의 질서와 규칙이 적어도 작품 내에서는 의심할 여지 없이 완벽해야 합니다. 이를 위해서는 매우 촘촘하고 디테일한 설정이 필요합니다. 그러다 보면 작가는 설정에 더 집중하게 되고, 이런 경우에는, 종종 설정이 주인공의 서사마저 압도합니다.

그런데 이런 오류 아닌 오류가 하이 판타지에서만 발생하는 것은 아닙니다. 로우 판타지에서도 종종 설정에 따라서 디테일이 과해집니다. 이는 다른 작품에서 볼 수 없는 특이한 세상을 만들고 싶은 욕심 때문이지요. 그 탓에 현실을 기반으로 하는 로우 판타지인데도 설정이 복잡해지는 현상이 발생합니다. 작가가 주인공의 서사보다 설정을 구현하는 데 더 많은 노력을 기울이게 된다는 뜻입니다. 이는 하나의 거짓말을 '사실'(혹은 진실)로 포장하기 위해 더 많은 거짓말을 해야 하는 경우와 흡사하지요. 이런 상황이 지속되면, 주인공은 특정한 인물이 아니라 '거짓말' 그 자체가 되겠죠. 그 '거짓말'을 보완하기 위해서 최소 1개 이상의 에피소드나 사건, 혹은 설명이 필요할 것이므로 양이 늘어나면 당연히 그 '거짓말'에 주목할 수밖에 없습니다. 그러므로 역설적으로, 설정은 단순 명쾌한 것이 좋습니다.

《블랙북》(김하연, 슈크림북)을 새로운 세계로 이끄는 (판타지적) 상황의 주체는, 주인공 스스로 '블랙북'이라고 칭한, 겉표지가 새까만 노트입니다. 혹자는 어딘가에서 보았던 설정이라면서 클리셰를 운운할 수도 있습니다. 책과 도서관은 동화(청소년소설)의 단골 소재 중 하나이니까요. 실제로 작품 안에도 '데스 노트'에 대한 언급이 실려 있고요. 하지만 중요한 것은, 이 단순한 노트 한 권이 이야기를 얼마나 흥미롭게 만들어 가는지에 주목해야 한다는 것입니다.

이 노트의 사용법은 매우 간단합니다. 노트에는 오로지 'Q'와 'Yes/No'만 써있는데, 노트 주인이 Q 옆에 질문을 써넣고, 덮었다가 열면, 노트가 Yes 또는 No로 대답해 줍니다. 그 이외는 특정할 만한 것이 없습니다. 그래서 오히려 주인공이 노트의 정체를 파악하기 위해 그 특징을 하나하나 기록하기도 하지요.

하지만 그 간단한 조건에도 불구하고, '친구 관계에 집착하는 건 에너지 낭비'라고 생각할 만큼 '아싸'였던 주인공 재승은 이전과 다른 일상을 경험하기 시작합니다. 내일 일어날 일을 맞히고 소문이 나게 되자, 미래의 일을 '의뢰'하러 오는 친구도 생겨나고, 심지어 재승을

'박 도령'이라 부르기도 합니다. 무엇보다 이야기가 흔한 '생활형 소설'에서 한발 비껴가는 듯한 인상을 주면서 독자의 궁금증을 자아냅니다.

주인공 재승은 무엇보다 블랙북의 기능을 사용하여 자신이 마음에 두었던 소진을 돕습니다. 소진 또한 '아싸'였고, 아빠의 가정 폭력에 시달리고 있었지요. 동생이 죽은 뒤 집을 나가 '다른 여자와 살림을 차린' 아빠가 가끔 집에 들어올 때마다 소진을 폭행합니다. 이때 재승은 블랙북을 활용해 소진의 아빠가 집에 올지 안 들어올지를 미리 알려 주어 아빠의 폭력으로부터 소진을 보호합니다. 급기야 아빠가 집에 들이닥치던 날에는, 갈 곳 없는 소진을 자신의 집으로 데려와 재워 주기도 합니다. 이 과정에서 둘의 친밀감이 깊어집니다. 세상에 대해 마음의 문을 닫았던 소진도 조금씩 변화하는 것이지요. 단순한 연애 감정을 넘어서, 각각 다른 이유로 세상과 친구에 대해 관심이 없던 두 사람이 타인의 삶을 진심으로 이해하는 계기가 됩니다. 이를테면 성장의 계기를 맞게 되는 것이라 이해하면 됩니다.

재승은 모둠 활동 과정에서 유주의 삶까지 변화시킵니다. 엄마의 강요로 아이돌 지망생이 된 유주는 계속 오디션에 떨어지고, 그런 탓에 자신의 불투명한 미래를 원망합니다. 그래서 같은 모둠 구성원들에게도 퉁명스럽게 대하며 거리를 유지합니다. 그러던 중, 유주는 블랙북의 존재는 모르지만 재승이 미래를 잘 맞힌다는 사실을 알고 자신이 마지막 오디션에 합격할 수 있는지 묻습니다. 목적이야 어떤 것이었든, 소통을 시작했다는 것이 중요하지요. 이를 계기로 유주도 모둠의 구성원과 조금씩 가까워지고 말을 섞기 시작합니다. 그럼으로써 '다음은 없다'라고 믿던 유주가, '다음이 있다'는 생각을 하게 됩니다.

이처럼 '불랙북'은 저마다 청소년이라서 힘들 수밖에 없었고, 지쳐 있던 네 아이의 삶을 수면 위로 드러냄과 동시에 서로를 위무하면서 친구라는 의미 있는 관계로 발전해 나가는 데 중요한 역할을 합니다. 이를 통해 독자들이 청소년의 삶을 이해하게 만들지요.

이 작품에서 블랙북이라는 판타지 매개물은, 이야기를 흥미롭게 만들 뿐만 아니라, 사실상 모티프를 끌어모으는 구심점 역할도 함께 수행합니다. 화려하고 현란한 설정이 넘치는 판타지가 아닌데도 이런 성과를 거둔 것은 작가의 역량이겠지만, 오히려 그 설정이 단순했던 덕에 인물의 서사가 돋보일 수 있었지요. 즉 작가는 판타지 매개물의 설정이 단순할수록 현실적 리얼리티도 유지하면서 판타지 효과를 극대화할 수 있다는 사실을 상기할 필요가 있습니다.

여기에 더하여 작품의 말미에, 블랙북이 도대체 어떤 경로로 어떻게 재승의 손에 닿았는지 알게 되는 과정이라든가, 블랙북의 전 주인이 재승에게서 블랙북을 빼앗기 위해 벌이는 음모와 이에 따른 긴박감 넘치는 추리와 액션은 덤처럼 얻을 수 있는 재미입니다.

그렇다면 새로운 세계에 대한 설정이 복잡해지는 이유는 무엇일까요? 역설적으로 작가(지망생)가 이야기를 '만약 이런 일이 벌어진다면 재미있겠는데?', '혹시 이런 상황이 벌어지면 흥미롭지 않을까?'와 같은 의문에서 시작하기 때문입니다. 'Magic If'와 흡사해 보이지만, 이 질문에는 주체(주인공)가 없습니다. 그냥 그 '신기한' 상황을 연출하면 흥미로운 이야기가 될 것이라고 '착각'하기 때문입니다. 이러면 당연히 작가는 그 상황에 집중하게 되고, 종종 과장하게 됩니다. 즉 판타지 그 자체가 목적이 된다는 뜻입니다. 오히려, 특히 '생활 판타지'에서는 현실적 문제에 새로운 시각으로 접근한다는 차원으로 판타지를 활용하는 게 좋습니다.

실제로《불랙북》에서도 주인공은 물론이고 소진과 유주 모두 자기 사정 때문에 학교생활은 물론, 특히 친구 관계에 서툰 '아웃사이더'입니다. 이들이 진정한 친구의 의미를 이해하고 소중한 친구로 발전해 가는 이야기를 펼치기에 나무랄 데 없는 설정입니다. 판타지가 이들의 히스토리를 지배하지 않습니다.

즉 주인공의 뚜렷한 서사(처음-중간-끝)가 확보되지 않으면 흥미로움을 위해 출발한 판타지는 도리어 난해한 이야기가 될 가능성이 큽니다.

## SF 동화(청소년소설)에서 과학은 어느 만큼?

SF(Science Fiction)의 핵심은 'science'에 있는 것이 아니라, 'fiction'에 있습니다. 이 말은, 환경 조건 등의 배경은 미래를 바탕으로 하고 있지만, 작가는 지금 시대를 살고 있는 어린이 청소년 독자가 재미있게 읽을 수 있는 이야기를 써야 한다는 말과 일맥상통합니다. 미래의 이야기를 쓴다고 해서 미래의 독자를 위한 이야기가 아니며, 현재의 독자가 충분히 공감할 만한 이야기여야 한다는 뜻이기도 합니다.

그런데 작가는 그 작품만의 창의적인 세계관을 구현하고 싶은 욕심이 있기 때문에 다른 작품을 쓸 때보다 SF를 쓸 때 과학적인 요소를 집요하게 탐구합니다. 이는 리얼리티와 개연성에 대한 압박 때문이기도 한데, 빈틈없는 과학적 정합성을 갖추는 것이 더 완벽한 미래 세계를 만들어 냈다는 만족감을 줄 것이니까요. 그러나 작가가 동화(청소년소설)를 쓰는 이유는 새로운 세계를 만들어 내는 것에 그치지 않고 주인공을 중심으로 한 흥미로운 이야기를 창조해 내는 데에 있음을 잊어서는 안 됩니다.

무엇보다 과학 정보가 넘쳐나면, 이는 곧 흥미에서 멀어지는 결과를 낳을 수 있습니다. 즉 과학, 그리고 그와 관련된 모든 요소는, SF에서는 꼭 필요한 요소이지만, 과도한 양을 서술하면 도리어 어린 독자들은 지식의 한계로 인해 독서에 더 큰 방해를 받을 수 있습니다. 그러므로 이야기 전개에 꼭 필요한 요소 외에는 서술을 최대한 자제하는 것이 좋습니다. 과학 요소는 흥미로운 이야기를 전개하기 위한 부차적 선택일 뿐입니다.

《턴아웃》(하은경, 특별한서재)은 근미래를 배경으로 하며, 최고의 발레리나가 되려는 아이들의 치열한 삶에 관한 이야기입니다. 어떤 아이는 타고난 재능과 부모의 탄탄한 재력이 합쳐져 어린 나이에 주목받는 발레리나로 성장하고(제나), 또 재능은 있지만 어려운 가정 형편 때문에 아르바이트를 하며 목표를 향해 나아가는 아이도 있습니다(소율). 얼핏 보면 평범한 현실 청소년소설처럼 보이기도 하지만, 여기에 '나노칩 시술'과 '유전자 편집 기술'이라는 과학 요소가 끼어들면서 미래의 이야기가 됩니다. 보통의 SF에서 흔히 보이는 현란한 과학 정보는 전혀 드러나지 않습니다. 특히 나노칩 시술이나 유전자 편집 기술은, 독자들이 (비록 정확한 과학 원리는 알 수 없어도) 한 번은 들어 보았음직한 용어여서, 독자에게도 딱히 어렵게 느껴지지 않습니다.

두 과학 기술은 이야기를 조금 더 박진감 있게 전개합니다. 최고의 무용수를 꿈꾸는 어린 소녀들 앞에 서울시립발레단 수석 무용수의 자살 사건이 발생하는데, 이 무용수가 나노칩 시술을 받았음이 알려집니다. 나노칩 시술은 이미 유럽에서는 흔한 일로, 발레를 하는 아이들의 부상을 줄여 주고 무리한 동작도 가능케 하는 시술입니다. 그러나 유독 서울시립발레단에서만큼은 무용수의 시술을 금지하고 있습니다. 그것은 '(자연적 인간으로서) 뼈를 깎는 고통을 견디고 난 뒤에야 비로소 피어나는 게 예술'이라고 생각하는 서연조 단장의 신념 때문이기도 합니다. 따라서 한국에서 무용수의 시술은 불법인 셈입니다. 그러나 '최고'가 되지 못한 무용수들은, 불법 시술을 받아서라도 최고의 무용수가 되고 싶어 합니다. 그리고 이 과정에서 소율은 자신의 경쟁자이지만 절대로 따라잡을 수 없는 제나의 메디컬 테스트 파일을 입수하게 됩니다. 이야기의 긴장감은, 소율이 그 파일을 죽은 무용수로부터 얻었다는 것, 그리고 그 파일 속에 유전자 편집 기술의 비밀이 들어 있음이 드러나며 크게 높아집니다.

이처럼 이 소설에 등장하는 과학 요소는 이 두 가지 외에는 크게 두드러지는 것이 없습니다. 더구나 이 두 과학 요소가 중요한 모티프의 기능을 하는 것은 맞지만, 진짜 이야기의 흥미는 인물들의 경쟁과 극적인 개별 히스토리, 그리고 수십 년의 시간을 건너온 두 어른(제나의 엄마와 서연조)의 간섭에 있습니다. 그리고 여기에 더하여 자살로 알려진 무용수의 죽음을 한 형사가 끈질기게 추적함으로써 독자가 시선을 떼지 못하게 합니다.

즉 과학 요소가 제한됨으로써 이야기의 현실적 흥미도 커집니다.

이야기가 (과학적) 배경에 지배당하지 않고, 도리어 하나의 모티프로 사용함으로써, 미래의 이야기라는 특징은 유지하면서도 매우 현실적인 이야기로 읽히지요. 어떤 곳에서도 과학 용어를 이해하기 위해서 애쓰지 않아도 되고, 그것이 이야기의 전개를 방해하지도 않습니다.

이처럼 독자가 과학적 정합성을 묻지 않으면, 자연스럽게 이야기의 개연성을 확보했다는 뜻으로 이해해도 좋습니다. 과학의 실현 가능성을 묻기 시작하면 틀림없이 독자는 이야기의 개연성과 리얼리티에 의심을 품을 것이기 때문입니다. 당연히 이는 이야기의 가능성에 치명적 약점이 됩니다. 그래서 《턴아웃》의 배경은 미래이지만, 오히려 지금의 청소년들이 당면한 문제를 매우 적절하게 풍자하는 역할도 하고 있습니다.

즉 독자가 어린이와 청소년이라는 점을 감안한다면, SF에서 과학 요소의 사용은 적을수록 좋습니다. 특히 배경이 원미래가 아닌 근미래에 있다면 더더욱 그렇습니다. 왜냐하면 정합성의 근거를 마련하기 위해서는 이미 제시한 과학적 설정을 뒷받침하는 또 다른 과학 요소를 등장시켜야 하기 때문입니다. 미래 기술은 더구나 경험해 본 적이 없어서 더 많은 설명을 필요로 한다는 뜻입니다. 결국 설정을 자세하게 설명하고 인지시키는 데에만 엄청난 노력이 필요한데, 아이러니하게도 독자는 이런 작가의 노력에는 크게 관심이 없습니다. 독자는 오로지 주인공이 당장 어떤 사건에 직면하고 있느냐가 더 궁금할 뿐이지요.

결국 독자는 동화나 소설(F)를 읽으려는 것이지, 과학책(S)을 원하는 것이 아님을 인지해야 합니다. 더 적확하게 표현하자면, 개연성과 리얼리티를 해치지 않으면서도 과학적 정합성에도 부합하는 흥미로운 이야기를 독자가 원한다는 뜻입니다. 중요한 이 3개의 요소가 적절하게 조화되지 않으면 이야기로서의 원래 목적에 다가서기 힘들다는 것입니다.

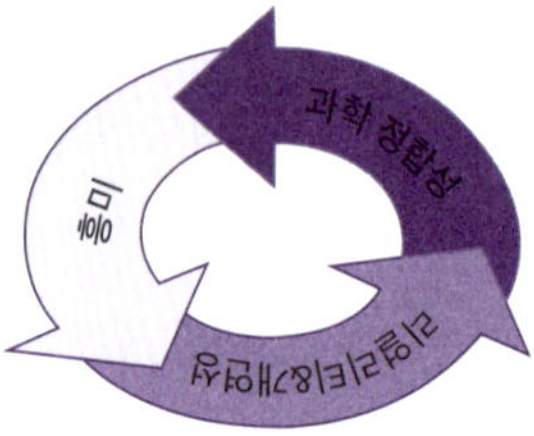


SF의 안정감을 위한 3요소

## 타임 슬립 판타지의 최대 효과를 얻으려면

타임 슬립은, 유독 동화 작가들이 선호하는 판타지 양식 중의 하나입니다. 주인공이 과거, 혹은 미래로 시간 이동을 함으로써 벌어지는 이야기인데, 알려진 대로 과학 원리에 근거하지 않고, 초현실적으로 일어나는 현상을 말합니다. 이때 과학 원리에 근거하지 않는다는 의미는, 시간 여행자가 스스로 타임 슬립의 모든 과정을 정교하게 제어할 수 없다는 뜻도 포함되어 있습니다.

타임 슬립의 가장 긍정적인 효과는 긴장감의 증폭입니다. 시간의 선형적 흐름을 깨는 일은 인간(주인공)의 존립 기반을 위협하는 일이기 때문이지요. 특히 시간이 변화하면 필연적으로 공간이 낯선 모습을 띠는데, 그 '낯섦'은 주인공에게 대개 적대적으로 작용합니다. 특히 주인공의 현실 시간과 타임 슬립 이후의 시간 격차가 클수록 이런 현상은 더 심화됩니다. 주인공에게는 대체로 바뀐 시간에 대한 정보가 거의 없기 때문입니다. 즉 타임 슬립 자체가 이미 사건의 시작이거나, 사건이 벌어질 가능성을 강하게 암시하는 것이지요. 따라서 독자도 느닷없이 시간을 건너뛴 주인공에게 집중합니다. 그리고 바로 그 지점이 첫 번째 티핑포인트가 됩니다. 낯선 세계에 불시착했으니, 어떻게든 돌아와야 하는 미션이 자연스럽게 부가되었기 때문입니다. 이 때문에라도 작가는 물론 독자도 타임 슬립에 강한 매력을 느낍니다.

하지만 타임 슬립은, 대부분의 판타지가 그렇듯이 개연성과 리얼리티의 의심에서 자유롭지 않습니다. 초현실적 상황임에도 불구하고, 도대체 어떻게 이런 시간 이동이 가능하냐는 것이지요. 사실 이 우문愚問에 대한 답은, 당연히 과학적 이론이나 현실적 가능성을 설명하는 데에 있지 않습니다.

우선은 타임 슬립의 **내적 필연성**에 있습니다. 이를테면 주인공에게 타임 슬립을 하지 않으면 안 될 만큼의 '절실한 사정'이 있어야 한다는 것입니다. 이 '간절함'이 새로운 차원의 문을 열었을 때, 독자도 '그럴 수 있다'고 생각하기 시작하지요. 이 말은 결국 작가가 타임 슬립을 명백한 목적을 갖고 활용해야 한다는 뜻이 됩니다.

두 번째는, **외적 조건의 상당성 확보**입니다. 과학적 논리로는 설명할 수 없지만, 타임 슬립의 과정이 이전의 경험에 비추어 최소한 심정적으로 이해될 만한 것이어야 한다는 뜻입니다. 보통 타임 슬립이 이루어지는 순간, 천재지변이 발생하거나 이상 기후 등의 현상이 선조적으로 발생하면서 또 다른 차원의 세계가 열린다거나, 이와 함께 특정한 곳에, 특정한 시간대에 인간이 진입했을 때 초현실적 공간이 만들어지는 장면 따위가 그런 예라 할 수 있습니다.

즉 타임 슬립을 과학적으로는 설명할 수 없더라도 독자가 최대한 '개연성이 있는 것처럼' 받아들일 수 있도록 장치해야 한다는 뜻입니다. 이런 설득 장치는 설정의 작위성을 억제하면서 이야기의 진정성 확보에 도움을 줍니다.

《내일의 소년 어제의 소녀》(범유진, 자음과모음)의 주인공 태웅은 엄마의 취재 여행에 따라나섰다가 조선 시대 후기로 타임 슬립하여 김금원(여성 최초로 금강산 기행을 나선 조선 후기의 시인)을 만나 함께 여행을 떠나는 이야기입니다. 이 이야기의 내적 필연성은, 태웅의 '남자답지 못함'에 있습니다. 강한 남자가 되어 엄마를 지켜 달라는 아빠의 유언에도 불구하고, 태웅은 뜨개질을 좋아하며, 일진 최민석의 무리에게 괴롭힘을 당하고 있습니다. 결정적으로 태웅은 최민석의 강요로, 특히 자신이 좋아하는 이하은 앞에서 치마를 입어야 했지요. 이처럼 태웅은 자신이 최민석에게 꼼짝없이 당하는 이유가 자신이 남자답지 못하기 때문이라고 생각합니다. (그런 면에서 '태웅'이란 이름도 중요한 시사점이 됩니다. 짐작건대, 이 이름은 '큰 수컷'이라는 뜻의 '泰雄'일 가능성이 크고, 이는 조선 시대에 장자에게 지어 주던 이름 중 하나였습니다.) 이런 문제 때문에 태웅은 학교에 가지 않겠노라고 다짐합니다. 즉 주인공에게 당면한 문제가 생겼고, 이를 해결해야 하는 현실 앞에 섰습니다. 이는 주인공 태웅에게 엄마와의 여행에 나서야 하는 내적 필연성을 제공해 줍니다.

그런데 마침 엄마가 여행을 제안하는데, 그곳에 '소원을 들어주는 나무'가 있다는 말을, 더하여 '그 주변 숲에도 신이 깃들었다'고 하지요. 결국 이 여행에 동행하게 된 태웅은 원주의 한 서낭당 앞에 이릅니다. 이때부터 외적 조건의 상당성이 장치됩니다. "금줄 안으로 들어오실 때 신발을 툭툭 터세요. 지금부터 신의 영역에 들어가겠습니다."라든지, "그 모습(건물의 문양)이 옛날 그림 속에서 빠져나온 듯한 분위기를 풍겼다.", "두 나무가 저마다 가슴을 내밀고, '여기는 내가 사는 곳이다. 함부로 들어오지 말거라!'라고 외치는 것 같았다." 따위의 진술이 바로 그것입니다. 초자연 현상이 일어날 것 같은 상황이 계속 반복되면서 마침내 태웅은, 시간을 되돌리고 싶다는 소원을 써서 서낭당의 새끼줄에 걸지요. 그리고 잠깐 사이 나무들 사이에서 반짝이는 무언가를 발견하고, 그것을 확인하는데, 순간 '빛이 해일처럼 밀려' 나옵니다. 그리고 눈을 감았다가 떴을 때는, 이미 타임 슬립을 하고 난 뒤였지요. 아래에서 조선 시대의 소녀(김금원)가 소리치고 있었으니까요.

이처럼 《내일의 소년 어제의 소녀》는 타임 슬립의 내적 필연성과 외적 조건의 상당성을 밀도 있게 서술함으로써 이야기의 진정성을 높이고 흥미를 끌어올렸지요. 이런 과정이 필요한 이유는, 타임 슬립이 단순히 (현실 세계와는) 전혀 다른 이야기를 전개하기 위한 부속 장치가 아니라, 전체 이야기의 한 과정(특히 TP의 역할을 합니다.)이며, 타임 슬립 전후의 사건이 매우 긴밀한 관계가 있음을 적시하고 있기 때문입니다. 그리고 타임 슬립이 이런 경우에만 개연성을 확보할 수 있다는 뜻이기도 합니다.

따라서 타임 슬립 이후에 벌어지는 사건은, 그 사건이 어떤 사건이든 주인공이 현실 세계에서 얻지 못한 문제 해결의 실마리를 찾아가는 내용이 꼭 담겨야 합니다. 이 말은 타임 슬립 전후의 이야기가 서로 관련 없는 사건들로 채워져서는 안 된다는 뜻이지요. 《내일의 소년 어제의 소녀》의 태웅 역시, 14살 소녀이며 얼녀라는 한계에도 불구하고 홀로 금강산 여행을 하려는 김금원의 모습을 현실(타임 슬립 이전)의 자기 모습과 반복적으로 대비시킵니다. 그러면서 현실로 되돌아갔을 때 어떻게 해야 하는지 조금씩 깨달아 가기 시작하지요. 특히 이 이야기에서는 김금원의 진취적인 모습이 잘 드러나 있어서 태웅에게는 좋은 표본이 됩니다. 그리고 이 과정에서 얻은 깨달음을 통해 태웅은 다시 현실로 돌아와서 자신을 괴롭히던 일진 무리에게 당당하게 대응합니다.

이처럼, 현실 세계와 다른 시간대를 오가는 타임 슬립은 판타지의 하나의 도구로 이용됩니다. 처음부터 새로운 세계를 설정해서 그 세계의 온전성을 유지하고 그 세계 자체가 목적인 판타지와는 다르지요. 오히려 타임 슬립 이야기는 그것이 발생한 전후의 세계가 다르다는 점에서, 이를테면 변신 모티프 이야기와 더 흡사합니다.

이 외에도, 돌아가야 할 시간에 제한을 둔다든가, 돌아가기 위해 미션을 해결해야 한다든가 하는 설정을 추가하면, 타임 슬립 이야기는 더더욱 긴장감을 가질 수 있습니다. 물론 이 세계 내에서도 '처음-중간-끝'의 구조가 잘 유지되어야 흥미로운 이야기로 읽힐 수 있습니다.

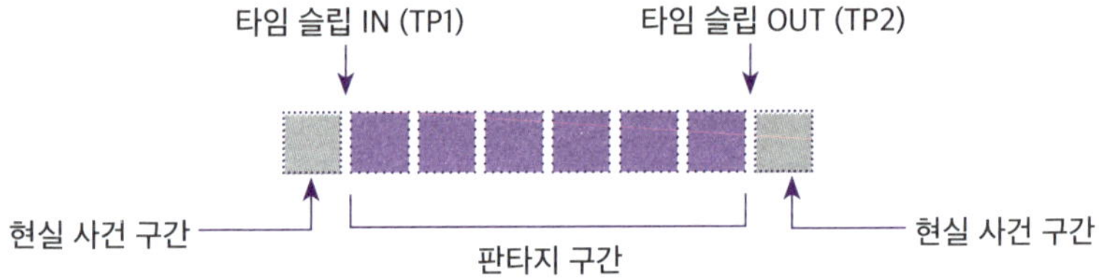


**타임 슬립의 기본 구조**

## 테크닉 읽기

### 프롤로그 사용 방법

프롤로그는 다양한 용도로 사용됩니다. 작품에 대한 전반적 소개를 위해서 사용할 수도 있고, 더 큰 사건에 대한 암시나 복선, 나아가 프리퀄prequel의 용도로 쓸 수도 있습니다. 단순히 등장인물을 소개하거나 배경을 설명할 때도 이따금 프롤로그를 활용합니다. 다만 어떤 이유에서든, 프롤로그는 가능한 한 작품 전체의 필수불가결한 요소로 읽혀야 하며 에필로그와 함께 부록의 느낌이 들어서는 안 됩니다. 그러므로 프롤로그는 단순한 인트로intro, 그 이상의 역할을 해야 작품의 완결성에도 부합하고 목적한 바의 역할도 감당해 낼 수 있습니다.

특히 최근 들어 프롤로그의 사용이 빈번해진 것은, 작품의 내적인 이유, 곧 완성도나 문학성 등의 제고보다는 독자의 관심을 끌기 위한 전략의 한 방편으로 여겨집니다. 이를 위해서는 (작품의 완성도를 해치지 않는 범위 내에서) 일차적으로 직관성과 속도감, 그리고 작품 전반을 지배하는 상징이나 모티프를 적시하는 전략이 필요합니다. 가능하다면 복선이 될 만한 에피소드를 삽입해 두는 것도 나쁘지 않습니다. 즉 프롤로그에서는 바로 다음에 나오는 1장과 곧바로 이어진다는 느낌보다는 작품 전체를 관통하는 전략적 시도가 필요하다는 뜻입니다.

직관성이란, 특정한 한 부분(프롤로그)을 읽음으로써 당장 지금 일어나고 있는 사건 그 자체가 생생하게 독자에게 전달되어야 한다는 뜻입니다. 마치 영상물과 같은 특성을 말하는 것인데, 더는 설명이 필요 없을 만큼, 나아가 지금 눈앞에서 벌어지고 있는 일인 듯 사실성의 극대화를 추구해야 하는 것이지요. 독자가 '마치 영화를 보는 것 같았다'고 말한다면, 직관성을 확보한 것입니다. 이는 곧 입체성을 유도하여 특정한 사건이나 인물에 대한 종합적 판단을 가능케 합니다. 이를 위해서는 단일한 사건을 다루되, 필요 없는 서술을 줄이는 것이 좋고, 현장감을 느낄 수 있는 적절한 묘사와 주인공의 역동적인 움직임이 필요합니다.(146쪽, '영화처럼 쓰려면 –공간 활용의 극대화' 참고)

속도감은 필수입니다. 본격적인 이야기가 시작되기 전이므로 그 내용이 목적에 맞게 빠르고 짧게 정리되어야 합니다. 지루한 설명이나 묘사를 줄이고 여운을 남길 만한 핵심적인 내용만 전달해야 한다는 뜻입니다. 이를테면 '치고 빠지는' 방식이랄까요. 거친 호흡에 신경 쓰지 말고, 매우 속도감 있게 전개할 필요가 있지요. 그러면 독자는 급작스러운 전개에 의문을 가질 수 있지만, '도대체 무슨 일이 일어나려는 걸까?'라는 의혹이 생깁니다. 이를 유도할 수 있다면 프롤로그는 절반의 성공을 거둔 셈입니다.

물론 그렇다고 격정적인 내용만을 담아야 한다는 뜻은 아닙니다. 주인공의 쉼 없는 액션도 주목을 끌 수 있지만, 때로는 감성에 호소하는 내용도 상관없습니다. 즉 비록 프롤로그라도 책의 맨 처음이기 때문에, 작품의 성격에 맞는 방식을 염두에 두라는 뜻입니다. 다만 어떤 경우라도 프롤로그는 늘어져서는 안 되며, 긴장감을 유지해야 한다는 뜻입니다.

프롤로그를 더 전략적으로 사용하려면, 특기할 만한 상징이나 모티프, 혹은 복선 역할을 할 수 있는 에피소드를 담아 두는 것도 좋은 방법입니다. 이를테면 아주 인상적인 소품을 등장시킨다든가, 주인공이 특별한 행동을 하는 등, 복선이 될 만한 에피소드를 말하는 것이지요. 물론 이는 작품 전반에 대해 지배력이 높을 때 사용할 수 있기 때문에, 이를 위해서 작가는 집필에 들어가기 전이라도 자신의 작품에 대해 매우 디테일한 부분까지 알고 있어야 합니다.

《소녀 저격수》(한정영, 미래인)의 프롤로그는, 주인공 설아(프롤로그에서는 '소녀'라고 칭함)의 탈출 과정을 그리고 있습니다. ①트럭을 타고 이동 중인 장면부터 시작해서, ②마적 떼의 습격을 받고 달아나는 장면, ③그리고 동료 소년을 구한 뒤, ④마적 떼와 일본군을 피해 홀로 앞이 보이지 않는 눈밭으로 나아가지요. 중간에 짤막한 과거 회상 부분을 제외하면, 이렇게 4개의 에피소드로 구성됩니다.

물론 동화나 청소년소설이 아무리 노력해도 영화만큼의 직관성을 확보할 수는 없습니다. 그럼에도 불구하고 단일한 사건의 멈추지 않는 연속성은 독자의 상상력을 정교화하고 직관성을 유도합니다. 특히 주인공 소녀의 (살아남기 위한) 행동의 집중도가 높습니다. 더하여 허구적 시간과 물리적 시간을 일치시켜 현장감을 높여 줍니다.

그리고 속도감 확보를 위해서는 단일하고 단순한 사건만 다루어야 합니다. 그래서《소녀 저격수》는 미주알고주알 알려 주려는 것이 없습니다. 물론 인물도 제한적이어야 합니다. 그래야만 독자에게 쉽고 빠르게 인지될 수 있습니다.《소녀 저격수》의 프롤로그에서 특별히 독자가 인지해야 할 인물은 주인공 소녀 W1125와 M0902 외에는 없습니다. 즉 독자가 내용을 이해하는 데 필요한 시간과 노력을 최소화해야 한다는 뜻입니다.

또한 속도감은 빠른 전개와 그에 따른 긴장감에서 오지요. 단일한 사건일지라도 심리 묘사나 설명을 줄여야 속도가 빨라지고, 주인공의 위기 과정이 거듭되어야 합니다. 이를 위해서《소녀 저격수》에서는 탈출 과정 외의 사건을 배제하고, 느슨한 사건 연결을 철저히 제어해서 금방이라도 무슨 일이 일어날 것만 같은 조바심을 유지하지요. 물론 그 조바심이 클수록 긴장감도 커집니다.

기술적으로 작품 전반을 지배할 수 있는 상징과 모티프도 발견됩니다. 수인 번호와 다름없는 소녀의 인식표 W1125라든가, 정교한 사격 솜씨와 같은 것들입니다. 더하여 프롤로그의 끝에는 여운을 남겨둡니다. '그래서 그 뒤에는 어떻게 되었을까?'라는 물음이 독자의 기억에 남도록 하는 것이지요.《소녀 저격수》에서는 눈밭에서 정신을 잃은 소녀의 모습이 여운으로 작용합니다.

이와 같은 프롤로그를 만족시킬 수 있는 가장 핵심적인 접근 방법은 짧고 간결한 문장입니다. 다양한 비유나 어려운 단어 사용을 억제해야 합니다. 문장이 길수록 속도는 떨어지고 자칫 이중적 의미까지 내포하게 돼 독자를 머뭇거리게 할 수 있습니다. 화려하거나 지나치게 개성적인 문장은, 특히 프롤로그에서는 독이 됩니다.

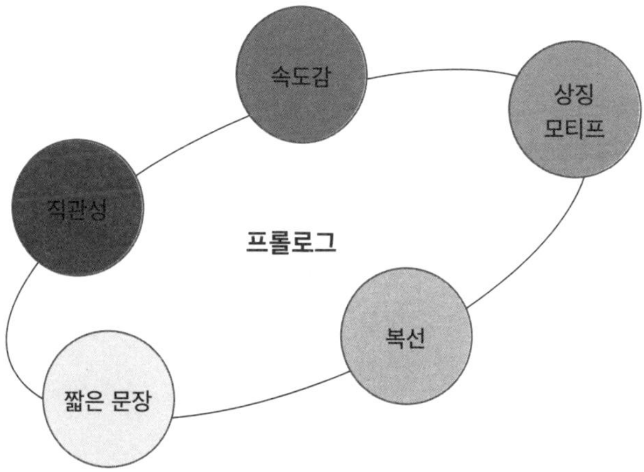


**프롤로그의 기본 요건**

## 이야기의 긴장감을 놓치지 않기 위해서 주인공이 해야 할 일

동화와 청소년소설은 갈등의 장르입니다. 갈등은 필연적으로 사건을 유발하고, 이 사건이 연속체가 이야기의 구성 원리이지요. 주인공의 갈등 상태가 지속되면, 무슨 일이 일어날 것 같은 긴장감을 조성하고, 독자에게 이후의 사건을 기대하게 만듭니다. 그리므로 긴장감을 조성하는 것만으로도 독자에게 흥미를 줄 수 있고 이는 가독성의 원동력으로 작용하지요.

주인공을 긴장 상태에 몰아넣는 일은 곧 독자를 긴장시키는 일입니다. 이를 위해서는 독자가 주인공의 행동과 생각을 쉽게 예측할 수 있게 해서는 안 됩니다. 예측 가능한 인물은, 단순한 평면적 인물의 수준을 넘어서 사실상 데드 캐릭터(dead character, 역동적인 캐릭터 역할을 하지 못하고 기계적으로 쓰이는 캐릭터)로서 흥미로운 전개를 무력화합니다. 독자에게는 더 이상 그 책을 읽어야 할 이유가 없어집니다. 따라서 작가는 인물에 대해 기계적인 성격 또는 역할을 부여하거나 '애초에 그렇게 보이는' 인물을 지양할 필요가 있습니다. 그러므로 작가는 주인공을 가능한 한 예측 불가능한 상태에 두고, 긴장감을 유지시켜야 합니다.

《소녀 퇴마사, 경성의 사라진 아이들》(한정영, 다른)의 주인공 채령은, 이야기 내내 긴장 상태에 놓여 있습니다. 갑작스러운 엄마와의 야반도주는 말할 것도 없고, 경성역에 도착하자마자 알 수 없는 누군가에게 쫓겨 처음 보는 소년을 따라 전차를 타고 청계천 변으로 몸을 피합니다. 하지만 목적지(이모의 집이자, 카페 '천변풍경')에 도착하기도 전에, 또다시 악령을 만나 위협을 받습니다. 그러나 채령에게는 이곳에 대한 그 어떤 정보도 없으므로 자신이 어떤 행동을 해야 할지 알지 못합니다. 더구나 엄마로부터 받은, 알 수 없는 퇴마 능력을 통제하지 못해 혼란스럽습니다. 동일시 과정을 거친 독자는 이 상황에서 주인공과 함께 극도의 긴장 상태에 놓이지요.

이 긴장 상태는 채령이 몇 날 며칠을 이모의 집에 머무른 뒤에도 이어집니다. 갑작스레 외국인 신부가 들이닥쳐 엄마의 이름을 부르며 실종된 아이를 찾아 달라고 부탁하고, 뒤미처 그 아이가 자신을 청계천 변까지 데려다준 단아가 찾고 있는 아이란 것을 알게 되지요. 이로써 채령은 졸지에 실종 사건에 휘말립니다.

여기에 더하여, 항상 '차고 섬뜩한 것'이 채령을 따라다닙니다. 귀신을 보는 특별한 능력이 있는 주인공에게 끊임없이 다가오는 이것의 정체는 알 수 없지만, 그것은 반복적으로 등장하면서 라이트모티프leitmotif의 기능을 합니다. 즉 이 위협은, 주인공을 계속 긴장 상태에 놓이게 하는 데 도움을 줍니다.

그런데 캐릭터의 진정한 면모는, 자신이 당면한 문제 앞에서 어떤 선택을 하고 어떻게 행동하는지에 따라 결정됩니다. 이를테면 채령은, 악령이 괴롭히고, '차갑고 섬뜩한 것'이 끊임없이 주변을 맴돌지만, 도피하지 않습니다. 악령과 싸우기를 선택하고, 엄마가 갑자기 사라지면서 부여한 능력을 조금씩 받아들입니다. 그럼으로써 퇴마사의 모습을 구체화합니다. 즉 주인공은, 직접 마주친 사건에 대해 어떤 선택을 하는지, 그 다양한 선택과 이어지는 행동이 쌓여서 특성화characterized된다는 뜻입니다.

더불어 긴장 상태의 지속성을 위해, 사건과 사건 사이의 시간 간격을 짧게 유지합니다. 위에서 제시한 내용은 모두 하루, 아니 몇 시간 동안에 일어난 일입니다. 경성역에 도착해서 청계천 변으로 이동하고, 그곳에서 첫 번째 악령을 만나 쫓기는 일이 불과 몇 시간에 일어난 일입니다. 심지어 실종 사건을 접하게 된 것도 바로 그날 밤의 일이지요. 여기에 더하여 실종 사건의 전말을 밝히고 그 해결에 이르기까지 채 보름이 걸리지 않습니다. 이처럼 시간의 간격을 좁히면 사건이 연속적으로 일어나는 것처럼 보이고, 이야기의 속도도 빨라집니다.

반대로 시간이 느슨해지면, 긴장감을 유지하기 힘듭니다. 앞의 사건과 뒤의 사건이 벌어지는 시간 간격이 클 경우, 이미 주인공에게는 문제(사건)를 대하는 태도에 여유가 생기지요. 가령 '바로 다음 순간', '채 한 시간도 지나지 않아'와 같은 표현은, '며칠 후', '한 달이 지난 뒤'와 같은 표현에 비해 긴급함을 느끼게 하는데, 이는 긴장을 놓을 시간을 주지 않습니다. 아무래도 시간적 여유가 많아지면, 최소한의 기술적 장치(한 줄을 띄고 서술하거나, 다음 장면으로 넘어가기 위한 브릿지 리포트)를 피할 수 없으므로, 독자 역시 여유로운 태도를 가질 수 있습니다.

결국 주인공의 행동(생각 포함)을 예측 불가능하게 만들고 사건 간의 시간을 단축함으로써 긴장감을 최대한 오래 유지할 수 있습니다. 이러한 창작 방법은, 미스터리나 추리와 같은 장르에 특화되어 있지만, 물리적 행동이 잦은 동화(청소년소설)에 적극 활용하면 가독성을 높일 수 있습니다.

따라서 작가는, 어느 모로 보나 완벽한 주인공을 등장시키는 것보다, 오히려 적대자에 비해 훨씬 나약한, 도리어 평범한 인물을 선택하고, 반면 적대자의 능력은 그에 비해 크게 설정해 두는 것이 좋습니다. 이럴 경우, 독자는 주인공이 어찌 될지 모른다는 불안감에 휩싸이게 되고, 그것은 곧 긴장감을 유지하는 데 큰 역할을 합니다. 더하여 이런 인물은 시간이 지나면서 조금씩 성장해 가는 면모를 보여 줄 수 있어서 동화와 청소년소설의 플롯에도 부합합니다.

또한 긴장감의 지속을 위해서 주인공을 한곳에 머물게 하지 말고, 이동이나 액션을 포함한 물리적 행동을 이어 가도록 해야 합니다. 이를테면 그의 행동선을 극대화해서 다양한 공간을 확보해야 하지요. 《소녀 퇴마사, 경성의 사라진 아이들》에서도 채령의 행동선이 지남산부터 시작해 경성역→청계천 위와 아래→동대문→사토야마 병원으로 이어지는데, 이런 전개는 독자가 쥔 긴장의 끈을 놓지 않게 합니다. '이동'이나 (새로운) '공간'의 등장 모두 긴장감의 한 축을 담당하기 때문입니다. 즉 작가는 주인공이 머물러서 생각하는 시간이나, 배경 설명 등을 최소화하고 주인공이 액션과 리액션을 반복하게 해야 한다는 의미입니다.

주인공이 조금씩, 그러나 눈에 띄게 단계적으로 성장 변화하고 있음을 강조해 주는 것도 좋습니다. 이는 독자의 또 다른 흥미를 유발하는 장치이기도 한데, 독자는 주인공과 함께 성장해 가는 스탠스를 유지하고 있으므로 성장과 변화의 기대를 갖게 하는 것도 긴장을 유지하는 좋은 방법입니다. 이를테면, 《소녀 퇴마사, 경성의 사라진 아이들》의 채령도 적대자를 만나 퇴마를 이어 갈 때마다 팔찌가 한 가닥씩 끊어지고, 새로운 아이템을 얻어 가면서, 퇴마 능력이 조금씩 향상됩니다. 이를 본 독자는 '그다음'을 기대하게 되지요. 이처럼 긴장감의 유지는, 오락적 기능을 활성화해 필연적으로 가독성을 높여 줍니다.

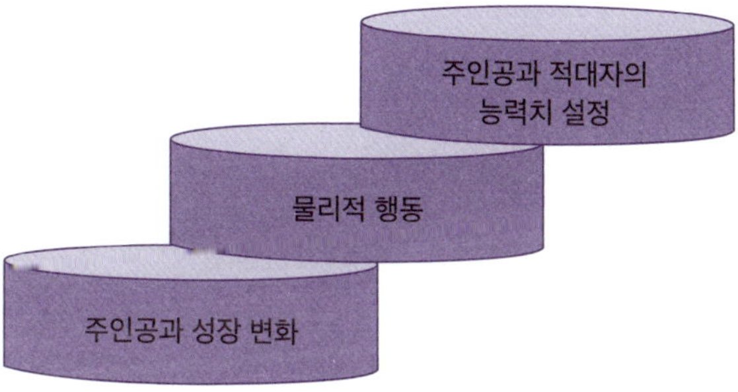


**긴장감 있는 이야기를 위해 해야 할 일**

## 동화와 청소년소설에도 신파가 필요할까

더 문학적인 작품을 쓰려는 작가들은 신파에 대해 다소 부정적입니다. 애초에 신파극이 가지고 있던 대중 추수적인 속성이, '세속적 감정에 영합한다'는 의미로 해석되기 때문이지요. 물론 이런 시도는 작가가 작품성보다는 흥행(판매)에 더 관심을 두고 있다고 생각해서 비판의 대상이 됩니다. 실제로 상당수의 작품에는 불필요하다고 생각되는 감정까지 드러내 독자의 눈물샘을 자극하려는 시도가 없지 않습니다. 시쳇말로 '국뽕'이라 불리는 주인공의 영웅주의적 희생을 다루는 이야기들도 비슷한 예라 할 수 있지요.

사실 신파의 전개는 종종 합리적(혹은 이성적)으로는 설명되지 않는 경우가 꽤 많아서 문학성을 우선시하는 평자들에게는 작품성을 훼손한다는 지적을 듣곤 합니다. 이는 좋은 작품일수록 개연성과 리얼리티와 같은 문학 작품 본연의 요소로만 감동을 이끌어 내야 한다고 믿기 때문입니다.

그러나 문학 작품을 '고귀한' 것으로 여기는 시선이 있다 해도 문학은 인간의 삶 그 자체를 다루는 것이고, 따라서 인물의 감정을 솔직하게 담아내야 합니다. 다만 인물의 감정은, 한편으로는 사건에 대한 반응이며 따라서 이야기의 흐름을 방해 또는 왜곡하거나 진정성을 훼손하지 않아야 합니다. 신파를 경계하는 가장 근본적인 이유는 이 때문입니다.

신파가 가진 가장 큰 문제점은, 통속성에 기인합니다. 애초에 문학작품이 인간의 삶의 탐구하는 것이라 할 때, 독자는 작품(동화와 소설)

을 통해서 주인공이 맞닥뜨린 온갖 문제(비합리적이며 비상식적이고, 나아가 반인간적 질서와 세계 등)와 만나게 됩니다. 이때 독자는 불편한 세상에 대해서 '인지'하게 되고, 나아가 자신의 삶을 되돌아보며, 더 나은 세상을 만들어야겠다는 '의지'를 갖게 되지요. 사실 이것은 문학작품의 사회적 역할이기도 합니다. 하지만 이런 과정은 주인공이 경험하는 내용만큼이나 고통스럽습니다. 특히 주인공은 그런 세상에 '온몸을 던져 저항'하기 때문이지요. 곧, 작가는 그 저항이 성공하든 실패하든, 그런 주인공을 만들어야 한다는 뜻입니다. 그런데 통속성은 이 저항을 포기함으로써 독자를 '인지 - 반성 - 의지'에서 자유롭게 하고 흥미를 전면에 내세우지요. 물론 신파는 이런 통속성을 거드는 주요 요소입니다.

《히라도의 눈물》(한정영, 다른)의 가장 신파적인 장면은 작품 후반부의, 세후가 아버지 대신 오란다(네델란드)로 간다는 사실을 알고 난 뒤, 엄마의 반응입니다. 엄마는 자신이 겪어 온 참담한 삶을 이이야기하면서 세후에게 오란다로 가지 말라고 종용합니다. 실제로 일본인인 엄마는 전쟁 중 모든 가족을 잃고 가까스로 살아남아 강제로 조선인 사기장(세후의 아버지)과 혼인했고, 세후를 키우며 살았지요. 이러한 엄마의 히스토리는 세후와 아버지의 그것만큼이나 파란만장합니다. 그래서 엄마는 세후를 모든 것을 잃은 자신에게 신이 준 선물이라고 표현합니다.(인용문은, 2부 '신파를 적극적으로 사용하는 방법' 참고)

이를테면 세후가 일본인 엄마가 친엄마가 아니라는 출생의 비밀을 알게 되는 일부터, 새엄마의 눈물 어린 히스토리, 더구나 새엄마임에도 세후를 친아들처럼 키운 모성애, 그러나 결국 헤어져야 하는 슬픈 상황의 전개에서 발생하는 감정의 토로는 흔한 대중적 감수성을 건

드립니다.

나아가 마지막에는 세후가 오란다로 향하는 배에 탑승하기 직전 잠시나마 서로 좋아했던 나츠카와의 이별 장면까지 더해짐으로써 (두 인물의 이어질 듯 이어지지 않는 러브 라인까지 포함하여) 신파의 절정을 이루지요.

이러한 대중적 감수성을 향한 호소는 사실 긍정적으로 보면, 인물에 대한 이해도를 높이고, 그 인물의 구체성을 확보하는 데 도움이 됩니다. 특히 어린 독자들에게는 자기 동일시를 가속화하여 함께 슬픔을 나누도록 합니다. 하지만 신파는 특히 집단 무의식에 자리 잡은 대중적 감수성을 자극하여 그 장면이 지속되는 동안은 독자로 하여금 사건에 대한 합리적 판단을 흐리게 할 수 있습니다. 즉 전쟁 중 포로로 끌려간 조선인 사기장과 2세들이 또 다른 나라로 팔려 가듯 떠나야 한다는 중대한 사실을 그저 낭만적으로 바라보게 만들 수 있다는 뜻입니다. 도리어 신파 장면에 자리해야 하는 것은, 전쟁에 대한 분노와 참담한 조선인 포로들의 당대적 현실과 같은 것들이지요.

그럼에도 불구하고 동화와 청소년소설에서 신파가 부분적으로 필요한 것은, 그 일반적 감수성마저도 어린 독자들에게는 익숙한 감정이 아니며, 또한 그것이 지탄받을 만큼 반사회적인 것도 아니기 때문입니다. 도리어 동화와 청소년소설에서의 신파는 사회적 경험을 통한 다양한 감정을 익히지 못한 어린 독자들에게는 부분적으로 감정을 순화하는 역할을 할 수도 있습니다. 아울러 감정을 적극적으로 표현한다는 면에서, 등장인물을 더 인간적인 캐릭터로 느끼게 만들 수도 있지요. 그래서 신파로 일반 대중의 정서를 배울 수도 있고, 작품의 대중성을 선도적으로 끌어낼 수 있습니다.

다만 앞서 말한 대로 지나친 최루성 감정 표현이나, 반복되는 패턴의 신파는 작품의 진정성을 흐리게 할 수 있으므로 너무 과도하거나 잦아서는 안 됩니다. 내용과 관계없이 무조건 감성만 자극하려는 시도는 사건을 합리적으로 해결하기보다 감정에 의지하려는 무리한 시도로 보일 수 있지요. 실제로 이런 시도는 작위적으로 보입니다. 신파는 전개되는 사건의 본질을 가리고 왜곡하지 않는 선에서, 캐릭터의 입체적 완성도를 위해서만 사용하는 것이 좋습니다.

덧붙이면, 신파를 발생시키는 가장 많은 예는 시쳇말로 '썸'이라 불리는 로맨스입니다. 사랑이야말로 인간 본연의 감정이며 남녀노소를 불문하고, 때와 장소를 가리지 않고 욕망하는 것이기 때문입니다. 더구나 그 과정(만나고-사랑하고-이별하고)에서 발생하는 감정들은 '감정의 종합 선물 세트' 같은 것이어서 '감정 놀음'에 아주 적합한 소재이자 주제입니다. 따라서 작가들이 자기 작품의 주된 내용이 무엇이든 이른바 '썸'을 담으려는 무수한 시도를 보이는 것은, 도리어 자연스러워 보입니다. 남몰래 누군가를 좋아하는 일부터, 목숨을 걸고 사랑하는 사람을 구하기 위해 불길에 뛰어드는 행위까지. 이 일련의 로맨스는 작중에서 아무리 엄중한 내용이 전개되더라도 더 관심을 끄는 요소입니다. 그러므로 이를 무조건 배격할 것이 아니라, 적절히 사용해서 독자를 자신의 책 속에 머물도록 하는 요소로 활용하는 것이 좋습니다.

그러므로 작가는 신파를 사용하더라도, 그것 자체가 목적이어서는 안 됩니다. 이 말은 사건의 해결 근거 등이 감정에 치우치게 해서는 안 된다는 뜻입니다. 감정은 단지 특정 상황에 대한 반응일 뿐이며 그것이 작품의 전반을 차지하지 않도록 그 양을 조절해야 합니다. 무엇보다 주인공의 감정이 통속적이면 그는 당면한 사건을 합리적으로 해결해 내기 어려울 수 있기 때문입니다. 신파는 작가가 작품을 이끌어 가기 위한 수많은 방법 중 하나로 활용되어야 합니다.

## 장편 동화(소설)의 장을 나누는 전략적 방법

장편 동화나 청소년소설은 보통 10개 내외의 장章으로 이루어집니다. 이처럼 장을 나누는 것은, 독자(특히 어린이)의 독서 집중 시간을 고려할 필요가 있기 때문이라고 하지만, 작가도 이를 전략적으로 잘 활용할 필요가 있습니다. 단순히 원고의 양만을 고려해 적당히 나누는 것이 아니라 이야기를 더욱 흥미롭게 끌고 가는 방법으로 활용할 필요가 있다는 뜻입니다. 실제로 각 장의 제목을 매우 재미있게 짓는 것만으로도 독자의 호기심을 이끌어 낼 수 있습니다. 즉 장을 어떻게 활용하느냐는 단순하게는 작품의 흥미를 담아내는 일부터, 나아가 작품의 완성도에 영향을 미칩니다.

보통 사건의 종류가 다를 때 장을 구분하는 것으로 알려져 있습니다. 이는 대체로 틀린 말은 아닙니다. 다만 사건의 종류가 달라지는 계기를 이해해야 합니다. 사건의 상이함은 시간과 공간의 차, 그리고 상대(적대자)가 누구냐에 따라 발생합니다. 즉 장의 구분은 일차적으로는 사실상 시간과 공간을 기준으로 생각하면 되겠지요. 앞서 일어난 사건과 뒤에 따라오는 사건이 일어난 시간의 격차가 클 때, 혹은 앞의 사건과 뒤의 사건이 일어난 장소가 이웃하지 않고 상당히 떨어져 있을 때를 말합니다.

이 말은, 각각의 장은 가능한 한 시공간적으로 독립되어 있는 게 좋다는 뜻이기도 하지요. 주인공이 놓여 있는 시공간이 달라지면 사건의 종류나 질의 차이가 발생할 테니까요. 그래야 각 장에서 말하고 싶은 주제도 잘 드러납니다.

그런데 최근의 상당수 작품은 한 장 안에 각각 다른 장소에서 일어나는 여러 개의 에피소드(사건)가 섞여 있기도 하고, '며칠 뒤', '다음 날', '그날 저녁'과 같은, 장면 전환용 어구로 시간을 훌쩍 건너뛰기도 합니다. 그러나 이런 서술이 잦을 경우, 사건으로 보이지 않고 단순한 설명으로 보일 가능성이 큽니다. 물론 완성도 역시 그만큼 떨어져 보이지요. 의미 있는 사건이 아니라 단순한 에피소드나 해프닝을 서술한 것으로 보일 수 있습니다. 그래서 이를 보완할 방법으로 각 장에 주요 장면과 부수적 장면을 구분하고 이야기를 주요 장면으로 이끌어 가되, 부수적 장면은 주요 장면을 이끌어 가는 동력으로 삼는 것이 좋습니다.(《동화·청소년소설 쓰기의 모든 것》 6부 참고)

즉 가능한 한 하나의 장 안에는 단일한 사건을 담는 것이 좋으며, 경우에 따라 주제를 이끌어 가는 사건 외의 다른 에피소드가 들어가도 좋으나, 그런 경우에도 해당 장의 주제가 명백히 잘 드러날 수 있는 핵심적 사건이 두드러져야 합니다. 그래야 각 장의 주제가 탄탄해지면서 독립된 장으로서 기능을 충실히 할 수 있습니다. 이는 작품 전체의 완성도를 이끌어 내는 데도 유리합니다. 이를테면, 수많은 사건이 무작위로 늘어서 있는 것과 각각의 주제를 가지고 있는 장의 질서 있는 배열의 차이라고 보면 될 것입니다.

《진홍이 아니라 분홍》의 각 장은 독립적 완성도가 높습니다. 첫 번째 장 〈앵두〉는 주인공 란이가 이 작품 전체의 모티프라 할 만한 앵두(붉은 색)를 따는 장면부터 시작합니다. 란이는 배고픈 가족(엄마와 오라버니)을 위해서 딴 앵두를 칡과 함께 치마폭에 가득 담아 집으로 향하지요. 그러나 엄마는 이를 냉정하게 땅바닥에 내동댕이칩니다. 배고픔을 걱정하는 주인공 란이와, 배고픔보다는 (지금은 폐족이 되었지만) 고려 귀족 여인의 기품을 지키려는 엄마의 갈등이 선명하게 드러납니다. 더하고 뺄 것도 없는, 하나의 장이 만들어졌습니다.

두 번째 장 〈폐족〉은, 란이의 가족이 왜 폐족(여말선초, 이성계의 편을 들지 않아 결국 역적으로 취급된 고려의 귀족)이 되어 어렵게 살게 되었는지에 대한 배경 진술입니다. 그런데 자칫 배경에 대한 진술은, 대화와 묘사가 생략되고 설명으로 나열되기 쉽습니다. 보통은 작가의 입을 통해서 들려주는 방식이고 이것이 가장 쉬운 방법이기 때문이지요. 그런데 작가는 자혜롭게도 동네 빨래터를 공간적 배경으로 삼고 이곳에서 빨래를 하는 여인들의 입방아를 통해 란이의 가족이 폐족이 된 사연과 시대 배경까지 간접적으로 진술합니다. 물론 이 장면 속에는 란이도 있어서, 아낙들의 이야기를 들은 란이는 몹시 참담함을 느낍니다.

세 번째 장 〈설움이 터지다〉에서는 폐족이 되어서 더 이상 벼슬을 할 수 없는데도 불구하고 공부를 게을리하지 않는 오라버니를 등장시켜 폐족의 의미가 무엇인지, 폐족의 삶이 얼마나 참담한 것인지 보여주고, 이어지는 장 〈부끄러움〉에서는 오라버니를 우롱한 오라버니의 친구 집(조 대감 댁) 대문에 란이가 '참(慙, 부끄럽다는 뜻)'이라는 글자를 씁니다. 이 전반부의 각 장은 저마다 독립적인 메시지가 분명한 채로, 특히 주인공 란이의 성격을 구체화하면서 이어질 사건의 복선 역할도 일부 수행합니다.

이런 식으로 각 장을 단순한 로그 라인으로 설명할 수 있을 정도로 집중력 있게 단일한 사건을 서술해 나가는 것이 완결성 있는 장 구성의 핵심입니다. 그럼으로써 각 장은 독립성을 유지하고, 일련의 사건으로 나아가는 기틀을 마련하는 것이지요. 실제로 그 뒤에 이어지는 〈홍염장 할아범〉에 이르면 앞 장에서 준비된 핸디캡을 안고, 주인공 란이가 본격적으로 자신의 의지에 따라 홍염장 할아버지를 찾아 나서서 염색 장인으로서 첫발을 내딛습니다.

영화(시나리오)의 개념으로 보자면, 〈부끄러움〉까지가 특별한 히스토리를 통해서 란이의 캐릭터를 구체화하고 배경을 설정하는, 첫 번째 시퀀스라고 할 수 있습니다. 그리고 〈홍염장 할아범〉부터는 란이의 투지가 삶에 직접 반영되어 벌이는 이야기로 이어지는, 두 번째 시퀀스라고 할 수 있겠지요.

그런데 이와 같은 합리적인 장의 구분이 애매한 경우가 있습니다. 이를테면, 현재의 사건은 단일한데, 배경 설명, 회상 등이 상당 분량 지속되거나, 아주 짧은 시간 동안 결이 다른 사건이 연속적으로 발생하는 경우가 그렇습니다. 《천년의 음모》(한정영, 올리)의 1장 〈추적자〉에서 주인공 제나는 동생 제타와 함께 과거로 시간 여행을 떠나온 후, 하야로비(제사장)가 지정해 준 장소를 찾아가는 중입니다. 이때 중간에 알 수 없는 과거의 소녀(은파)가 제나의 이름을 부른 뒤 사라지고, 연이어 소녀를 뒤쫓는 듯한 정체 불명의 사내(흰 가면)를 마주칩니다. 동시에 제나와 제타는 남자를 따라가지요. 사건이 복잡해 보입니다. 이럴 경우 긴박감이 유지되더라도 독자(어린이와 청소년)에게는 다소 복잡해 보일 수 있습니다. 이를 위해서 각 장의 내부를 다시 쪼개서 부제목을 붙였습니다. 따라서 1장의 세부 제목이 '가면 쓴 사람들', '소녀를 쫓아라', '흰 가면을 쓴 남자'로 나뉘었지요. 이에 따라 1장은, 가면 축제가 벌어지는 도시에 입성한 주인공 제나가 자신의 미션을 떠올리며 거리를 경계하면서 걷다가('가면 쓴 사람들'), 문득 자신을 아는 듯 이름을 부르고 스쳐 지나가는 소녀를 발견하고 그녀를 쫓아가고('소녀를 쫓아라'), 그런데 어느 순간부터 소녀는 보이지 않고, 대신 흰 가면을 쓴 사람이 위협적으로 제나와 제타를 쫓아와 달아나다가 마침내 막다른 골목길에 다다르는('흰 가면을 쓴 남자') 이야기로 구성되어 있습니다. 이처럼, 각각의 에피소드의 주제어를 소제목으로 노출시킨 뒤, 한 개의 장을 이끌어 나가는 방식은, 길게 이어지는 사건을 통합적으로 인식하기 힘든 독자(어린이와 청소년)들에게 독서의 장벽을 낮추어 줄 수 있습니다.

따라서 처음 이야기를 구성할 때, 큰 사건을 위주로 줄거리를 만들고, 이를 디테일하게 만드는 것이 얼마나 중요한지, 이 과정을 통해서도 알 수 있습니다. 즉 아이디어만 떠오른 상태에서, 혹은 스토리보드가 부실한 채로 집필을 시작하면 특정한 부분은 비대해지고, 또 어떤 부분은 디테일이 확보되지 않아, 전체적 균형이 무너지기 십상이라는 것을 이해해야 합니다. 간혹 각 장의 원고 분량이 엇비슷해야 한다는 강박 때문에, 심리 묘사, 혹은 설명을 추가하거나 사건 자체를 지루할 만큼 길게 끌고 가는 경우도 종종 발견하게 되는데, 이런 무리수를 두지 않기 위해서라도 조금 더 계획적인 집필 전략이 필요합니다.

이처럼 균형 잡힌 장의 구성은, 작품의 형식적 완결성을 보증하고 독자에게 문학 작품을 읽는 즐거움을 전달할 수 있습니다. 물론 이를 위해 작가는 스토리보드 단계에서부터 기획할 필요가 있습니다. 단순한 줄거리만 확보한 뒤에 곧바로 집필에 착수할 것이 아니라, 스토리보드에서 플롯보드에 이르기까지 사건 배열의 적합성을 검토해야 합니다.

## 다중 시점의 이야기를 읽고 쓰는 방법 – 부존재적 캐릭터의 사용

대부분 이야기의 주인공은 한 사람이고, 처음부터 끝까지 한 인물의 삶을 치열하게 그려 내야 합니다. 물론 시점도 주인공 한 사람에게 주어져야 일관성 및 통일성을 유지하는 데도 유리합니다. 시점이 자꾸만 바뀌면, 독자는 다소 혼란스러울 수도 있습니다. 특히 나이 어린 독자들은 한 주인공에게 동일시되는 과정을 통해 사건에 빠져들고 따라서 가독성을 유지하는데, 시점이 자주 바뀌면 집중에 방해를 받을 수 있습니다.

그래서 상당수의 동화와 청소년소설은 전지적 시점 서술조차 드물지요. 전지적 시점으로 전개된 이야기는 여러 사람에 관한 이야기를 번갈아 하는 것 같아서 상당한 양을 읽은 뒤에야 전반적인 이해가 되기 시작합니다. 물론 등장인물이 많을수록 더 많은 시간이 소요됩니다. 이는 독서 집중력이 낮은 어린 독자들에게는 매우 열악한 독서 조건이 되고 말지요.

따라서 주인공이 선택되면 그 주인공 시점을 끝까지 유지하고 그 시점 안에서 다룰 수 있는 사건을 중심으로 서술하는 것을 권장합니다. 아무리 흥미로운 에피소드일지라도 시점의 이탈은 자제하는 것이 좋다는 의미입니다.

그럼에도 불구하고 종종 다중 시점을 가진 작품들이 등장합니다. 다중 시점의 가장 애매한 점은, '그렇다면 주인공은 누구일까?'하는 질문에 답하기가 모호하다는 것입니다. 중요한 것은, 이런 작품을 어떻게 읽고 써내느냐는 것이지요.

《내가 모르는 사이에》(김화요, 웅진주니어)에는 3명의 인물이 등장합니다. 주인공을 특정하지 않은 것은, 이 동화는 딱 한 사람의 히스토리가 이야기 전반을 지배하고 있지 않기 때문입니다. 가난한 동네에 살면서 전혀 기죽지 않고 명랑하고 공평무사하며, 친구의 어려움까지 보듬어 줄 줄 아는 고효민, 자신이 처한 불행한 현실을 부정하며 남에게 옷을 빌려 입으면서까지 잘 사는 아이들 틈에서 버텨 보려는 임수현, 부유한 가정에서 자라, 늘 공부도 1등이고 뭐든지 주목받았던 강주목. 이 셋이 이야기를 이끌어 가는데, 특별하게도 이 이야기는 '고효민-임수현-강주목' 차례로, 번갈아 시점이 바뀌며 전개됩니다. 물론 이 세 인물 각각의 시점이 차지하는 분량도 엇비슷합니다. 이는 작가의 치밀한 계산에서 나왔을 것입니다.

동화를 이런 식으로 서술한다는 것은, 앞에서 말한 이유 때문에라도 매우 실험적으로 보입니다. 한 권의 책에서 세 사람의 히스토리를 이해해야 한다는 것은 어린 독자들에게는 매우 어려운 독서가 될 수 있다는 뜻입니다.

그렇다면 작가는 이런 작품을 쓸 때, 독자에게 반드시 주인공에게 일어나는 연속적 사건이 아닌, 또 다른 주목할 만한 '무언가'를 '미끼'처럼 던져 주어야 합니다. 그래야 그것에 집중에서 끝까지 작품을 읽어 낼 수 있습니다.

이 작품에서 던진 '미끼'는 강주목 엄마의 지갑이 도난당한 사건입니다. 작가는 아예 이 사건을 프롤로그에 배치함으로써 독자의 시선을 사로잡습니다. 더구나 주목이 도둑놈과 한 반에서 함께 공부할 수 없다며 강경하게 나옴으로써 이 사건은 바로 다음 장에 어떤 이야기가 전개되더라도 독자의 뇌리에 강하게 머릿속에 남을 것입니다.

실제로 이 동화는 바로 이 '도난 사건'을 추리하고 해결해 나가는 과정을 담고 있습니다. 1, 2, 3장의 시점이 다르지만 핵심은 오로지 '도난 사건'에 집중되어 있습니다. 항상 정의로운 고효민은, 같은 (가난한) 동네에 사는 임수현이 의심받을까 봐 사실상 도둑 누명을 쓰고(1장), 임수현은 자신이 도난 사건을 저지를 수밖에 없었던 이유를 과거 회상을 통해서 서술하지요(2장). 그리고 강주목은 늘 1등이고 싶은 자신의 가장 강력한 경쟁자인 고효민을 범인으로 확신하는데, 뜻밖에도 범인이 임수현이라는 것을 알게 됩니다. 그러나 아이들에게 범인이 임수현이라는 말은 하지 않습니다. 매우 동화적인 결말이 인상적입니다.

그렇다면 이 이야기의 주인공은, 고효민, 임수현, 강주목이 아니라 어찌 보면 '도난 사건'입니다. 이야기를 다시 읽어 보면 이 세 아이의 히스토리가 전개되는 것이 아니라, '도난 사건'의 히스토리가 전개되고 있음을 알 수 있습니다. 그래서 구태여 주제를 언급해야 한다면,

'도난 사건'을 통해서 아이들이 서로의 어려움을 이해하고 위무하며 정의롭게 성장해 나가는 모습을 그린 동화라고 해도 될 것입니다. 흔히 이를 부존재적 캐릭터non-existent character라고 명명할 수 있는 데, 일반적 인물처럼 물리적 특성을 갖추거나, 특별한 네이밍naming, 자율성 등은 없지만, 도리어 다양한 방법을 통해 반복적으로 회자됨으로써, 실체는 없으나 분명히 존재하는 것처럼 인식되는 캐릭터성 모티프를 말합니다. 이때 부존재적 캐릭터는 (가상의) 인물은 물론, 특정한 사건일 수도 있고, 사물일 수도 있으며, 작품의 핵심적인 라이트 모티프로 기능하면서, 작품의 전반을 지배하지요. 그러면서 동시에 파편처럼 흩어져 있는 다양한 에피소드를 끌어모아 작품이 통일성을 유지하는 데 기여합니다.

이를테면《고도를 기다리며》(사뮈엘 베케트)에서는 '고도godoty가, 《천변풍경》(박태원)의 '청계천(변)'이,《맨해튼 트랜스퍼》(존 더스패서스)의 '맨해튼 시市'가 부존재적 캐릭터로 작품을 이끌어 나갑니다. 즉《내가 모르는 사이에》의 경우에도 '도난 사건'이 부존재적 캐릭터가 되어, 이야기를 앞으로 밀어냅니다. 모든 인물이 도난 사건에 대해 이야기하고 있으며, 그 누구도 자유로울 수 없습니다—물론 위에서 언급한 세 작품의 등장 인물들도 마찬가지입니다. 모든 인물은 이 부존재적 캐릭터의 영향을 받으면서 사건에 뛰어듭니다. 그런 과정을 통해 독립적 캐릭터로 자리잡습니다. 이를테면,《내가 모르는 사이》의 경우, 세 인물의 '도난 사건'을 대하는 태도가 곧 각 인물의 성격을 형성하는 데 중요한 요소가 됩니다.

《검은 여우를 키우는 소년》(신동섭, 비룡소)의 경우는, 시점이 더 많은 사람에게 분산되어 있다는 점에서《내가 모르는 사이에》보다 조금 더 복잡합니다. 그러나《내가 모르는 사이에》에서 그랬듯이, 프롤로그에서부터 작가는 독자가 '기축 사건main event'에 집중하도록 유도합니다. 세종 시대 임금이 어전회의를 하던 중에, 한 신하가 '명나라에서 검은 여우를 요구한다'는 말을 전하지요. 그러나 이는 매우 희귀한 동물이라 쉽게 찾을 수 없는데, 결국 한 신하가, '검은 여우를 잡아 오는 자에게 큰 상을 내리자'고 건의하고 이를 전국에 알립니다. 이 순간, '검은 여우 찾기 게임'이 시작됩니다. 벌써 사건이 일어난 것입니다. 독자는 검은 여우를 둘러싼 사건에 휘말린 것이지요. 즉 이 작품에서는 '검은 여우 사건'(검은 여우 사수하기 vs 검은 여우 잡아가기)이 부존재적 캐릭터가 되어 작품 전반을 이끌어 갑니다. 단 하나의 인물도 예외 없이 '검은 여우 찾기'에서 자유로울 수 없으며, 이 과정에서 한 소년(타내)의 순수한 감성이 표출되고(검은 여우 사수하기), 고을 현령과 박교수의 탐욕(검은 여우 잡아가기)이 드러나지요. 이 선명한 대비를 통해 주제도 또렷하게 드러납니다.

《검은 여우를 키우는 소년》1장의 시작부터, 검은 여우를 키우는 소년(주인공 타내)이 곧바로 등장합니다. 아마 독자는 곧바로 긴장할 것입니다. 주인공이 키우는 여우가 '검은 여우잡이'의 희생양이 되리라는 것을 금세 알아챌 수 있기 때문입니다. 더구나 타내와 이 검은 여우(까매)는 거의 형제처럼 지내는 사이여서 긴장감은 더 커질 것입니다. 이는 물론 의도적인 전개입니다. 전반부 긴장감의 강도가 클수록 그 여운은 오래 가기 때문입니다. 이제 이 이야기의 가장 중요한 축은 검은 여우 사건이 붙잡게 됩니다. 이럴 경우, 시점이 주인공에게서 가끔

씩 이탈해도 검은 여우 쟁탈전이 워낙 강렬해서 긴장감이 잘 흐트러지지 않습니다.

실제로 타내가 여우에 대한 애착을 보이면 보일수록 검은 여우(까매)를 잡으려는 세력의 추격도 거세집니다. 여기에 까매가 한 번 잡힐 뻔한 것을 타내가 가까스로 구해 내면서 타내에게도 직접적인 위험이 찾아오지요. 물론 이런 중에, 시점은 다양한 캐릭터를 넘나들고 있습니다. 고을 현령과 이방, 박교수(까매를 잡으려는 세력들) 등의 시점을 오갈 때는 조금 혼란스럽기도 합니다. 더구나 이 인물들은 서로 우호적인 관계인 경우도 있고, 적대적인 관계를 유지하는 인물도 있기 때문입니다. 집중력이 흐트러진 느낌이지만, 이들의 이야기 역시 오로지 '검은 여우 체포 작전'에 집중되어 있어서 '축'이 흔들리지 않습니다. 바로 이 축 때문에 시점이 불규칙하게 바뀌어도 가독성을 놓치지 않는 것입니다.

또한 클라이맥스 부분에 이르러 다시 타내의 시점을 견고하게 붙잡은 덕에 집중력을 회복합니다. 특히 눈을 가린 타내와 배고픈 까매 사이에 먹잇감을 놓고 냄새로 까매가 어디로 가는지를 알아보는 게임이라니! 정점에 이른 사건의 결정적 장면은, '축'의 지지가 얼마나 중요한지를 알게 해줍니다.

즉 작가가 여러 인물의 시점을 번갈아 등장시키고 싶다면, 독자의 인상에 깊이 남을 만한 사건을 먼저 제시하고 그 사건을 지속적으로 기억할 수 있는 장치를 마련하는 것이 중요합니다. 물론 이때, 등장하는 캐릭터마다 이 사건에 대해 반복적으로 언급(라이트모티프)하도록 하면 가장 좋겠지요. 실제로 《내가 모르는 사이에》나 《검은 여우를 키우는 소년》 모두 이와 같은 방법을 사용하고 있습니다. 즉 시점의 혼란은 일어나겠지만, 계속 같은 사건을 환기함으로써 독서의 집중력은 유지할 수 있습니다.

결국 인물(의 히스토리)이든 사건이든, 모든 이야기는 처음부터 끝까지 일관되게 이야기의 중심을 잡아 주는 '축'이 필요합니다. 그래야 독자의 가독성이 떨어지는 것도 막을 수 있고, 작가가 일관된 이야기를 전개하는 데 도움이 되지요. 부존재적 캐릭터 사용의 효과가 여기에 있습니다.

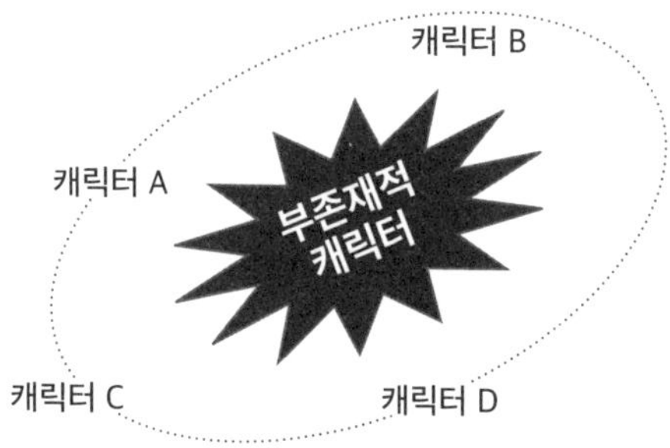


**부존재적 캐릭터의 위치**

## 라이트모티프를 활용하면 집중력이 높아진다

작가의 수많은 고민 중 하나는, 어떻게 하면 독자들이 내 작품을 끝까지 읽도록 할 수 있을까, 하는 것입니다. 이 질문은, '내 작품의 흥미를 오래 유지하는 방법은 무엇일까?'라는 질문과 일맥상통합니다.

물론 이를 위한 가장 좋은 방법은 끊임없이 흥미로운 사건을 연속적으로 배열하는 것입니다. 이 경우 긴장감이 유지되어 가독성을 이어 나갈 수 있습니다. 그러나 아무리 기성작가라고 할지라도 장마다 흥미로운 사건을 만드는 데에는 한계가 있습니다. 주인공은 다른 인물과 대화도 해야 하고, 사색도 해야 하기 때문입니다. 이런 다양한 요소들의 합이 그의 성격이 됩니다. 그뿐만 아니라 경우에 따라 묘사도 필요하고 배경 설명도 추가되어야 합니다. 즉 동화와 청소년소설은 이런 다양한 요소들의 총합입니다.

따라서 매번 흥미로운 사건을 만들어야 한다는 강박을 갖지 말고, 독자를 집중시킬 다른 방법도 찾아내야 하지요. 흥미로운 사건에 대한 집착은 자극적인 사건으로 비약될 수 있고, 그러면 무리한 설정의 덫에 빠질 수도 있기 때문입니다. 즉 작가는, 독자가 작품에 끝까지 관심을 갖도록 하기 위해서 탄력적으로 사고해야 한다는 뜻입니다.

《옷산 수색대》(김두경, 비룡소)를 단 한 줄의 로그 라인으로 표현하라면, '주인공 지담이, 자신이 어릴 때 버린 노란 조끼를 찾는 이야기'로 압축할 수 있습니다. 조금 더 투박하게 설명하면, 이 이야기는 노란 조끼로 시작해서, 노란 조끼로 끝납니다.

노란 조끼는 엄마가 세상을 떠나기 전에 지담에게 남긴 유품 같은 것입니다. 그러나 바이러스의 서식지로 옷이 지목됨으로써 모든 가정에서 옷을 버려야 했는데, 이때 노란 조끼도 함께 버려집니다. 하지만 지담은 노란 조끼에 대한 미련을 항상 가지고 있었고, 그러던 차에 옷산 수색대라는 게임에 접속하여 이 옷을 발견합니다.

지담이 접속한 게임은 화면에 등장하는 캐릭터를 움직여 옷산(버려진 모든 옷이 쌓여 있는 곳)에 있는 옷을 입혀 보는 게임이지요. 이때 새

옷을 입고 디스플레이 된 캐릭터를 캡처하면 자동으로 패션쇼에 참가하게 되는 방식입니다. 이 게임에 몰두하다가 지담은 뜻밖에도 자신의 노란 조끼를 발견하고, 이 조끼를 찾아 나서면서 모험이 시작됩니다.

이때부터 모든 사건의 모티프가 노란 조끼에 집중됩니다. 노란 조끼로 인해 화면 속 캐릭터와 엄마 이야기를 나누게 되고, 그 과정에서 지담은 자신이 선택한 필라라는 캐릭터가 애니메이션(아바타)이 아닌 실제 사람임을 알게 되며, 필라의 도움으로 노란 조끼를 찾기 위해 페누리아(옷산이 있는 도시)를 홀로 찾아갑니다. 결국 노란 조끼를 찾기 위해 출입이 금지된 옷산에 몰래 들어가기도 하고, 필라가 더 많은 돈을 받기 위해 그 노란 조끼를 일부러 숨겼다는 사실도 알게 되지요.

물론 이런 과정에서 패스트 패션과 환경문제라는 주제도 분명하게 살아납니다. 이를테면 노란 조끼가 라이트모티프로 기능하면서 주제를 선도先導하지요. 즉 노란 조끼는 라이트모티프의 가장 일반적 특징인 반복을 통해서 독자의 독서 과정에 적극적으로 개입하고 이를 통해서 독자의 독서의 목적을 환기합니다. 아울러 독자는, 노란 조끼를 찾아야 하는 주인공의 목표를 응원하면서 빠르게 주인공에 동일시됩니다. 이 정도에 이르면 독자는 더 이상 독서를 포기할 수 없는 상태가 되지요. 이것은 단순히 사건 발생에서 얻는 단순한 흥미의 차원과는 다르며, 더 나아가 문학적 상징이 되기도 합니다. 라이트모티프가 '주도 동기'로 해석되는 이유는 이 때문이기도 합니다.

더구나 《옷산 수색대》에서 노란 조끼는, 티핑포인트의 역할을 수행하기도 합니다. 앞서 말한 대로 이미 버린 노란 조끼를 수천 킬로미터 떨어진 다른 나라에서 발견함으로써 주인공에게 충격을 주며 본격적인 사건이 시작되었음을 알립니다. 이미 서술한 대로 티핑포인트가 분명해지면 그 지점에서 주인공의 목표가 발생하고 주인공의 행동이 뚜렷해집니다. 즉 의미 있는, 그리고 역동적인 주인공의 행동이 표면화된다는 뜻입니다.(《동화·청소년소설 쓰기의 모든 것》3부 참고)

라이트모티프는 이런 기능 외에도 통일성을 확보합니다. 작품 내에서 발생하는 다양한 에피소드나 사건은, 의도치 않게 시간이 지남에 따라 파편적 특징을 가지게 되는데, 그럴 경우 앞서 일어난 사건이나 에피소드는 독자의 머릿속에서 쉬이 잊힙니다. 라이트모티프는 이들을 '일련의 사건'으로 경험하도록 합니다. 휘발성을 억제함으로써 독자의 사건 재구성에 중추적 역할을 하는 것이지요. 통일성이 여기서 확보됩니다.

이처럼 작가는 집필 과정에서부터 라이트모티프의 개발을 염두에 둘 필요가 있습니다. 특히 처음부터 끝까지 일관되게 등장하는 라이트모티프는《옷산 수색대》에서처럼 사건의 통일성을 유도할 수 있기 때문입니다. 더 단순한 구성을 유도할 수 있고, 작가는 의도적으로 라이트모티프가 끌어당기는 원심력의 범위를 넘어서지 않으려 하기 때문입니다. 따라서 특정한 물건이나, 주인공의 행동과 말, 장소나 시간은 물론 그 외의 어떠한 요소일지라도 라이트모티프로 활용할 수 있기 때문에 작가의 전략에 따라 다양하고도 특색 있는 라이트모티프를 만들어 낼 수 있어서 집필 시 주요한 창작 방법론이 될 수 있습니다.

이 외에도 라이트모티프의 사용은, 캐릭터의 성격 구현에도 도움을 주기도 하고, (그게 무엇이든) 단순한 의미를 확장하거나 주목할 만한 요소로 기억하게 하여 독자의 집중을 유도할 수도 있습니다. 이에 더하여 긴 이야기에서 라이트모티프 사용은, 아주 캄캄한 바다에서도 목적지를 찾아가게 해주는 등대 불빛의 효과를 발휘합니다.

**라이트모티프의 활용**

## 고백체로 쓰는 동화의 매력

'나'로 시작하는 1인칭 주인공 시점의 이야기는, 종종 작가가 자신의 이야기를 일기처럼 솔직하고 담백하게 털어놓고 있다는 착각을 유발합니다. 어린이, 청소년 독자가 '나는 오늘 ~ 했다.'로 시작하는 일기 형식에 익숙하기에, 독서의 거부감도 줄어들지요. 그래서 3인칭 시점의 이야기보다 주인공을 향한 자기 동일시도 빠르게 일어나도록 유도합니다.

여기에 더하여 1인칭 주인공 시점의 또 다른 장점은, 작가의 주인공에 대한 감정이입이 더 직접적이라는 것입니다. '내'(작가)가 '그'(3인칭 주인공)에 대해서 이야기할 때보다, 내(작가)가 나(1인칭 주인공)에 대해서 이야기(하듯)할 때 훨씬 깊이 있는 감정을 공유할 수 있다는 뜻입니다. 물론 이내, 어른(작가)과 아이(독자)의 세대가 일치하지 않음으로써 생기는 감정의 이질감을 극복할 수 있어야 합니다. 어른과 아이의 감정의 폭과 깊이가 같을 수 없기 때문입니다.

이런 점을 염두에 두면, 1인칭 주인공 시점이 더 주관적 서술로 보이지요. 아무래도 '그'에 대해 이야기할 때는, 일정한 거리 유지(객관화)가 가능하고 남의 이야기(타자화)라는 전제로 인해 비판적 관점 유지가 가능해 조금 더 객관적 서술로 읽힙니다.

즉 1인칭 서술은 '나'라는 직접성 덕분에 표면적으로는 누군가(작가)에 의해 만들어진 이야기가 아닌, 또래의 누군가가 자신의 속사정을 털어놓는 느낌을 독자에게 줍니다. 이를테면 남의 일기를 보는 느낌이랄까요.

물론 1인칭 주인공 화자를 쓴 모든 동화와 청소년소설이 일기처럼 읽히지는 않습니다. 그런 느낌을 더 증폭시키려면 일기가 그러하듯 무엇보다 진솔해(보여)야 합니다. 부끄러운 경험이나 사적인 감정까지 가감 없이 드러내고 있다는 인상을 주어야 한다는 뜻입니다. 이는 고백체 소설의 한 축이기도 한데, 이 과정을 통해서 작가는 자신을 온전히 드러내 서술 주체의 독립성을 확보합니다. 이는 일기가 독자를 전제로 하지 않는다는 사실과 일맥상통합니다. 사실 작가는 아무리 1인칭 시점으로 동화(청소년소설)를 쓰더라도 일기를 쓰는 것이 아니라, 일기'처럼' 써야 한다는 제어 기제가 작동하기 때문에, (독자를 전제하지 않는 순수한) 일기처럼 쓰는 일이 그리 쉬운 일만은 아닙니다.

또한 사적인 디테일을 갖추어야 합니다. 개인적 경험의 집적이 체계적이고 구체적이어서 리얼리티를 의심할 여지가 없을수록 진솔해 보일 수 있습니다. 하지만 이때, 전제가 필요한데 다름 아닌 트리비얼리즘trivialism입니다. 사건의 확장과 진행에 관련이 없는 디테일까지 담지 않도록 유의해야 하며, 아무리 1인칭 서술이라도 동화이므로 객관적 서술을 포기해서는 안 됩니다.

또한 일기체 서술은, 고백체 서술과 마찬가지로 내면성을 지향하기 때문에 주인공의 섬세한 감정의 변화가 극적이어야 하고, 이 과정이 또래 집단(어린이, 청소년)의 전형적인 모습으로 형상화되어야 합니다. 물론 자칫 작가와 독자 간의 시간적 괴리(세대차) 때문에 과장될 수 있는 감정의 오남용을 철저하게 관리하는 것이 중요합니다.

《4×4의 세계》(조우리, 창비)는 날짜가 적시되어 있지는 않지만, 이와 같은 요소를 갖추고 있는 1인칭 주인공 시점의 동화입니다. 앞서 말한 것처럼 일기는 독자를 염두에 두지 않는 글쓰기이므로 부끄러운 고백은 물론, 수치스러운 경험까지 담아낼 수 있습니다. 그럼으로써 진솔함이 강조되지요. 특히 이야기의 전반부에서 중간 넘어서까지, 같은 병실을 쓰는 환자와 보호자 이야기(흉보기)를 하다가 마음에 안 드는 병원 식사를 언급하는가 하면, 자신이 대소변을 받아 내야 하는 환자라는 다소 수치스러운 경험도 털어놓지요. '할아버지의 입을 테이프로 붙여 버리고 싶을 때가 있다'는 서술에 이르면, '일기의 주인'이 정말로 타인(독자)을 의식하지 않고 있는 듯한 느낌을 줍니다. 일기란 입으로 꺼내 놓기 힘든 말까지 할 수 있는 유일한, 개인적 글쓰기 양식이기 때문이지요.

사적인 디테일은 상세한 입원실 설명에서 도드라집니다. 무엇보다 입원실을 사각형으로 인식하고 서술하는데, 이는 특정 장소를 자기만의 방식으로 이해하는 것이지요. 주변에 있는 모든 것, 이를테면 '병실, 문, 환자용 테이블, 보호자 침대, 간호사 책상, 식판, 냉장고, 의료기기 소독기, 티브이, 자판기…'까지 사각형으로 일반화함으로써 자기만의 방식으로 공간을 이해하지요. 이는 고백체의 특성상 구태여 대상을 객관적으로 형상화하기보다 주관적으로 접근함으로써 일기 주인(주인공)의 개성을 드러냅니다. 물론 이 사각형은, 이후에 이 작품의 가장 주요한 모티프로 기능하는 동시에 내용상 다양한 상징의 기능을 갖습니다.

여기에 더하여 주인공은 자신만의 방식으로 병실에 입원 환자와 보호자를 '평가'합니다. 당연히 사적인 감정에 의한 것으로, 거리낌이 없습니다. 일기가 아니라면 할 수 없겠다, 싶을 정도로 이에 대한 주인공의 텐션이 아주 높습니다. 가령, 자신을 돌보는 할아버지에 대해서도 "정작 할아버지는 말조심을 안 한다."라든지, "억지로라도 할아버지의 좋은 점에 대해 생각하려 한다."라며 즉흥적인 자신의 감정을 조절하지 않습니다. 이는 아무도 자신의 '일기'를 펼쳐 보지 않을 것이라는 확신이 있기 때문에 가능한 서술이지요. 이로써 다소 과하다 싶을 정도로 디테일을 확보합니다.

상징의 변화가 널을 뛰면서 이야기 자체의 흥미가 고조되는 것은 주인공이 새로 생긴 자그만 도서관에 다니면서부터입니다. 주인공은 자신이 읽은 책에서 낙서(강아지 그림)를 발견하고, 이 '강아지 독자'에 관심을 두지요. 특히 자신이 읽은 책에 포스트 잇이 붙어 있는 것을 발견하고 '강아지 독자'와 대화를 시작하지요. 이때부터 주인공은 할아버지가 "우리 호야가 아주 요새 책에 미쳤어."라고 할 만큼 도서관에 집중합니다. 심지어 책 냄새도 좋다고 말하고, 냄새가 좋은 순으로 책 종류를 나열하면서 "책 냄새에는 종이랑 석유, 먼지 냄새 같은 게 섞여 있다."라고 말합니다. 그럼으로써 강아지 독자를 향한 감정을 끌어올립니다. 이후에 '나'는 자신이 가로로 불리고 있으므로 강아지 독자를 '세로'라고 부르기도 합니다. 대화가 진행될수록 이 감정은 더 거세지고, 이는 강아지 독자를 향한 적극적인 행동에 나서게 하지요. 주인공이 환자이고 휠체어를 타야 하는 상황임을 고려한다면, 감정의 극적인 변화를 예고하고 있는 셈입니다.

무엇보다 고백체의 표면적 효과는 문장을 통해서 드러납니다. 툭툭 던지는 문장이 일기체의 느낌을 살리고 있습니다. '예를 들면 이렇게'라든지, '아무튼, 뭐 이런 식으로', '그건 일단 제쳐 두고'와 같은 표현도 그렇고, "오늘도 이렇게 하루가 지나갔다."라든지, "다음 날 정말 좋은 일이 생겼다."와 같은 서술이 전반부에 나타나는데, 이는 단순한 1인칭 서술 이상의 효과를 가져오지요. 또한 전체적으로, 작가가 의도한 것으로 보이는 현재 시제의 사용이 압도적으로 많은 것도 이 효과를 증폭시킵니다.

이를테면 진술 내용도 그렇지만, 문장 또한 의도적으로 격식을 차리거나 진지하지 않게, 오히려 사적으로, 마치 자신만의 문법을 만들어 가듯 쓴 것 역시 매우 개인적인 고백체의 특성을 더 돋보이게 합니다.

다만 고백체식 쓰기의 소재는 지배력이 높은 것으로 선택하는 것이 좋습니다. 자신이 직접 상세히 경험한 내용이라든가, 그 소재에 대한 지적 수준이 높아서 메타 인지가 가능한 분야를 고르는 편이 유리할 것입니다. 무엇보다 지배력이 높은 소재에 대해서는 개인적 경험을 의도대로 써나가기 쉽고 객관화하는 데에도 유리하기 때문입니다.

## 'Magic if' 활용의 예

모든 이야기는 '문제'가 생겼을 때 시작됩니다. 이때, 주인공은 이 문제를 해결하기 위해서 애쓰는데, 이 과정은 다양한 사건으로 점철되어 있지요. 즉 문제를 만들 수 없다면, 그 어떤 재미있는 아이디어가 있더라도 이야기로 발전할 가능성이 미약하다는 뜻이기도 합니다. 물론 문제의 크기와 질은 이야기의 내용과 형식을 결정할 수도 있습니다.

따라서 작가는 문제를 만들기 위해서 다양한 방법을 사용해야 합니다. 이때, 스타니슬랍스키의 'Magic if'가 좋은 시사점을 줍니다. 물론 이는 배우의 연기 훈련을 위해 도입된 방법이지만, 직관적으로 가장 빨리 '문제'를 만드는 가장 좋은 방법이기 때문입니다. 그가 모든 이야기의 출발점이 '단 하나의 가정'에서 비롯된다고 언급한 것도 이런 차원이겠지요.

'가정(if)'이란, 현재 일어나지 않은, 혹은 일어날 수 없는 일을 전제로 하기 때문에 곧바로 문제의 소지를 내포하게 됩니다. 이를테면 '그녀에게 고백한다면?', '하루만 굶는다면?', '종일 비가 내린다면?' 등의 실현 가능할 듯한 가정부터, '만약 조선 시대로 돌아간다면?', '귀신을 볼 수 있다면?', '개미의 발소리까지 들을 수 있는 청력을 갖게 된다면?', '세상이 온통 물에 잠긴다면?', '동물이 말을 한다면?', '감옥에 갇힌다면?'과 같은 사실상 불가능한 가정까지 모두 가능합니다. 특히 후자의 경우가 이야기로 쓰인다면 판타지가 될 것입니다.

이 가정이 현실적으로 일어나기 힘든 것일수록 (주인공이) 충격적으로 받아들이게 되고 독자의 호기심도 자극할 수 있습니다. 그런 가정이 현실에서 일어났을 때, 바로 큰 '문제'가 발생한 것이니까요. 더 흥미로운 이야기가 전개될 가능성이 높다는 뜻입니다.

《어느 날 문이 사라졌다》(김은영, 문학동네)는 말 그대로 '아침에 일어났는데, 밖으로 나가는 출입문이 사라졌다면?'이라는 가정에서, 《이루의 세상》(정설아, 사회평론주니어)은, '내가 만약 죽은 아빠와 만날 수 있다면?'이라는 가정에서 출발했습니다. 당연히 이 가정은 엄청난 파문을 일으킵니다. 문이 없어졌으니, 주인공은 어떻게든 나갈 방법을 찾아 허둥지둥할 테고, 죽은 아빠 귀신이 나타나 바다로 데려가 달라고 하니, 이 또한 난감할 수밖에 없습니다. 이제 주인공은 '가정'으로 시작된 문제를 해결하기 위해 다양한 사건을 경험합니다. 가정은, 이렇게 이야기를 곧바로 출발시킵니다.

이런 가정은 크게 두 방향에서 가능합니다. 첫 번째는 인물 외적 요소에 대한 가정입니다. 즉 주인공이 발 딛고 선 곳의 물리적 환경 변화와 같은 것들입니다. '기후 위기로 30일 동안 폭설이 내린다면?', '매일 똑같은 날이 반복된다면?', '산에서 길을 잃었는데, 가도 가도 제자리라면?'과 같은 가정을 할 수 있습니다.

두 번째는 인물(주인공) 내적 요소에 대한 가정입니다. 주로 '나'의 변화를 전제합니다. '만약 내가 ~라면?' 혹은 '만약 내가 ~된다면?' 따위의 가정을 할 수 있지요. 이를테면 주인공 자신의 상태(신분, 능력, 생김새 등)의 변화를 전제로 하는 것입니다.

《어느 날 문이 사라졌다》는 갑자기 외부로 나갈 수 있는 출입문이 사라진 아파트 안에 갇힌 두 남매의 이야기입니다. 나(주인공)는 변화가 없는데, 주변의 환경이 변화했습니다. 매우 가볍고 장난스러워 보이는 이 가정은 해리와 해수 남매에게 큰 충격을 안겨 줍니다. 간단한 가정 하나로 큰 사건이 발생한 것이지요. 엄마는 밖으로 나간 상태이고 전화와 인터넷 등, 밖으로 연락할 수 있는 모든 수단이 차단되었습니다. 이제 이 남매는 생존 투쟁에 나섭니다. 우선 방 곳곳을 뒤져 미약하게 잡히는 인터넷 신호를 이용해 아이튜버(SNS)로 소식을 알립니다. 처음으로 라면을 끓여 먹고, 설거지를 하다가 그릇을 깨뜨립니다. 그런가 하면 신나게 뛰어놀기도 하고 둘이 다투기도 합니다. 사실 이 모든 행동은 문이 없는 집 안에 갇힌 뒤에 일어날 수 있는 에피소드이며, 두 아이의 성장 과정입니다. 이렇게 성장한 아이들은 스스로 용기를 얻고 바깥으로 탈출을 시도하고 마침내 성공합니다. 이처럼 매우 현실적이고 익숙한 환경에 단 하나의 조건을 변화시켜 그럴듯한 엑소더스exodus '모험 이야기'가 탄생했습니다.

《이루의 세상》의 주인공 '나'는 귀신을 보는 능력을 가졌습니다. 그 귀신은, 하필이면 바로 얼마 전에 죽은 아빠입니다. 물론 다른 사람들도 이 귀신(아빠)을 볼 수는 있지만, 그가 주인공의 아빠인지를 알아보지 못합니다, 딱 한 사람, 아빠의 고향 친구만이 '나'와 함께 아빠와 만나고 이야기를 나눕니다. 이는 작가의 매우 재치 있는 설정이라고 할 수 있습니다. 만약 가족(엄마와 형)을 포함해 다른 주변의 인물도 아빠를 단번에 알아보았다면 이 동화는 전혀 다른 방향으로 흘러갔을 것입니다. 이처럼 오직 주인공만이 아빠와 대화를 나눌 수 있고, 주인공은 아빠에게 바다로 데려가 달라는 부탁을 받습니다. 아빠는 자신을 '죽살귀신'(죽었다가 살아난 귀신의 줄임말)이라고 칭하며, 하필이면 한반도 남쪽 끝에 있는 여수까지 동행을 청합니다. 고향 앞바다에 죽음의

문이 있다고 아빠는 말하지요.

이때부터 주인공 '나'는《어느 날 문이 사라졌다》의 주인공과는 다른 모험을 시작합니다. 초등학교 6학년 아이가 여수까지 사실상 혼자 여행하는 일은 그다지 쉽지 않기 때문입니다. 준비부터 단순히 차편을 갈아타는 일은 물론, 다른 사람들이 알지 못하게 아빠를 고향 친구에게 안내하고 또 바다까지 데려가야 하니까요. 심지어 중간에 요양원에 계신 친할머니도 방문합니다. 이에 주인공은 고모가 있는 구례까지 혼자 여행을 하겠다고 엄마에게 말합니다. 구례에서 여수가 멀지 않다는 사실을 알아냈기 때문이지요. 이로써 여행 준비가 끝나고 본격적인 여행이 시작됩니다. 이 여행 역시 해리와 해수의 모험처럼 스스로를 성장시키는 여정임은 말할 것도 없습니다. 즉《어느 날 문이 사라졌다》의 주인공이 고정된 실내에서 모험을 하는 것과는 달리《이루의 세상》의 주인공은 집을 떠나는 순간 모험이 시작됩니다.

즉 Magic If는, 그것이 실현되는 순간, 목표가 설정되는 이점이 있습니다. 가정 자체가 엉뚱한 것일수록, 즉 그 가정이 현실이 되는 순간 그것은 주인공에게 닥친 '아주 큰' 문제가 되기 때문입니다. 따라서 주인공은 자연스럽게 이 문제를 해결하기 위한 모험에 나서야 합니다. 이는 동화와 청소년소설이 꼭 담보해야 하는, 성장을 다루기에도 적절한 플롯입니다.

다만 가정은 추상적인 것보다 구체적일수록 좋습니다. 이를테면, '내가 조선 시대로 돌아간다면?'이라는 가정보다는, '내가 조선 세종 시대로 돌아가 장영실을 만난다면?'과 같은 가정이, 또 그보다는 '평소에 과학을 좋아하는 내가 조선 세종 시대로 돌아가 장영실을 만나 물시계를 만드는 개발 작업에 참여하게 된다면?'이라는 가정을 하는 게 더 낫다는 뜻입니다. 그러면 작가는 무엇을 써야 할지 분명히 알게 되고, 목표에 합당한 사건을 만들기에 유효할 것이기 때문입니다. 즉 가정을 확정하기 전 다양한 조건을 부여하면 더 분명한 이야기의 방향을 만들어 나갈 수 있습니다.

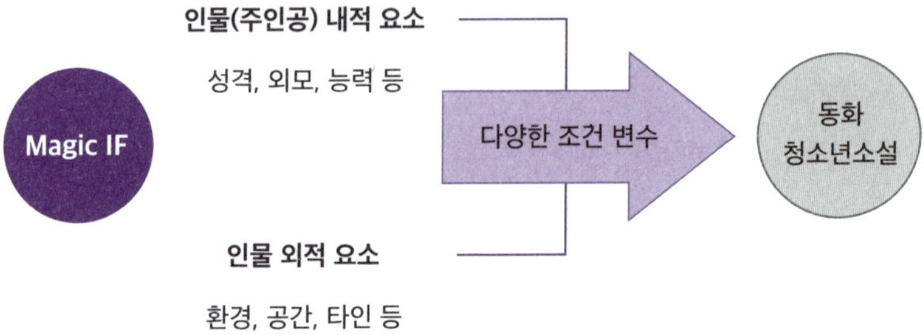


Magic If 활용 방법

## 영화처럼 쓰려면 -공간 활용의 극대화

'한 편의 영화를 본 것 같아요', 혹은 '영화로 만들면 좋겠어요'와 같은 평가에는, '직접 눈앞에서 보는 것처럼 생생하다'는 의미가 일차적으로 내포되어 있습니다. 그만큼 인상적이라는 뜻이겠지요. 이는 해당 작품이 영화가 가진 특성, 즉 직관성에 충실했기 때문입니다. 다른 어떤 서사 장르보다 직관성이 높은 영화는, 독자(관객)에게 사유와 복잡한 결정 과정을 과도하게 요구하지 않음으로써 이해도를 높이고 그에 따라 빠르게 작품에 동화되도록 유도하지요. 따라서 직관성을 높이면, 위와 같은 과정을 통해서, 무엇보다 어린 독자들의 접근성을 배가시키고 놀이적 특성이 부각됩니다.

물론 동화나 청소년소설은 언어 텍스트(문자)를 읽어 내야 하는 시간 예술의 영역이라 영화만큼 직관성을 담보하기는 어렵습니다. 단순히 특정 장면의 시각적 특성만이 부각됨으로써 얻을 수 있는 것도 아니지요. 무엇보다 서사의 구현 방식이 다르기 때문입니다. 동화(청소년소설)는 단 하나의 에피소드 혹은 간단한 풍경 한 장면이라도, 독자가 텍스트(문자)를 읽고 상상력을 동원하여 그것을 머릿속에서 최소한의 이미지로 재구축해야 하지요. 어느 정도의 절대적 시간이 필요하다는 뜻입니다. 물론 그마저도 완벽하지 않습니다. 따라서 동화나 청소년소설을 '영화처럼 읽게' 하려면 조금 더 적극적인 접근이 필요합니다.

대체로 영화(영상)는 직접성을 앞세워 관객이 정보를 이해하는 데 필요한 시간을 줄이고, 휴지休止 없이 빠르게 사건을 이어 나갑니다. 이른바 '(관객이) 생각할 틈 없이' 사건이 이어지는 것이지요. 이 경우, 개인적 추론 및 추리 과정이 삭제됩니다. 다른 생각이 끼어들 틈이 없다고 이해해도 좋습니다. 이때, 무엇보다 역동성이 강화됩니다. 끊임없이 주인공을 움직이도록 해서 주의를 집중시키기 때문이지요. 핵심은 이야기의 속도감, 즉 '빠르기'입니다. 이야기의 속도가 빠르면, 연속된 장면(사건)이 분절되지 않고, 머릿속에 잔상을 남깁니다.

《고양이가 우리를 지배한다면》(한정영, 서해문집)의 앞부분은, 바이러스로 폐쇄된 도시에서 탈출하려다가 검역소에서 제지당한 주인공(디안)과 아빠가 탈출을 포기하고 집으로 돌아가는 여정을 그리고 있습니다. 아빠의 자동차가 집을 향해 나아가자마자, 디안은 동물병원

CCTV 화면을 확인하는데, 뜻밖에도 반려견 칸이 무언가(바이러스에 감염된 좀비 동물로 추측)에 공격당할 위기에 처해 있음을 알게 되지요. 그래서 아빠는 급히 자동차를 몰기 시작하지만, 곧바로 앞 유리 쪽으로 새가 뛰어듭니다. 그 바람에 아빠는 자동차의 핸들을 꺾었고, 자동차는 인도로 뛰어들어 커피숍의 유리문을 들이받습니다. 아빠는 부상을 입은 채 수습에 나서는데 이번에는 도로 한편에서 강아지가 다가오지요. 누군가 돌본 듯 리본까지 달린 강아지에게 디안이 손을 내밀지만, 순간 강아지의 눈이 붉게 변하면서 디안의 팔을 물어뜯습니다. 아무리 피하려 해도 끈질기게 달려들지요. 디안은 자동차로 달아나 문을 잠그지만, 어디선가 또 다른 강아지들까지 나타나 아빠를 공격합니다. 겨우 강아지를 떼어 내지만, 아빠의 부상 탓에 디안이 운전대를 잡고 출발합니다. 그러자마자 강아지들이 무섭게 따라오고, 심지어 앞에서는 고양이가 길을 막습니다. 사실 이 동물들은 바이러스에 감염된, 괴물이나 다름없지요. 디안은 이리저리 피하려 하지만 결국 고양이를 들이받고 맙니다.

이처럼 새의 공격을 받는 순간부터 고양이를 들이받을 때까지 모든 사건이 빠른 속도로 일어나서, 마치 사건이 하나씩 일어난 게 아니라, 동시에 일어난 느낌을 줍니다. 실제로 하나의 에피소드가 끝나기 전에, 또 다른 에피소드가 발생하고 있기 때문입니다. 이러면 잔상이 오래 남아서 이미지화가 극대화되고, 따라서 '영화를 본 듯한 느낌'을 줄 수 있습니다.

하지만 더 직접적인 방법은 공간의 입체성을 활용하는 것입니다. 카메라의 다양한 테크닉을 활용해 공간에 대한 빠른 이해를 돕는 방식이지요. 이를테면 특정 공간의 상하좌우만 빠르게 보여 줘도 관객의 공간에 대한 이해도가 높아집니다. 그 덕분에 아무리 복잡한 공간이라도 관객(독자)을 이해시키는 데 많은 시간이 소요되지 않습니다.

동화와 청소년소설에서도 공간에 대한 이해도를 높이면 직관성을 유도할 수 있습니다. 이는 노골적으로 말해서 텍스트의 시각성을 높인다는 뜻이 되겠지요.

이처럼 공간을 강조하는 것은, 영화에서는 공간이 시간을 대체하고, 리얼리티를 현실적으로 보완해 주기 때문입니다. 더하여 공간은 용도에 따라 어시스턴트로 사용할 수도 있고, 적대자의 역할도 할 수 있습니다. 그러므로 영화는 공간이 전부라고 해도 과언이 아니지요. 따라서 공간에 대한 이해도를 높이는 것은, 곧 동화(청소년소설)를 '영화처럼' 들여다보게 할 수 있는 좋은 방법입니다. 특히 다양한 공간에 대한 경험이 부족한 독자(어린이와 청소년)들에게는 꼭 필요한 일입니다.

물론 동화(청소년소설)에서 공간을 설명할 수 있는 가장 일반적인 방법은 묘사 강화입니다. 특히 일반적인 공간이 아닐수록 묘사를 통해 공간을 환기해야 합니다. 공간을 이해하고 나면 그곳에서 일어나는 일(사건)이 훨씬 쉽게 이해되기 때문이지요. 하지만 이것은 동화(청소년소설)가 가지고 있는 난점이기도 합니다. 작가는 종종 공간에 대한 묘사에 집중하다가 사건이 앞으로 나아가야 한다는 것을 잊고 맙니다. 이 경우 묘사는 오히려 독이 되지요. 심지어 지나치게 디테일을 추구하면 트리비얼리즘으로 빠져들 위험이 크고, 이는 도리어 이야기를 지루하게 만드는 지름길이 됩니다.

그 때문에라도 사건이 펼쳐지는 공간을 사용할 때는 독자들에게 익숙한 공간에서 시작하기를 권합니다. 공간이 사건에도 절대적인 영향을 미치기 때문에, 종종 작가들은 '특별한' 공간을 만들려 애쓰기도 합니다. 하지만 독자들이 짐작할 수 없는 주관적 공간은, 시각적으로 보이기 전에는 상상하기 힘듭니다. 그래서 공간을 자꾸만 디테일하게 묘사하려는 것이지요. 이는 작가들이 SF나 판타지의 공간을 설정하기 어려워하는 이유이기도 합니다. 따라서 SF라도 미래에도 지속될 수 있는 공간, 즉 지금의 독자들에게도 익숙한 공간을 기반으로 접근하는 것이 좋습니다. 더구나 공간 그 자체의 특이성을 강조할 것이 아니라면, 더더욱 그렇습니다.

《고양이가 우리를 지배한다면》에는 현재에도 익숙한 공간이 등장하고 이곳에서 역동적인 사건이 펼쳐집니다. 3장 이후, 먹을 것을 구하기 위해 달려간 리조트 내의 마트 안에서 디안은 씨-크리쳐(좀비화된 비둘기와 고양이 등 동물들)의 공격을 받습니다. 무수히 많은 새의 공격을 받고 진열대 사이로 달아나며, 한편으로는 헤어스프레이, 청소 봉 등을 들고 맞섭니다.

결국 도시를 탈출하기 위해 거리로 나선 뒤에는 동물원에서 탈출하여 씨-크리쳐가 된 동물(악어와 원숭이 등)을 만나지요. 이때 디안과 아빠 일행은 달아나 도서관 건물로 뛰어듭니다. 곧바로 동물들이 따라와 공격하자, 디안은 아빠와 함께 북 트럭을 2층 계단 위에 쌓아 놓았다가 무너뜨려 동물들의 진입을 방해합니다. 이어 도서관 안의 서고를 오가며, 책과 서가를 이용해 동물들과 싸우기도 합니다.

이처럼 독자에게도 익숙할 만한 공간을 등장시키면 이 공간이 그들의 경험 내용 안에 있기 때문에 많은 설명과 묘사가 필요치 않습니다. 또 그래야만 그 안에서 벌어지는 사건을 이해하기 쉽습니다. 그뿐만 아니라, 작가에게도 이 공간 안에 있는 모든 물건을 활용할 수 있는 이점이 있고, 또한 그 과정이 자연스럽습니다. 전혀 낯선 공간이라면 공간 이해를 위한 묘사가 이야기의 역동성을 방해할 수 있습니다.

직관성을 가능케 하는 또 하나의 요소는 대화 즉, 음성입니다. 그 때문에 현장감이 높아지고 바로 앞에서 일어나는 일처럼 느끼는 착시 현상이 강해지지요. 그러나 동화에서는 절대 불가능한 일입니다. 다만 매우 현실적으로 보이는 대사를 통해서 직관성을 유도할 수는 있습니다. 구어체의 간결하고 빠른 대화가 핵심입니다.

"아줌마. 물어볼 게 있어요. 정말 그게 가능한 거예요? 강아지 고양이와 같은 동물들은 그렇다고 쳐도, 햄스터나 토끼와 같은 작은 동물들까지도 케어 센서를 장치하는 것 말이에요."

"그런데 나 아줌마 아니야."

갑자기 무슨 전개인가, 싶어서 라소미를 쳐다보았다. 정말 억울하다는 표정이었다.

"언……니?"

"아, 몰라! 어쨌든……. 초소형 칩을 주사기를 사용해 삽입하는 방법이 개발되었어. 세계 최초지. 소장은 그것 때문에 더더욱 애니포털에 자부심이 컸고."

"악어나 뱀 같은 동물을 키우는 사람도 있잖아요. 동물원에는 더 많은 종류가 있고요."

"뭐든 가능해. 약물과 함께 마이크로 센서를 주입하면 센서는 핏

줄을 타고 이동하다가 뇌에 가서 자리를 잡는 거야."

"그럼 외부에서 사람들이 통제할 수 있고요? 그 초소형 칩이 외부로 노출되거나……."

"그런 일은 잘 없어. 글래드나 네 개처럼 동물이 사고를 당해서 피를 많이 흘리거나 장시간 치료로 다른 약물이 뇌를 손상시킬 경우가 아니면!"

"그럼, 소장이 케어 센터를 통해서 조종하는 동물이 어마어마하게 많다는 뜻이겠네요."

"그럴 거야. 더구나 케어 센터에서 먼 곳에 있는 동물은 드론을 이용해서 보다 강력한 신호를 보내 자극하는 것 같아. 자극의 강도가 크고 높을수록 폭력성은 높아질 테니까."

"드론 카메라를 통해 상대를 파악한 뒤에 집요하게 공격하는 것이고요?"(《고양이가 우리를 지배한다면》, 한정영, 서해문집, 157-158쪽)

이처럼 대체로 현실적 대화는 멈춤이 없어야 합니다. 이 말은 대화 중간에 심리 묘사 등이 최소화되어야 한다는 뜻입니다. 일상 속 대화에서 길게 멈추는 경우는 거의 없으니까요. 또한 다양한 부호를 사용하여 그 대화의 입체감을 높여야 합니다. 이런 경우 문법에 익숙한 독자들은, 작가가 제시하는 대로 빠르기는 물론 높낮이를 따르게 되고, 그러면서 직관성을 얻게 됩니다.

최근에는 아예 장과 절을 짧게 나누어 마치 시나리오처럼 서술하는 방법을 시도하는 작가도 있지만, 그런다고 영화처럼 읽히지는 않습니다. 오히려 형식을 흉내 내려다가 내용을 올바로 전달하기 힘든 경우가 생길 수도 있습니다. '영화처럼 보이도록' 쓰려면 위와 같이 그 장르적 특성을 활용하는 것이 가장 좋은 방법입니다. 영상은 관객(독자)의 상상력을 제어하는 대신 직관성을 높이는 장르이기 때문입니다.

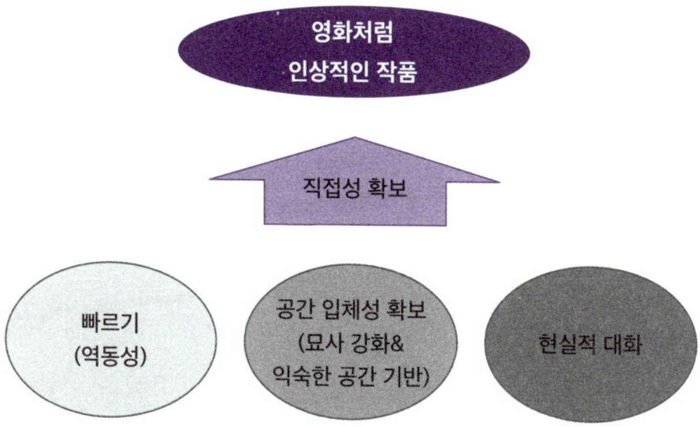


영화처럼 읽히는 작품을 쓰려면

## 은유, 혹은 알레고리 기법의 이점

보통 우의寓意로 해석되는 알레고리allegory는 가장 세련된 문학 작품 수사법 중 하나로 알려져 있습니다. 가장 평이하게, '어떤 한 주제 A를 말하기 위하여 다른 주제 B를 사용하여 그 유사성을 적절히 암시하면서 주제를 나타내는 수사법'으로 정의되지요. 한자를 풀어 봐도, 어떤 '뜻意'을 (다른 무언가에) '맡기는寓' 방법입니다. 문학 용어에서는 우화를 대표적 예로 꼽고 있습니다.

하지만 조금 더 폭넓게 접근하면 알레고리는 애초에 A를 직설적으로 말하기에는 뭔가 부족하거나, 혹은 더 확장된 의미를 전달하기 위해서, 또는 주제를 한층 쉽게 전달하기 위해서 보조적인 역할로 B를 끌어들이는 방식을 말합니다. 이를테면 폭넓은 은유를 말하는 것으로, 이런 방법은 매우 수준 높은 것으로 평가되고, 따라서 문학성 확보에 큰 도움이 됩니다. 물론 현실적으로도 어린 독자(어린이와 청소년)의 문해력을 감안한다면, 주제를 더 명징하게 전달하기 위해서도 다양하게 시도해 볼 만한 창작 방법론입니다.

다만 알레고리의 특성상, 흔히 비유에서 말하는 원관념(A)과 보조관념(B) 사이의 유사성을 잘 간추려야 하고, 그러면서도 A와 B 사이의 디테일은 확연하게 달라야 합니다. 그래야만 알레고리의 역할이 극대화됩니다. 또한 A보다 B가 강조되면, 도리어 A의 중요성이 약해지거나, 원래의 의도가 훼손될 수도 있습니다. 즉 원관념의 주제를 견고하게 유지한 채, 이를 더 확대 혹은 명료하게 전달하기 위한 보조관념의 강도가 적절하게 유지되어야 한다는 뜻입니다. 알레고리 사용의 어려움은 이런 데에 있다고 할 수 있겠지요.

보통 알레고리는 원관념으로만 주제를 전달해서는 너무 평범해 보이거나 클리셰의 혐의가 짙은 경우에 사용하면, 도리어 새로운 느낌을 줄 수 있습니다. 《여름에 내리는 비, 잠비》는 얼자로 태어난 규안이 역관의 꿈을 향해 나아가는 이야기입니다. 물론 이는 반상의 법도가 시대적 질서인 조선 시대에는 사실상 불가능한 일이지만, 규안은 그 꿈을 포기하지 않습니다. 이는 역사 동화의 가장 일반적인 플롯이지요. 이때 '일반적인 플롯'이라는 말은, 앞에서 적시한 대로 '평범해 보이거나, 클리셰를 연상케 하기 쉽다'는 뜻입니다. 그렇다고 문제가 있다는 의미는 아니고, 오히려 어린이 청소년 독자들에게 독서의 진입 장벽을 낮추어 주는 역할을 합니다. 다만 개성적일 수는 없겠지요.

하지만《여름에 내리는 비, 잠비》는 여기서 머물지 않고 주인공 규안의 삶에 정조 이산의 어린 시절을 대비시킵니다. 규안이 자신과 동갑내기인 11살 이산의 놀이 친구가 되어 있는 궁궐로 들어갑니다. 이는 홀로 궁궐에서 지내야 하는 이산을 위해서 영빈(죽은 사도세자의 어머니)이 배려한 것인데, 이미 여러 아이가 궁궐로 들어왔다가 이산의 깐깐한 성격을 견디지 못하고 돌아갔습니다. 물론 이산은 규안 역시 돌려보내려 합니다. 하지만 규안의 청력과 기억력이 남다르고, 또한 서얼이지만 글을 읽고 쓸 줄 아는지라 호기심을 갖고, 규안을 거듭 궁궐로 부르지요. 특히 여기에는 이산의 할아버지인 영조가 서얼 출신이라는 점도 적잖게 작용합니다.

이처럼 둘의 만남 횟수가 거듭되면서, 자연스럽게 두 인물의 삶이 교차됩니다. 바로 이 지점부터 독자는 주인공 규안의 삶을 이해하기 위해서, (원하든 원하지 않든) 이산의 삶을 참조하게 되고, 아울러 비교하게 됩니다. 즉 이산의 삶은 규안의 삶의 은유로 기능합니다.

(A) 서얼로 태어났고, 그래서 '아버지를 아버지라 부르지 못하고' 어머니가 다른 형과 어머니는 명확한 이유도 없이 규안을 괴롭히고 구타합니다. 규안은 저항은커녕 그저 감내해야 합니다. 자신의 잘못이 아닌, 부모의 출신 신분 때문에 받아야 하는 고통입니다. 그것 때문에 꿈을 이룰 수 있을지조차 알 수 없습니다.

(B) 이에 반해 이산은 정치적 격변기에 아버지(사도세자)가 뒤주에

갇혀 죽었습니다. 비록 세자로 책봉되었지만, 여전히 반대파의 암살 위협에 시달립니다. 심지어 잠을 제대로 잘 수 없을 만큼 밤낮을 긴장과 불안으로 떨어야 합니다. 이 때문에 영빈이 놀이 친구를 불러들인 것이었지요. 이런 마음을 숨긴 채 이산은 열심히 공부에 임하고 성군이 되기 위한 노력을 합니다. 그 역시 거듭되는 암살 음모에 임금이 될지 알 수 없지요.

이처럼 B를 참조해서 A를 읽습니다. 이러면 애초에 제시하려 했던 주제가 입체성 있게 제시되며, 독자는 읽는 재미를 더할 수 있습니다. 이를테면 '어려운 현실에도 불구하고 꿈을 이루어 가는 규안'이라는 이 동화의 핵심적 주제는 이미 서얼이었던 이산의 할아버지와, 아버지가 뒤주에 갇혀 죽었다는 정치적 약점을 지닌 이산을 통해 현실적으로 가능함이 암시됩니다. 이는 규안이 홀로 고군분투하여 꿈을 이루어 내는 이야기보다 훨씬 더 안정감 있게 주제를 전달할 수 있습니다. 더구나 영조와 이산은 현실의 인물이니까요.

앞서 언급한《눈물 파는 아이 곡비》에도 알레고리가 잘 표현되어 있습니다. 아버지가 팽형을 당해서 사낭에 갇혀 지내야 하며, 버젓이 살아 있는 아버지를 죽은 사람 취급을 해야 하고, 아버지라 부르지도 못하는 인물 오생(A)과 아버지가 뒤주에 갇혀 죽은 정조 임금(B)이 선비 차림을 하고 오생을 만나서 서로의 이야기를 나누며 서로를 위무하게 됩니다.(16쪽, '긍정적인 인물을 만들어야 하는 이유' 참고)

다만 알레고리는, 은유처럼 개별 요소의 일대일 대비를 통한 효과를 기대하는 것이 아닌, 이야기 전체의 맥락에서 읽어 내는 것이므로 A와 B의 설정에 유의할 필요가 있습니다. 무엇보다 위에 적시한 것처럼 자칫 두 사람의 이야기로 보일 수 있으므로, 시점의 이탈에도 주의해야 하고, B가 월등하게 더 매력적으로 보이도록 해서는 안 됩니다. 작가는 A가 원관념, B가 보조관념의 역할을 해야 한다는 사실을 잊어서는 안 됩니다. 이를테면 단일한 개별 요소의 비유는 그 크기가 같아도 큰 문제가 없지만, 알레고리에서는 다양한 사건 등을 통해 A와 B가 독립적으로 제시될 수 있으므로 그 크기를 조절해야 합니다.

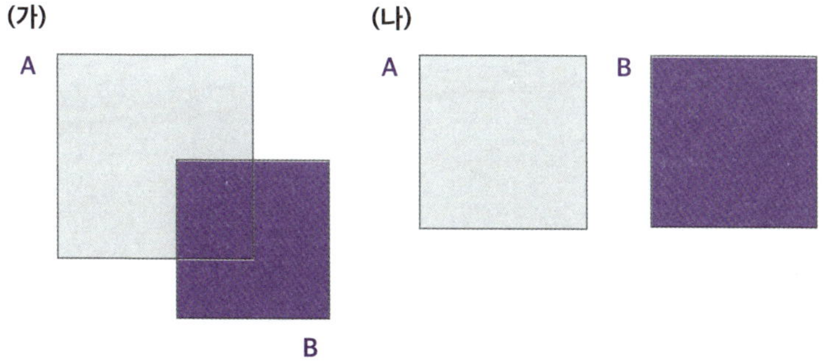


그림 (가)에서 보는 것처럼 가장 바람직한 알레고리는 A(원관념)는 B(보조관념)와 공유하는 사건이 있으면서, 그러나 B가 A에 비해 두드러지지 않도록 유지하는 것이 좋습니다. 간혹 그림 (나)의 경우처럼 A와 B가 사건을 공유하지 않고, 사건의 크기도 비슷하게 나란히 늘어놓은 형태가 되면, 알레고리라기보다는 단순한 대비 효과를 얻는 것이므로 크게 바람직하지는 않습니다. 즉 (가)와 같은 경우가 되어야 B의 캐릭터를 어시스턴트로 사용할 수도 있고, 때로는 적대자로도 활용할 수가 있어서 전략적으로도 용이한 선택이 되지요.

2부

# 창작을 위한 필사 방법론

필사를 시작하기 전에 알아야 할 것

목적에 따라 필사하기

통권 필사하기 《조선으로 온 카스테라》

# 필사를 시작하기 전에 알아야 할 것

## 작가 중심 서술과 독자 중심 서술의 관점 차이

다소 과격하게 말하자면, 작가 중심 서술은, 작가를 글쓰기의 주체로 확정했을 때, 적극적으로 독자를 고려하지 않는다는 측면에서 다소 이기적인 서술 방법이고, 반면 독자 중심 서술은 독자를 배려한다는 점에서 이타적인 서술 방법입니다.

작가 중심 서술은, 무엇보다 작가의 개별적 상상력을 중시하고, 그에 따른 표현의 개성과 독창성을 중시하는 태도입니다. 그래서 작가는 자신만의 특성 있는 문체를 가지려고 애를 쓰지요. 그러나 바로 이러한 이유 때문에, 작가 중심 서술적 태도는 개인적 욕망을 실현하기 위한 방법론을 채택합니다. 이때의 개인적 욕망이란, 언어에 대한 미적 관념—화려한 수사나, 유머, 문장구조의 변환 등을 모두 포함하며, 작가 자신의 성취를 우선시하는 태도를 말합니다. 특히 성인 소설을 쓰는 작가들이 묘사 중심의 '좋은' 문장 쓰기에 관심이 많은 이유는 그 때문입니다. 필사도 이런 차원에서 이루어집니다.

하지만 이와 같은 작가 중심 서술의 가장 큰 단점은, 대중성의 한계입니다. 주관적일 수밖에 없는 언어적 표현은 결국 내용에도 영향을 끼치고, 이는 최악의 경우 보편성을 잃는 쪽으로 나아가면서 독자와의 소통에 실패한다는 것입니다. 그의 작품을 편애하는 독자가 있을지언정, 많은 독자를 확보하기는 힘들겠지요.

성인 소설 작가들이 이처럼 작가 중심 서술을 고집하는 이유는, (적어도 내적 이유를 제외하면) 독자를 배려할 필요가 없기 때문입니다. 물론 이 말은 독자를 무시해서가 아니라, 도리어 독자를 자신(작가)과 같은 눈높이에 있다고 생각하기 때문입니다. 그리고 자신의 독특한 문체를 독자들이 선호할 것이라는 믿음이 깔려 있습니다.

반면 독자 중심 서술의 가장 큰 특징은 독자의 눈높이를 고려한다는 것입니다. 단순한 취향이나 트렌드의 측면에서가 아니라, 독자의 연령과 교양 수준을 신중하게 배려한다는 의미이지요. 즉 자신의 작품에 스며 있는 의도(혹은 메시지)가 충분히 전달되도록 독자에 대해 신중한 태도를 유지합니다. 소통에 실패하면 이러한 소기의 목적도 달성할 수 없기 때문입니다.

따라서 독자 중심 서술은 개별적 상상력에 따른 지극히 개인적인 표현 방법을 억제합니다. 더 많은 독자와 소통하기 위해서, 개인(작가)의 욕망을 내세우기보다는 보편적 서술 방법을 택합니다. 이에 따라 독자 중심 서술은 문장 자체가 길지 않으며, 어려운 단어를 쓰지 않고, 정확하고 적확한 논리를 유지하려고 애씁니다. 문장의 독특함이나 언어적 예술성이 미흡하더라도 독자의 수준을 더 우선시하는 것이지요.

당연한 말이겠지만 동화와 청소년소설은 이와 같이 독자 중심 서술을 지향해야 합니다. 작가(성인)와 독자(어린이와 청소년)가 같은 위치에 있지 않기 때문입니다. 특히 동화와 청소년소설에 입문한 지 얼마 되지 않은 작가(지망생)는 이에 대해 세심하게 접근할 필요가 있습니다. 성인이라면 그 누구라도 짧은 시간 안에 동화와 청소년소설에 걸맞은 문장을 만들어 낼 수 없기 때문입니다. 충분히 경계하지 않으면 이미 손에 익은 '성인의 문장'이 나올 가능성이 매우 높다는 점을 잊어서는 안 됩니다.

(A)

(a-1)'삵이다!'

담벼락 위로 올라 그 너머의 마당을 내려다본 순간, 별찌는 자신도 모르게 중얼거렸다. 비명을 지르며 날뛰는 집 주인의 모습보다 놈들의 잔혹한 표정이 먼저 눈에 들어왔다. 무엇보다 집을 지키고 있던 체리의 목덜미를 물어뜯고 있는 놈……, 다름 아닌 카이였다. 시퍼런 눈빛, 날카로운 송곳니가 달빛 아래 유독 빛났다.

아!

(b-1)온몸에 부르르 떨렸다. 뒤미처 온몸이 오싹할 만큼, 짙은 피 냄새가 코를 찔렀다. 아니나 다를까. 토끼장은 활짝 열려 있었고, 이미 숨이 끊어진 듯한 토끼 몇 마리가 마당 여기저기에 널브러져 있었다. 카이를 제외한 나머지 세 마리의 삵은 삽자루를 휘두르는 집주인을 향해 맹렬하게 하악질을 해대고 있었다.

순간, 눈앞에 펼쳐진 광경이 너무나 놀라워서 별찌는 잠깐 동안 멍하니 서있기만 했다. 그러다가 한참이 지나서야 자신도 모르게 소리 높여 울부짖었다.

"냐아아오옹!"

안돼, 라고 소리쳤지만, 그뿐이었다. 그때 카이가 이쪽을 노려보았다.

'카이, 제발……!'

그러나 별찌의 애원에도 불구하고 카이는 모른 체했다. '너 따위는 신경쓰지 않아.'라는 표정이랄까.

마침내 카이는 이미 핏물에 젖은 체리의 목덜미를 더 깊이 물었다.

바로 그때였다.

"컹, 컹컹!"

오른쪽 담장을 너머에서 덩치 큰 개 한 마리가 날아올랐다. 푸른 발톱이었다. 돌아볼 것도 없이 푸른 발톱은 재빨리 카이에게 달려들었다. 뜻밖의 공격에 카이는 두어 걸음 물러났다. 하지만 곧바로 잔뜩 몸을 움츠린 다음, 제 몸집보다 큰 푸른 발톱을 향해 공격 자세를 취했다.

(ㄴ 1)푸른 발톱도 만만치 않았다. 평소에는 점잖아 보이는 리트리버지만, 지금은 달랐다. 커다란 입을 벌리고 카이를 거칠게 밀어붙였다. 그러자 카이는 꼬리를 내리고, 이미 숨이 끊어진 토끼 한 마리를 물고 담장을 훌쩍 넘어갔다. 그것을 신호로 나머지 세 마리의 삵도 그 뒤를 따랐다.

푸른 발톱이 담장 아래까지 쫓아가 짖었고, 마당에는 피 흘린 채 쓰러진 체리가 남았다.

"체리! 체리야!"

체리는 끝내 깨어나지 않았다. 주인이 아무리 흔들어 깨워도, 뒤늦게 제 새끼가 다가와 쉴 새 없이 그루밍을 해대도 끝내 눈을 뜨지 않았다. 온통 흰색 털로 뒤덮였던 스피츠는 빨간 피로 얼룩진 채 눈을 감았다.

잠시 후, 동네 사람들이 몰려와서 웅성거렸다. 그런 뒤에도 별찌는 담장에서 내려오지 못했다. 방금 전 본 장면이 믿기지 않아서였다. 별찌는 혼자 중얼거렸다.

'정말 모든 것이 카이 때문이라고? 멧돼지가 마을을 습격한 것도, 한겨울에 박쥐가 날아든 것도, 이 마을의 길고양이들이 사라진 것까지?'

*

"또 떠났어요. 다시는 돌아오지 않겠죠?"

또또가 탄 이삿짐 트럭이 막 눈앞에서 사라졌을 때, 별찌가 입을 열었다. 머릿속에는 방금 전, 아련한 눈빛으로 이쪽을 바라보던 또또의 모습이 떠올랐다. 뒤미처 두빛누리 공원 앞에서 무지개다리를 건너간 또또 어미의 얼굴까지. 둘 모두 다시는 볼 수 없다는 생각에 가슴이 쓰렸다.

푸른 발톱은 아무 말도 하지 않았다. 자꾸만 목 아래로 늘어진 갈기를 앞발로 긁어대기만 했다. 그러다가 트럭이 돌아간 쪽을 향해, 컹컹 짖었다.

이번이 다섯 번째였다. 두부, 달이, 콩이, 초코와 호두까지. 아니, 맨 처음 카이에게 물려 죽은 초코네까지 합하면 모두 여섯 가구가 마을을 떠났다. 사람들은 마을을 떠나기 전, '저주받은 마을'이라거나 '재수없는 동네'라며 침을 뱉었다.

별찌가 다시 말했다.

(d-1)"할아버지, 이제 정말로 카이를 만나야겠어요."

"아서라! 너까지 무슨 봉변을 당하려고!"

올려다보니, 별찌보다 세 배 쯤이나 더 큰 키의 푸른 발톱이 고개를 젓고 있었다. 그 바람에 길게 늘어진 귀가 잠깐 펄럭거렸다.

"그럼 이제 어떻게 하려고요? 그냥 가만히 있어야 해요? 그날 보셨잖아요."

"그래 보았지. 하지만……"

"그뿐이 아니잖아요. 두빛누리에서 내려온 모든 야생동물이, 한 마리도 빠짐없이 카이 때문이라고 했어요."

"내 말은……"

"알아요. 제가 카이를 만난다고 달라질 게 없을 것 같단 말이죠? 그래도 만나보려고요. 이유라도 알았으면 좋겠어요. 도대체 왜 마을을 이렇게……"

더 이상 말이 나오지 않았다. 그간 겪은 일이 여전히 믿어지지 않아서였다.

카이가 체리를 물어 죽인 일은, 시작에 불과했다. 이후에도 삵의 무리는 종종 마을에 나타나, 사람들이 집에서 키우는 닭과 오리와 토끼를 물어갔다. 집을 지키는 개가 아무리 막아서도 소용없었다.

아니, 감히 막을 엄두를 내지 못했다. 행여나 체리처럼 달려들었다가 봉변을 당하기 일쑤였다. 어떤 녀석은 다리를 물어뜯겼고, 또 어떤 녀석은 목덜미를, 혹은 한쪽 귀가 떨어져 나간 녀석도 있었다. 삵들은 개든 고양이든 가리지 않았다.

얼마 후에는 더 기이한 일이 일어났다. 어느 날에는 멧돼지가 마을로 내려왔다. 멧돼지 두 마리는 아주 난폭하게 이집 저집을 돌아다니며 마당을 파헤치고, 개와 고양이를 들이받았다. 그 바람에 사람들도 여럿이 다쳤다. 전원마을의 멋을 낸 나무 울타리는 멧돼지에게는 아무런 장애가 되지 않았다. 얼마 후에는 두빛마을의 수제 빵집과 식당까지 들이닥쳐 아수라장이 되었다. 세 번, 네 번째 같은 일이 일어나자 더 튼튼하게 울타리를 세웠지만, 소용없었다. 멧돼지는 툭하면 마을로 내려와 먹을 것을 찾았고, 눈앞에 보이는 것은 무엇이든 들이받았다. 그 바람에 사람들과 그들이 반려동물이 다치거나 죽었다.

얼마 후에는 더 희한한 일이 일어났다. 멧돼지가 뜸한가, 싶었는데 이번엔 박쥐 떼가 날아들었다. 박쥐 떼는 무리를 지어 이집 저집을 옮겨 다니며 사람들을 놀라게 했다. 아이들은 자지러졌고, 두빛마을의 개와 고양이가 밤새 공포에 떨며 울었다. 그런가 하면 청설모가 부엌을 드나드는 일이 흔해졌고, 뱀이 화단을 기어다녔다. 그때마다 사람들이 경찰을 불렀고, 119 구조대를 호출했지만, 크게 달라지는 건 없었다. 멧돼지 한 마리가 붙잡혀갔을 뿐이었다.

그리고 또 한 가지, 마을의 고양이들이…….

하지만 별찌는 더 이상 생각하지 않기로 했다. 그 일만은 별찌 때문이 아닐 것이라고 믿고 싶었다. 그것이 카이에 대한 마지막 희망이기도 했다.

별찌는 애써서 생각을 떨쳐내고, 그예 앉은 자리에서 일어났다.

*

별찌는 두빛누리로 향하는 언덕길을 걸었다. 점점 더 숲 안으로 들어갈수록 그날의 일이 떠올라 무섭고 두려웠지만, 멈추지 않았다.

(B)

(a-2)'삵이다!'

장미 넝쿨이 우거진 빨간 대문집 담벼락을 뛰어오르자마자, 낮게 외쳤다. 모두 네 마리의 삵이, 난폭하게 마당을 휘젓고 있었다. 그중에서도, 집을 지키고 있던 새하얀 강아지 한 마리의 목덜미를 물어뜯고 있는 놈……, 다름아닌 삵의 우두머리 카이였다. 시퍼런 눈빛이 가로등과 달빛 아래 유독 빛났다.

(b-2)앞마당 한쪽의 토끼장은 활짝 열려 있었고, 이미 토끼 몇 마리가 마당 여기저기에 널브러져 있었다. 우두머리를 제외한 나머지 세 마리가 몽둥이를 휘두르는 집주인 남자의 바짓가랑이를 잡아 뜯고 있었다.

담벼락에 올라앉은 별찌는 이 광경이 너무나 낯설어서 어찌할 바를 몰랐다. 그러다가 한참이 지나서야 자신도 모르게 소리 높여 울부짖었다.

"냐아아오옹!"

동시에 우두머리 카이가 이쪽을 노려보았다.

'카이, 안돼! 제발!'

그러나 별찌의 애원에도 불구하고 놈은 모른 체했다.

바로 그때였다.

"컹, 컹컹!"

(c-2)오른쪽 담장 너머에서 덩치 큰 개 한 마리가 날아올랐다. 흰색 풍산개였다. 뜻밖의 공격에 삵들은 일제히 두어 걸음 물러났다. 하지만 우두머리만큼은 잠깐 몸을 움츠리는 듯하다가, 그예 공격 자세를 취했다. 잠깐 동안 팽팽한 긴장감이 흘렀다. 별찌는 숨을 멈추었다. 온몸에 털이 곤두서는 느낌이었다.

얼마나 시간이 흘렀을까. 삵이 먼저 뒤로 물러났다. 흰색 풍산개는 비록 노견이었지만, 한때는 늑대를 물리치던 개였다. 커다란 입 속의 날카로운 송곳니가 삵의 그것 못지 않았다. 그 때문이었을까.

결국 삵은 물러났다. 놈은 발 앞에 널브러져 있던 토끼 한 마리를 물고 담장을 훌쩍 넘어갔다. 그것을 신호로 나머지 세 마리의 삵도 그 뒤를 따랐다.

풍산개는 담장 아래까지 쫓아가 짖었고, 마당에는 새하얀 강아지가 핏빛으로 물든 채 쓰러져 있었다.

주인이 아무리 흔들어 깨워도, 뒤늦게 제 새끼가 다가와 쉴 새 없이 그루밍을 해대도 새하얀 개는 끝내 눈을 뜨지 않았다.

별찌는 한참 동안 담장에서 내려오지 못했다. 그런 채 울었다.

"냐아아아옹!"

*

장미 넝쿨 담장 너머에 살던 집주인은, 얼마 후, 이사를 갔다. 그 빈 집 앞에 푸른 발톱이 앉아 있었다. 삵을 쫓아내던 그 풍산개가 바로 푸른 발톱이었다. 왼쪽 발톱에 지워지지 않는 파란 멍이 있어서 그렇게 불렀는데, 사냥개로 활약할 때 얻은 상처라고 했다.

별찌는 그 옆으로 다가갔다.

"할아버지, 마을 사람들이 하나둘씩 떠나고 있어요."

"그래. 벌써 여섯 집이 마을을 떠났구나."

사람들은, '저주받은 동네'라면서 마을을 떠났다. 세 달 만의 일이었다.

세상에! 얼마 전까지만 해도, 천국이나 다름없다고 말하던 사람들 입에서 그런 말이 나오다니! 누구에게나 따뜻한 빛을 내린다는 뜻으로 앞산 이름도, 공원 이름도, 심지어 마을 이름도 두빛이라고 했다던데, 이제는 '저주받은 동네'라고? 하긴 온갖 동물들이 마을로 내려와 담장을 무너뜨리고 유리창을 깨고 사람들을 들이받았으니…….

별찌가 다시 말했다.

(d-2)"할아버지, 이제 정말로 카이를 만나야겠어요."

"아서라! 너까지 무슨 봉변을 당하려고! 네 말을 듣지 않을 거야."

푸른 발톱이 고개를 저었다.

"그래도 한번 말해보려고요. 아시잖아요. 마을이 이렇게 아수라장이 된 건 삵 때문이라고요!"

그뿐이 아니었다. 마을로 내려온 건 삵만이 아니었다. 삵이 마을을 휩쓸고 간 뒤에는 멧돼지가 내려왔고, 너구리와 청설모까지 떼를 지어 몰려와 사람들 집으로 들어가 아수라장을 만들었다. 빵을 훔쳐먹고 유리창을 깨고, 아이들을 놀라게 했다. 놈들을 붙잡고 묻자, 삶이 자기들을 마을로 내몰았다고 말했다.

별찌는 생각하다 말고 일어났다. 푸른 발톱이 돌아보았지만, 눈을 마주치지 않았다.

*

별찌는 두빛누리 숲으로 향하는 언덕길을 걸었다. 점점 더 숲 안으로 들어갈수록 그날의 일이 떠올라 무섭고 두려웠지만, 멈추지 않았다.

동화의 시작 부분입니다. 인용에서 (A)는 작가 중심 서술 글쓰기를 적용한 내용이고, (B)는 독자 중심 글쓰기를 적용했습니다. 같은 문장으로 시작했지만, (a-1)과 (a-2)의 가장 근본적인 차이는, 전자는 작가가 자신이 의도한 감정을 의도적으로 독자에게 이입하려 한다는 것입니다. (a-1)은 시작부터 누군가가 비명을 지르고, '잔혹하다'는 평가를 미리 내리고 있지요. 긴장감을 강요하는 셈입니다. 작가 중심 서술은 이와 같이 독단적으로 흐르는 경우가 종종 있습니다. 그럼으로써 긴장감은 부분적으로 얻어 낼 수 있지만, 소위 '답정너'의 포지션을 유지함으로써 일부의 독자들에게는 거부감을 줄 수 있습니다.

반면 (a-2)의 경우는, 감정을 극대화하기보다는 필요한 서술만 하려고 애썼고, 주인공의 눈앞에 펼쳐진 장면을 (a-1)에 비해 담백하게 묘사했습니다. 또한 관념성이 강하거나 감성적인 단어를 제거함으로써 독자와 눈높이를 맞추려고 했습니다. 공포감을 조성하려고 시도한 (a-1)에 비해, 개인(독자)의 감정은, 독자의 판단에 맡긴 셈이지요.

감정과 강제성은 (b-1)에서 더 노골적으로 드러납니다. '피 냄새', '숨이 끊어진', '삽자루'와 같은 단어를 의도적으로 사용함으로써 공포감을 증폭하는 데 성공합니다. 미스터리 장르물을 읽는 느낌마저 들지요. 물론 이것은 이 작가만의 독특한 문장으로 읽힐 수 있습니다. 시작부터 극도의 긴장감을 유도하여 분위기를 몰아가려는 시도이지요. 하지만 아무리 작가가 현란한 문장으로 독자를 사로잡으려고 해도 독자는 어린이(동화)이고, 그들은 작가(어른)가 의도하는 바의 감정을 충분히 소화해 내지 못할 가능성이 큽니다.

그에 비해 (b-2)의 서술은 '삽자루'를 '몽둥이'로 바꾸면서 '피비린내 나는 살육의 현장'을 지워 냈습니다. 한층 평이한 서술이라고 할 수 있습니다.

오히려 (c-2)는, (c-1)에 비해 조금 더 여유 있고 긴 서술을 유지했습니다. 이미 (가)는 독자에게 공포감을 위시한 섬뜩한 장면을 연출할 목적이었기 때문에 이 부분을 길게 서술할 필요는 없었지요. 앞부분에서 계속 그 감정을 몰아갔으니까요. 그에 비해 (c-2) 공포감의 서술은, 여전히 담백한 서술을 유지하면서 풍산개의 특성도 살려 냅니다. 그(풍산개)가 중요한 캐릭터라는 것을 암시하고 있습니다.

(d-1)과 (d-2)의 차이는, (d-2)가 더욱 빠른 진행을 위해 속도를 내고 있는 데 비해서, (d-1)은 앞서도 그랬지만, 주인공의 감정을 자꾸 반복해서 드러내고 있다는 것이지요. 독자는 앞서 일어난 사건에

대한 자초지종을 조금이라도 듣고 싶을 텐데, (d-1)은 자꾸만 별찌의 감정을 드러내고 있습니다. 이는 작가가 앞으로도 이야기를 이렇게 생각이 많고 독백을 반복하는 방식으로 이끌어 가겠다는 의도입니다. 이 작가만의 서술 방식이긴 하지만, 다음 사건을 기다리는 독자에게는 큰 효과가 없을 듯 보입니다. 반면 이미 (d-2)의 주인공은 다음 행동을 취하고 있습니다. 이 역시 독자에 대한 배려입니다.

이 외에도 (A)에서는 수많은 이름이 나옵니다. 의인화 동화이지만, 얼굴을 내민 모든 동물에게 이름을 부여하고 있는데, 뒤로 갈수록 이름이 많아져서, 독자의 점점 부담이 커집니다. 이제 1장일 뿐인데 이름 외기만도 벅찰 수 있지요. 그런데 (B)에서는 고양이와 삵과 개로 단일화한 채로 시작하되, 주요 인물인 삵(카이)과 고양이(별찌)에게만 처음부터 이름을 부여했습니다. 이는 이 두 인물이 앞으로도 매우 중요한 역할을 할 것이라는 암시가 됩니다.

이처럼 작가 중심 서술에는, 작가의 고유한, '그 작품에 대한 특별한 철학적 감성과 생각'이 사건에 깊이 투영되어 있습니다. 그러나 독자 중심 서술에서는 '독자의 이해'에 더 큰 관심을 둡니다. 관념적 단어를 배제하고, 필요한 사건만 남기며, 과도한 감정 표현을 자제하는 방식이지요. 그래야만 어린 독자들이 쉽게 한 장면씩 이해하고 빠른 전개에 탑승할 수 있습니다.

따라서 동화·청소년소설의 필사는 최대한 작가 중심 서술이 아닌, 독자 중심 서술에 대한 필사가 중심이 되어야 합니다. 그러므로 동화 작가가, (아무리 유명한 작품이라도) 성인 소설을 읽고 필사하는 것은 바람직하지 않습니다. 동화와 성인 소설의 문장 형성의 과정이 다르고 의도도 다르며 무엇보다 이해의 주체가 다르기 때문입니다.

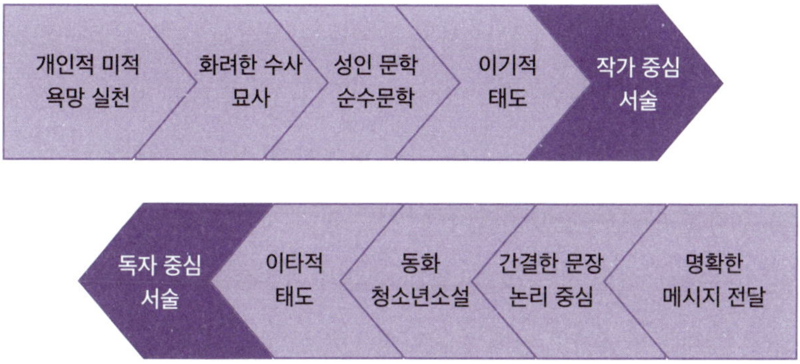


작가 중심 서술과 독자 중심 서술의 차이

## 좋은 문장이란 무엇일까

흔히 작가(지망생)의 로망 중의 하나는 '좋은(멋진) 문장'으로 독자를 사로잡는 것입니다. 아무래도 '작가다운 면모'를 가장 손쉽게, 그리고 인상 깊게 드러낼 수 있는 확실한 지름길이기 때문이어서 더 그렇습니다. 그 때문에 장르에 대한 이해가 성숙되기도 전에 필사를 시작하기를 마다하지 않습니다. 그러나 어떤 일에도 순서와 목적이 불분명하면 그 성과는 미미할 수밖에 없습니다. 필사가 언제, 왜 필요한지 이해해야 하고, 어떤 방법이 좋은지도 분명히 알아야 합니다.

무엇보다 '좋은 문장'의 의미를 이해해야 합니다. 좋은 문장이란, 잘 쓰인 단일한 문장을 의미하는 것이 아닙니다. 또한 은유와 직유 등의 비유법을 동원해 화려하게 표현된 문장도 아니지요. 단순히 감성을 자극하는 문장이라고 해서 좋은 문장이라고 할 수 없습니다.

좋은 문장이 갖춰야 할 요건은, 우선 문법적으로 정확한 문장이어야 합니다. 대체로 다양한 수사를 동원하고 감성에 치우친 문장을 쓰다 보면 문법적 오류가 많이 발생합니다. 더구나 동화와 청소년소설에서 문법적 오류는 성인 문학에 비해 치명적일 수밖에 없습니다. 교육적 효과를 고려하기 때문입니다. 이는 작가에 대한 불신으로 이어질 수 있습니다. 아니, 그 전에 문법적 오류가 가득한 원고를 출판사에 보내면 독자를 만나기도 전에 편집자의 신뢰를 잃을 수 있겠지요.

따라서 작가는 우선 정확한 문장을 써야 합니다. 이를 위해서 긴 문장 구사를 삼가고, 가능한 한 짧은 문장을 써야 합니다. 이는 어린 어린이와 청소년 독자를 위해서도 꼭 필요한 일입니다. 간혹 짧은 문장이 작가의 몰개성적 문체를 초래할 수 있다는 주장이 있는데, 작가의 개성적 문체도 문법적으로 빈틈없는 문장에 우선할 수는 없습니다.

두 번째는 기능적이고 목적에 부합하는 문장입니다. 하나의 문장이 좋은 문장이 되기 위해서는 그 한 문장만 완벽해야 하는 것이 아니라 앞뒤의 문장과 잘 어울려야 합니다. 그래야만 그 문장이 제 역할을 해낼 수 있고, 비로소 좋은 문장이 될 수 있습니다. 즉 문학 작품은 언어 구조물이기 때문에 한 문단에서, 단락에서, 나아가 전체에서 잘 어울려야 한다는 뜻입니다. 앞뒤의 문장과는 어울리지 않고 그 한 문장만 두드러진다면, 그 문장은 기능을 다할 수 없습니다. 제 기능을 하지 못하는 문장을 좋은 문장이라고 할 수 없습니다.

세 번째는 독자의 언어적 수준에 적확한 문장입니다. 작가는 무엇보다 그 책을 읽는 독자를 고려해야 합니다. 그들이 쉽게 읽고 금방 이해할 수 있어야 합니다. 그러므로 성인 문학에 비해 동화와 청소년소설은 단어의 선택부터 독자를 배려해야 합니다. 전문 용어나 한자어 사용을 자제해야 하며, 긴 문장은 물론, 복합문을 억제해야 합니다. 또한 문장 자체가 지나친 비유나 상징을 자제하는 것입니다. 이와 같은 화려한 수사는 유효 언어 수가 적은 독자들을 이해시키지 못할 수 있습니다.

이와 같은 조건을 만족하는 문장은, 대체 불가능한 문장으로서 전달하려는 메시지가 분명할 뿐만 아니라, 그 작품의 완성도에 적극적으로 기여합니다. 즉 우리가 좋은 문장이라 기억하는 것들을 돌이켜 보면, 이와 같은 조건에 상당히 부합할 것입니다. 읽을 당시에는 특정한 한 문장이 눈에 들어왔을지는 몰라도, 그 문장은 다른 문장과의 조화 속에서 빛났던 것임을 잊어서는 안 된다는 뜻입니다.

즉 좋은 문장은, 쓰려는 글의 특성에 부합하고 목적에 충실해야 하며, 이웃하는 문장과 조화를 이루어야 합니다. 특히 동화와 청소년

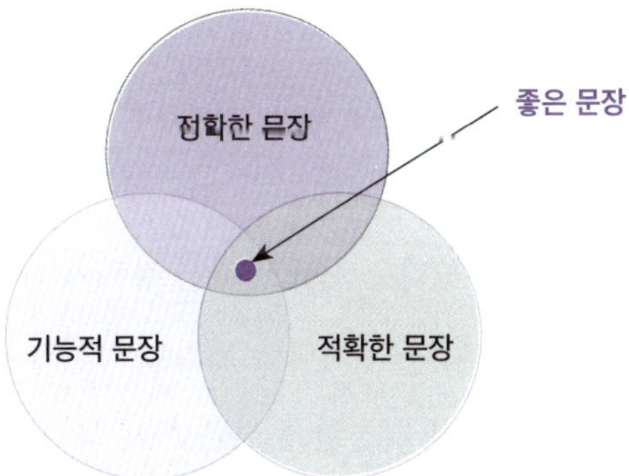


좋은 문장이란

소설의 경우에는 어린 독자까지 배려할 수 있는 유연함이 필요합니다. 다른 장르에 비해서 문장에 들이는 공력이 커야 하지요. 이를 위해서는, 어휘 수를 늘리는 노력은 물론이고 문법적 지식에 대한 포괄적 이해가 먼저 필요합니다.

## 목적의식이 분명한 필사가 필요하다

좋은 문장의 의미를 염두에 둔다면 필사는 목표가 분명해야 합니다. 단순히 언어의 다양한 표현 방법을 익힐 것인지, 아니면 내가 쓰는 작품의 완성도에 기여하고, 언어적 집적물로서의 미를 추구할 것인지 결정해야 합니다.

전자라면 그 어떤 필사를 해도 상관없습니다. 대체로 필사는 좋은 문구, 문장 등을 통해 마음의 안정을 찾거나 상처 난 감성을 치유하는 이른바 대중적 목적으로도 활용됩니다. 실제로 인간은 언어적 사고를 하기 때문에 좋은 문장은 그런 효과를 부분적으로 가지고 있습니다.

하지만 후자의 경우라면 고려해야 할 것이 많습니다. 무엇보다 작가는 자신이 앞으로 쓰려는 글이 무엇인지 정하고 그에 맞는 필사를 해야 합니다. 앞에서 설명한 대로 동화나 청소년소설을 쓰려는 사람이 특정 작가의 문장이 좋다는 이유로 다른 장르의 작품을 필사하는 일은 지양하는 것이 좋습니다. 왜냐하면 도리어 자신의 작품(동화나 청소년소설)에 성인 소설에서나 가능한 문장을 쓰게 되는 역효과를 초래할 수도 있기 때문입니다. 문장의 적확성에 어긋난다는 뜻입니다. 즉 성인

소설의 감성과 생각을 담은 문장을 필사하여 얻은 문체는, 어린이와 청소년 독자가 이해하기 힘들 수도 있으며, 그들에게 거부감을 줄 수도 있습니다. 어린 독자들의 제한된 언어적 스키마 때문입니다. 동화와 청소년소설 쓰기의 어려움은 이 때문에도 발생하지요. 어른 작가와 어린 독자의 간극이 너무나 커서 오는 문제입니다. 그런 면에서도 자신이 쓰려는 장르의 필사에 집중하는 일이 필요합니다.

더하여 필사는, 적어도 작가(지망생)라면 오로지 좋은 문장 쓰기에서 멈추어서는 안 됩니다. 이것은 소극적 필사이며 작품 창작에 크게 도움이 되지는 않습니다. 그리고 소극적 필사는 작가가 좋은 문장을 갖기까지 시간이 오래 걸립니다. 또한 작품 쓰기에 도움을 받으려면, 한두 문장이나 한 문단의 필사에 그칠 것이 아니라 그 이상, 이를테면 해당 작품의 한 장章이나 작품 전체를 필사해야 이야기의 순서를 익히고 인물을 형상화해 나가는 방법이나 플롯까지 이해할 수 있습니다.

즉 작가(지망생)에게 필사는 창작의 한 과정을 이해하는 방법이라는 사실을 인식해야 합니다. 동화와 소설은 언어적 구조물이기 때문입니다. 따라서 단순히 좋은 문장을 따라 쓰는 데에 급급하지 말고, 지금 자신의 필사가 자신의 창작 어느 부분에 필요한 것인지 알아야 합니다. 이를테면 단순한 풍경 묘사를 위한 것인지, 배경 설명을 위한 것인지, 인물 정보를 묘사하기 위해 필요한 것인지, 혹은 장면과 장면 사이를 연결하는 브리지 리포트bridge report를 위해서인지 알아야 합니다. 나아가 '주인공과 빌런이 싸움하는 장면은 어떻게 써야 할까', '사색하는 장면은 어떻게 묘사해야 하나', '슬픈 감정이나 억울한 감정의 묘사를 하는 방법은 무엇일까'와 같은 구체적 목표를 정해 두면 더 좋을 것입니다. 즉 목적 없는 필사는, 작품 쓰기에 필요한 '인풋input'이 되지 않습니다. 독자로서의 단순한 유희일 뿐입니다. 그렇게 목적별로 필사를 해두면, 나중에 자신의 작품을 쓸 때 중요한 참조가 될 것입니다.

## 어떤 책을 필사하면 좋을까

보통의 경우, 필사를 하기 위해서는 유명 작가의 작품을 선호할 것입니다. 유명하니까 당연히 작품도 좋고, 따라서 문장도 좋을 것이라 생각하기 때문이지요. 베스트셀러를 택하는 경우도 많습니다. 하지만 유명한 작가라고 해서, 잘 팔리는 책이라고 해서 좋은 문장을 가지고 있다고 생각해서는 안 됩니다. 스토리텔링의 시대에는 문장이나 작품의 완성도보다는 내용의 대중성을 더 염두에 두는 경우가 많아서 이와 같은 판단은 다소 위험할 수 있습니다.

이런 비합리적이고 즉흥적인 판단보다는, 다음과 같은 점을 고려하는 것이 좋습니다. 우선, 앞서 말했지만, 필사 텍스트를 고를 때는 자신이 쓰고 싶은 장르 안에서 텍스트를 선택해야 합니다. 동화를 써야 한다면, 텍스트를 동화에서 찾아야 하고, 청소년소설을 쓰고 싶다면 텍스트는 당연히 청소년소설에서 찾아야 합니다. 특히 동화의 경우는, 저학년 동화와 고학년 동화를 구분하는 게 좋습니다. 저학년과 고학년의 학습과 어휘 수준 차이가 크기 때문입니다. 독서를 하는 호흡과 집중력 정도도 달라서 동화 필사 시에는 이런 디테일을 유지하는 게 좋습니다. 이를테면 저학년 동화를 쓴다면, 저학년 동화를 필사해 자신의 문장에 보탬이 되도록 해야 합니다.

또한 필사는 창작 능력을 향상시키기 위한 것임을 잊지 말아야 합니다. 작가는 한편의 작품을 만들기 위해 다양한 언어적 변주를 합니다. 같은 단어와 어휘로, 어떤 부분에서는 '설명'하고, 어떤 부분에서는 '묘사'하며, 또한 필요하면 '대화'를 넣어야 하는 것처럼 말입니다. 더 세부적으로는 설명 중에는 단순한 배경 설명도 있고, 함축된 주인공의 히스토리, 반복되는 과거 회상 등을 쓸 수도 있으며, 묘사 역시 단순한 사건 묘사나 인물 묘사를 비롯해 풍경 묘사도 포함됩니다. 즉 단순한 따라 쓰기가 아닌, 언어적 표현의 한 방법으로써 필요한 부분을 찾아 필사하는 것이 좋다는 뜻입니다.

그리고 문장은, 앞서 말한 것처럼 단어의 배열과 선택에 따라 작가의 개인적 감수성과 이데올로기가 스며들기 마련이어서 자신의 호불호도 고려하는 것이 좋습니다. 이를테면 어떤 작가는 비유가 많은 문장을 좋아할 수도 있고, 어떤 작가는 오로지 짧은 문장을, 또 다른 작가는 도리어 만연체의 문장을 더 마음에 들어 할 수도 있지요. 그러므로 필사 텍스트를 고르는 데는 다른 사람의 추천보다 자신의 의지가 더 중요합니다.

그리고 마지막으로 다양한 필사입니다. 특히 작가(지망생)라면 다양한 텍스트로 필사를 해야 합니다. 자신이 역사 동화를 주로 쓴다고 너무 역사 동화에만 머물지 말고, 생활 동화나 SF 동화도 관심을 갖고 필사해야 합니다. 이는 다양한 작품을 쓰기 위해서도 필요하며 문장의 틀이 고정되고, 선입견이 생기는 것을 방지할 수 있습니다.

무엇보다 필사 행위에는 그 작가의 문장을 닮고 싶다는 욕망이 내포되어 있고, 그러므로 필사 텍스트는 사실상 자신이 쓰고 싶은 문장의 멘토 역할을 하게 됩니다. 나중에는 그 문장이, 좋은 문장과 나쁜 문장을 판단하는 기준이 될 것입니다.

이와 같은 판단이 모두 섰다면, 한 권의 책을 골라 필사의 범위를 정하면 됩니다. 당장 필요한 특정 부분, 이를테면 배경 묘사 부분이라든가, 혹은 주인공의 히스토리를 짜임새 있게 설명하는 부분을 필사하면서 지금 집필하고 있는 작품에 응용할 것인지, 아니면 시간을 가지고 책 전체를 필사하면서 작품의 플롯을 포함한 전체적 짜임새까지 두루 익힐 것인지를 판단하라는 뜻입니다.

그리고 어떤 경우에라도, 일단 필사를 시작하면 앉은 자리에서 시간을 가지고 최소 한 장章 이상(장편 기준)을 쓰는 것이 좋습니다. 그래야만 좋은 문장도 공부할 수 있고, 한편으로는 창작 방법까지도 얻어낼 수 있기 때문입니다. 몇 줄 필사하다가 중단하고, 이틀 지나서 다시 시작하는 방식으로 필사에 접근하면 연속성이 떨어져서 필사를 계속해도 얻을 수 있는 것이 많지 않습니다. 필사는 완성도 있는 작품으로 나아가기 위한 치열한 과정이지, 고급한 취미가 아닙니다.

## 필사의 현실적인 방법과 절차 - 읽는 필사와 쓰는 필사

현실적으로 필사를 하기는 만만하지 않습니다. 직접 쓰려면 시간도 오래 걸리고, 한참을 하다 보면, '이걸 꼭 해야 할까? 이래서 정말 문장이 좋아질까?'라는 회의가 들곤 하지요. 아무리 목적을 분명히 했다고 하더라도 필사라는 것이 결국 단순노동의 반복처럼 보이기 때문에 쉽게 지칠 수 있지요. 게다가 필사의 효과는 곧바로 나타나지 않습니다. 실제로 한 권의 책을 모두 필사했다고, 곧바로 자신의 문장이 바로 좋아지지 않습니다.

우선 필사의 양이 겹겹이 쌓이고 그것이 몸에 배고, 머릿속에 많이 기억해야 하며 작가는 그중에서 자신의 작품에 맞는 문장을 창조적으로 골라내서 적극적으로 응용할 수 있습니다. 이때 창조적으로 골라낸 말의 의미는, 필사로 기억된 문장을 그대로 사용하면 '표절'이 되기 때문에 주의하라는 뜻이기도 합니다. 물론 이 '창조적 필사'도 결국 꾸준하고 반복된 필사에서 발현될 수 있습니다. 작가는 독자와는 달리, 시간을 내서 책을 읽어야 하듯이 필사도 시간을 정해 두고 하는 것이 좋습니다.

필사의 첫 번째 방법은 읽는 것입니다. 이 방법은 책상 앞에 앉아서 직접 쓰기 불편하거나 시간이 마땅치 않을 때 사용합니다. 말장난 같지만, 책은 '보는 것'이 아니라 '읽는 것'입니다. 그러나 대부분의 독자는 읽지 않고, 보는 태도를 취합니다. 이때 '읽는다'는 것은, 문장 전체는 물론 단어 하나, 조사까지 놓치지 않는 것을 의미합니다. 이 과정에서 문장의 구조가 보입니다. 주어와 술어의 위치, 부사와 형용사의 적절한 쓰임새는 물론이고요. 그러나 '본다'는 것은, 내용 파악에 초점을 둔다는 뜻입니다. 그런데 알다시피 내용 파악은 문장 전체를 읽지 않아도 가능합니다. 문장마다 한두 개의 주제어(특히 명사형 단어)가 있어서 그 주제어만 살피면 내용 파악은 어렵지 않습니다. 속독의 원리이기도 하지요. 즉 목적 없이 많이 읽는 것은 결코 좋은 작품과 좋은 문장의 창작 가능성을 보장하지 않는다는 뜻입니다.

이를테면 일반적인 독자들의 독서 목적은 대부분 '내용 파악'에 있어서 문장의 구조나, 그 문장이 문단 내에서 하는 역할, 나아가 표현과 비유의 적절성을 따지지 않습니다. 그래서 아무리 많은 책을 읽은 사람이라도 쓰는 일에 익숙하지 않은 것은 그다지 이상한 일이 아닙니다. 특히 우리나라 독자의 독서 습관은 대체로 '주제 파악'에 집중되어 있고, 이는 교육 과정에서도 반복됩니다. 그러므로 쓰는 일은 더더욱 어려워지고, 이런 독서는 문해력 향상에도 도움이 되지 않습니다.

앞서, 문학 작품이 언어적 집적물이라고 말했는데, 이때 언어는 단순히 사물이나 행동을 치환한 기호로 존재하는 것이 아닙니다. 언어란 작가의 생각(이데올로기)을 기저로 한 소통의 매개물이라는 것을 전제해야 하지요.

그래서 마음먹고 책을 '읽어야' 합니다. 당연히 '볼' 때보다 속도는 느려집니다. 그래서 자신도 모르게 다시 '보기' 시작합니다. 그러나 그럴 때는 되돌아와 다시 '읽어야' 합니다. 이와 같은 방법을 '읽는 필사'라 칭하기로 합니다.

읽는 필사의 가장 좋은 방법은 소리 내서 읽는 것입니다. 소리 내서 읽으면, 주제어는 물론이고 조사와 접속사까지 빼놓지 않고 읽을 수 있습니다. 눈으로만 '볼' 때는 보이지 않던 것들이 바로 보이기 시작하고, 조금씩 문장에 대한 판단력이 생깁니다. 문제가 없는 문장은 매끈하게 읽힐 것이고, 조금이라도 어색한 문장은 읽을 때 독서를 방해합니다. 자신도 모르게 주춤거리게 되고, 되짚어 읽게 되지요. 단지 '보기'만 할 때는 느끼지 못했던 문장의 장단점을 곧바로 짚어 낼 수 있습니다. 읽는 필사는 이런 효과만으로도 제 역할을 다하는 것이지요.

만약 소리 내서 읽을 수 없는 환경이라면, 소리를 내지 않더라도 입술을 움직여 한 단어라도 놓치지 않으려고 노력해야 합니다. 이는 자신이 쓴 작품을 퇴고할 때도 큰 도움이 됩니다. 자신이 쓴 초고를 소리 내서 읽어 보면 어색한 문장을 걸러 낼 수 있습니다.

두 번째는 쓰는 필사입니다. 이때 중요한 것은, 자신이 직접 작품을 창작할 때 사용하는 도구를 이용하라는 것입니다. 초고를 노트에 쓰는 작가라면, 직접 펜으로 필사하는 것이 맞고, 컴퓨터로 작품을 쓰는 작가들이라면 컴퓨터를 활용하는 방법도 나쁘지 않습니다. 이는 '연습을 실전처럼 한다'는 의미입니다.

워드 프로세서로 필사를 할 경우에는, 한 번의 필사 경험 외에 부수적인 효과도 얻을 수 있습니다. 일차적으로 필사를 한 뒤에, 자신이 필사한 내용을 주제와 용도에 따라 분류해서 별도의 복사본을 저장해 두기를 권합니다. 그러면 자신의 작품을 집필할 때 필요한 부분만 꺼내 볼 수 있습니다. 이를테면 풍경을 묘사하는 방법, 싸우는 장면을 묘사하는 방법, 장면 전환을 하는 방법과 같은 식으로 여러 개의 파일을 별도로 만들어 두고, 필사가 한 권씩 끝날 때마다 2차적으로 분류 작업을 해두는 것이지요.

또한 컴퓨터를 활용하면 고전적인 펜 필사보다 짧은 시간에 많은 책을 필사할 수 있습니다. 손으로 쓸 때의 지루함을 덜 수도 있으며 다양하게 필사함으로써 그 효과적 측면에서 실리를 얻을 수 있다는 뜻입니다.

즉 작가(지망생)의 필사는 단순히 베껴 쓰는 일이 아니며, 독서가를 흉내 내기 위한 일이어서는 안 됩니다. 목적의식이 분명하고 체계적일수록 효과는 큽니다. 필사가 창작을 위한 또 하나의 방법이라 인식하고 그에 맞게 계획해야 합니다.

# 목적에 따라 필사하기

## 단순 재현이 아닌, 공간의 특성을 환기하는 풍경 묘사

### 《소년 두이》, 《너희는 안녕하니?》

풍경을 매끄럽게 묘사하고 싶어서 필사하는 작가(지망생)가 많습니다. 가끔 독자들이 '몇 줄의 글을 읽으면 그 풍경이 머릿속에 생생하게 떠오른다'고 말하곤 하는데, 이 의미를 '완벽한 재현'이라고 해석하기 때문입니다. 그래서 종종 자로 잰 듯 대상을 상세하게 서술합니다. 하지만 그 생생함은 전적으로 작가의 면밀한 묘사로만 가능한 것은 아닙니다. 생생함이 전달되기 위해서는, 독자의 경험도 중요한 요소로 작용합니다.

가령 "에메랄드빛 바다가 너른 양탄자처럼 펼쳐져 있었다."라는 묘사를 사실적으로 인지하려면 독자에게는 에메랄드빛과 바다와 양탄자에 대한 (직·간접적인) 인지 경험이 있어야 합니다. 가령 바다와 양탄자는 알고 있으나, 에메랄드빛을 잘 모르는 어린 독자들에게 이 묘사는 그다지 감동을 주지 못한다는 뜻입니다. 작가의 의도와는 달리 현실적으로 다가오지도 않을 것입니다.

그래서 특히 동화와 청소년소설에서의 묘사는 화려한 수사보다는 독자들의 경험적 범위 내에 있으면서, 어렵지 않은 단어와 표현을 중심으로 서술된 묘사가 더 좋습니다. 필사할 때 이런 작품을 우선 고려해야 한다는 뜻입니다. 어른인 자신(작가)을 자극하는 묘사로 가득한 텍스트보다, 어린이와 청소년 독자도 충분히 공감할 수 있는 묘사가 되어 있는 텍스트를 우선적으로 선택해야 하는 이유가 여기에 있습니다.

풍경 묘사를 앞둔 작가는, 무의식적으로 자신이 그려 내고 싶은 풍경을 아주 세세하게 설명하려 합니다. 하지만 그럴 경우 단순한 '재현'이 될 우려가 큽니다. 재현은 묘사의 목적이 아닙니다. "바다는 에메랄드빛이었고, 해안에는 흰 파도가 쳤다. 모래는 누런 빛깔이었으며, 백사장은 운동장 예닐곱 배쯤 되는 것 같았다. 그곳에 열댓 개의 텐트가 10여 미터 간격으로 쳐져 있었고, 스물댓 쌍의 연인들이 팔짱을 끼고 오갔다. 갈매기가 그 위를 무리 지어 날았고 하늘도 바다만큼 파랬다."와 같은 진술은 묘사보다 설명에 가깝습니다. 자신이 경험한 바다의 모든 요소를 다 넣으려는 시도로 보이지요. 그런다고 풍경이 생생하게 살아나지 않습니다.

언어로 아무리 상세히 진술한다고 해도 시각적 대상을 곧이곧대로 재현해 내는 것은 사실상 불가능합니다. 사실적 재현의 측면에서 소설과 동화가 영화를 이기지 못하는 이유도 이 때문입니다. 당연히 묘사를 그런 방식으로 해서는 안 됩니다. 단순한 재현에 초점을 맞추면 평범한 대상을 필요 이상으로 묘사하는 트리비얼리즘이 되어 도리어 독서를 방해할 수 있습니다. 묘사를 통해 나오는 좋은 문장은 이와 같은 건조한 표현의 나열이 아니라는 사실을 명심해야 합니다.

그러므로 풍경의 묘사는 특정한 부분을 강조하여 그 부분을 중심으로 '빌드 업'해 나가는 것이 좋습니다. 아래의 묘사는 《소년 두이》(한정영, 서유재)의 주인공 두이가 사는 음죽도를 표현합니다. 섬이라면 당연하게 바다와 파도와 같은 것을 먼저 떠올릴 수도 있지만, 섬의 이름에 걸맞게 대나무와 바람 소리로 묘사했습니다. 사실 바다와 파도는 이미 독자들이 '섬'이라는 단어를 통해 쉽게 떠올릴 수 있는 것이므로, 그런 소재로 섬을 묘사하는 것은 특별한 의미가 없습니다. 그보다는 그 섬이 다른 섬과 다른 특징을 묘사하여 모티프로 활용하는 방법이 더 좋습니다.

> 우선은 걸었다. 종종걸음을 치다 보니 대나무가 빼곡하게 자란 숲길로 들어섰다. 그러자마자 비릿한 바람이 한 차례 불어왔다.
>
> 우으으으음.
>
> 바람이 불자, 숲이 소리를 냈다. 누군가 어금니를 물고 오래된 슬픔을 참으며 내는 소리처럼 들렸다. 음죽도는 어느 곳에서나 대나무를 볼 수 있었지만, 서쪽 해안에 치우친 대숲에서 나는 소리는 남달랐다.

어떤 어른은 바다에서 아비를 잃은 처녀 아이가 한스럽게 우는 소리 같다고도 했다. 그런가 하면, 바람이 조금 더 거칠고 밤에 들으면 영락없는 통곡 소리로 들리곤 했다. 아니, 한 많은 아낙의 신음 같다는 이들도 있었다.

그래서 음죽도였다. 대나무(竹)가 수많은 소리를 내며 운다고(吟), 사람들은 섬을 음죽도라고 불렀다. 그래서 귀양 온 선비들이 차마 대놓고 울지 못하여 바람이 많은 부는 날, 대숲에 와서 통곡한다는 소문도 떠돌았다.

그래서 이 숲을 지날 때마다, 두이는 아버지를 생각했다.

아버지도 여기에 와서 통곡했을까? 얼마나 울었을까? 그래서 두이는 앞서 걸어가는 아버지의 뒷모습을 한참 쳐다보았다. 언제 선비였던 적이 있었나 싶을 만큼 억세 보이는 아버지가 정말 울었을까, 생각하니 잘 상상이 되지 않았다.

그런데 하필이면 그때, 아버지가 뒤를 돌아보았다. 그 바람에 두이는 얼른 생각의 줄기를 끊어내고, 아버지를 마주 보았다.

아버지가 입을 열었다. 대나무 울음소리 때문인지 목소리가 아까보다 높았다.

"난 네가 뭘 해도 좋다만, 뭍에서 일어나는 일이라곤 서로 헐뜯고 할퀴고 싸우는 일뿐이라…… 흐음! 내가 그걸 누누이 말했는데도 어찌 너의 어머니는 한사코 너를 뭍으로 보내려 하는지 모르겠구나. 그냥 한두 번 구경이나 하고 오면 모를까…….

(중략)

그때였다. 생각을 더 늘어놓을 사이도 없이 거친 굉음이 하늘을 찢었다. 머릿속을 가득 메웠던 모든 것들이 일시에 먼지처럼 흩어졌다.

땅, 따땅! 따아앙!

세 번, 일정한 간격을 두고 그 소리는 맑고 파란 하늘을 뒤흔들더니 숲 이편저편에 오래도록 메아리를 만들었다. 사방 풀숲에서 짐승들이 요동을 치며 뛰었고, 대숲 뒤편의 더 높은 나무 꼭대기 여기저기서 날짐승들이 날아올랐다. 거대한 괴물이 숲을 한 손에 쥐고 흔드는 느낌이었다. 그와 함께 머리끝에서 시작된 무섬증이 등줄기를 타고 종아리까지 서늘하게 흘러내렸다.

아버지는 걸음을 멈추었고 두이는 바짝 얼어붙은 채 반사적으로 하늘을 쳐다보았다. 처음 듣는 소리였다. 천둥소리인가 싶었지만 그것과 달랐다. 더구나 대숲 사이로 보이는 하늘은 짙푸른 바다 빛깔처럼 파랗기만 했다.

휘이이잉!

잠시 움직임을 멈춘 사이에 또 바람이 불었다. 그러자 숲이 울었다.

우으으으읍!

이번에는 한낮인데도 통곡 소리처럼 들렸다. 그 탓인지 머리칼이 쭈뼛 섰다. 몸을 떨며 두이는 아버지를 쳐다보았다. 낯빛이 몹시 어두웠다. 아버지는 종일 햇볕 아래에서 헤맨 탓에 붉게 그은 이마를 잔뜩 찌푸렸다.

"총포다!" (《소년 두이》, 한정영, 서유재, 10-14쪽)

이런 묘사를 통해 음죽도는 일반 독자가 알고 있는 섬과 차별화됩니다. 바람에 흔들리는 대나무가 울음소리를 내는 특이한 섬으로 말이지요. 여기에 아버지의 사연을 이입시켜 섬의 특성을 극대화하고 복선의 역할을 부여합니다. 바람으로 인해 곡소리처럼 들린다는 내용 자체가 뒤에 이어질 사건을 암시하여 긴장감을 유지합니다. 시각은 물론이고, 청각까지 극대화해 섬의 개별적 특이점을 부각했습니다.(강조 표시 참고)

이런 묘사가 좋은 점은 묘사가 단순히 풍경을 설명하는 데 그치지 않고, 이야기를 앞으로 나아가게 한다는 점입니다. 즉 풍경 묘사가 정적靜的일 필요는 없습니다. 아니, 소설이나 동화는 일단 쓰기 시작하면 자꾸만 앞으로 나아가야 합니다. 풍경 묘사 역시, 멈추어 있는 그림을 그리듯 하는 것이 아니라, 그 풍경 묘사가 앞으로 진행될 이야기에 꼭 필요한 과정 중의 한 부분이 되게끔 서술되어야 한다는 뜻입니다.

> 그때, 벚꽃 한 잎이 눈앞에서 파르르 떨었다. 섣부른 비행을 시작한 작은 나비의 날갯짓이 그렇게 위태로울까 싶었다. 이어 여린 바람이 분다, 고 느꼈을 즈음 눈앞에서 팔랑이던 꽃잎 하나는 감쪽같이 사라지고, 후드득 연분홍 꽃비가 내렸다. 검지 손톱만 한 꽃잎들이 일시에 눈앞을 가렸다. 햇살이 조각나 부서지면 저런 모양일 거라는 생각이 들었다.
>
> 그러나 본관과 구관 사이, '지혜의 숲'이라 부르는 야외 정원에 딱 한 그루뿐인 벚나무에서 내리던 꽃비는 소나기처럼 금세 그쳤다. 정지된 동영상처럼, 아무리 기다려도 꽃비는 다시 내리지 않았다.

고목(古木)은 언제 그랬냐는 듯 의연하게 서 있을 뿐이었다. 대신 낮은 피아노 소리가 물결처럼 들려와 화사한 벚나무 가지를 타고 오르는 듯하더니, 아까처럼 꽃잎이 흩날렸다.

꽃잎은 핑그르르 돌다가 곧 발 앞에 떨어졌다.

<흑건>

시우는 자신도 모르게 중얼거렸다. 그리고 소리를 따라 시선을 옮겼다. 구관 2층 가장 오른쪽, 반쯤 열린 음악실 창문이었다. 몸이 먼저 소리를 따라 움직였다. 시우는 음악실 쪽으로 걸었다. 피아노 소리는 시우의 걸음걸이만큼이나 빠르게 높아졌다. 소리가 커질수록 걸음이 더 빨라졌다. 계단을 오를 때는 숨이 찼다.

네댓 뼘쯤 열린 음악실 문 안을 들여다본 순간, 시우는 멈칫거렸다.

고양이였다. 흰 고양이 두 마리가 나란히 건반 위를 뛰어다니다가 멈추고, 또 한쪽으로 달리는가 싶으면 어느새 제자리로 돌아와 장난치듯 앞발로 검은 건반, 흰 건반을 톡톡 두드리고…….

기억이 재작년 겨울 어느 밤으로 재빨리 내달렸다.

아파트 공원 놀이터의 가로등 불빛은 그날따라 희미했다. 미끄럼틀 뒤편의 담장 아래서 검은 고양이를 보았다. 눈이 내려 흰 띠를 두른 듯한 놀이터 담장 위에 언제부터 도스르듯 앉아 있었는지 모르겠다. 녀석은 마치 그림처럼 멈추어 있다가 어디선가 피아노 소리가 들려오자 불현듯 좌우를 살피고는 이쪽저쪽 오가기를 반복하다가 피아노 소리가 조금 격해진 듯싶었을 때, 부산하게 담장 위를 뛰어다녔다. 그러다가 어느 순간 피아노 소리가 멎었다. 그사이 고양이가 새끼 한 마리를 데리고 다시 나타났다. 이어 멎었던 피아노 소리가 더 경쾌해졌고, 녀석들은 그 위에서 뛰고 걸으며 멈추거나 뒤를 돌았다가 한참 만에 또 저편으로 모습을 감추었다. 그리고 피아노 소리가 완전히 멈추고 사방이 고요해졌다.

문득 시우는 아주 잠깐이었지만, 검은 고양이가 흰 건반 위를 뛰어다닌 듯한 착각을 일으켰다. 만약 그때, 손에 들고 있던 휴대 전화가 부르르 떨지만 않았어도 그 착각은 더 오래 계속되었으리라.

메시지였다. (《너희는 안녕하니?》, 한정영, 다른, 8-10쪽)

《너희는 안녕하니?》의 첫 부분은 다소 감성적인 묘사로 시작됩니다. 고목에서 꽃비가 내리는 어느 학교의 교정을 다소 억지스럽게 신비화했지요. 물론 이런 묘사가 오래 지속되면 언어유희에 빠진 작가와 달리, 감성에 익숙하지 않은 독자는 금방 싫증을 냅니다. 그런데 갑자기 청각적 요소(흑건)가 끼어들면서 묘사의 주체가 시선을 옮깁니다. 그리고 곧바로 그 주체(주인공)가 움직입니다. 단순히 물적 대상화되어 있던 묘사가 멈추지요. 그런 이후 다시 누군가가 피아노를 치는 모습에 주목합니다. 그런데 이 부분에서 곧바로 환시를 보고, 곧바로 그 환시는 과거를 끌어올립니다. 연이어 두 마리의 고양이가 담장 위를 뛰어다니는 모습을, 묘사의 형태로 떠올립니다. 시각적 요소와 청각적 요소가 얽혀서 역동성이 더해진 것이지요.

이처럼 묘사의 대상에 특정한 요소(피아노 소리)를 추가하면 공간적 특이성이 강조되고, 당연히 묘사의 목적성이 분명해져서, 지루함이 덜어지고 사건의 전조를 연상케 할 수도 있습니다.

## 묘사 안에서 주인공을 사라지지 않게 하는 방법

### 《바다로 간 소년》, 《소녀 퇴마사, 경성의 사라진 아이들》

현실 배경의 이야기도 그렇지만, 역사 소설이나 SF를 쓸 때 공간 묘사에 더 힘을 쏟는 이유는 최대한의, 그러나 최소한일 수밖에 없는 리얼리티를 구현하기 위함입니다. 또한 아이들은 다양한 공간을 경험해 보지 못했으며, 더구나 역사 동화(소설)나 SF의 경우, 그 시대(과거 또는 미래)에 대해서 잘 모를 것이라는 생각에서 온갖 자료를 동원해서라도 주인공이 지금 사건을 벌이고 있는 공간을 잘 드러내려고 하지요. 실제로 이런 노력은 독자에 대한 배려심에서 나오는 것이며, 또한 상당 부분 필요합니다. 물론 작가 스스로도 공간에 대한 지배력이 높으면 이야기를 이끌어 갈 때, 훨씬 유연할 수 있습니다. 실제로 사건의 구체성의 한 축이 되는 공간을 마음껏 활용할 수 있다는 것은, 이야기를 전개하는 데에 매우 유리한 조건입니다. 그래서 현실을 배경으로 하는 동화를 쓰기가 더 쉽다고 생각하는 경향이 있지요.

다만 이때 주의할 것은, 앞서 말한 바와 같이 묘사가 기계적 재현이어서는 안 된다는 것입니다. 자로 잰 듯한, 사진으로 찍은 듯한, 카피한 듯한 공간의 단순 재현은 북과 몇 줄 읽어 내려가기도 전에 독자를 지치게 만들 것입니다. '내가 이런 것까지 자세히 알아야 해?'라고 질문할 게 틀림없습니다.

핵심은, 이야기 속에서 공간의 온전한 묘사는 작가의 눈이 아닌, 주인공의 시선에 비친 것이어야 한다는 사실입니다. 작가는 주인공이 보지 못한 곳까지 구석구석 설명할 필요가 없습니다. 이야기 속에 존재하는 모든 요소는 주인공을 위해 존재하는 것이어서 공간 역시 (주인공을 중심으로) 이기적으로 묘사되어야 합니다. 주인공이 볼 수 있는 범위 내에서, 보이는 대로 서술하라는 뜻입니다.

그리고 나아가 주인공은 그 공간에 대한 반응을 보여야 합니다. 앞서 말한 것처럼, 주인공이 공간에 대해 내보이는 태도는 단순해 보이는 풍경 묘사조차도 사건을 이끌어 가는 주요한 단서로 보이게 합니다. 특히 주인공에게 낯선 공간은 긴장감을 줄 것이므로, 이러한 주인공의 심리를 함께 표현해 주면 공간이 하나의 긴장 유발 장치로서도 큰 역할을 하게 됩니다. 단순한 재현의 목적으로 공간을 묘사하면 이런 효과는 기대할 수 없습니다.

> 해명은 지도를 들여다보았다. 지도라고 별게 없었다. 가로와 세로로 죽죽 그어진 선과 몇 곳에 건물 이름, 호수를 표시하는 작은 동그라미와 오른쪽 아래에 까만 점 하나가 찍혀 있는 게 전부였다.
>
> 해명은 주먹을 꼭 쥐고 골목의 좁은 삼거리 앞에 섰다. 곧바로 가야 서화문 쪽이었다. 그래서 한참 그쪽을 바라보았다. 그리고 몇 걸음 나섰다. 하지만 예닐곱 걸음만에 멈추었다.
>
> (중략)
>
> 마침내 해명은 한 번도 가본 적이 없는 낯선 골목을 지났다. 곧 큰길이 나왔다. 그 앞에서 깊은숨을 들이쉬고, 다시 몰아쉰 다음, 큰길로 나섰다.

어리둥절했다. 골목 장터 길보다 예닐곱 배쯤은 넓은 길옆으로 2~3층짜리 집들이 즐비했고, 멀리 몇 곳에는 그보다 더 높은 누각도 눈에 띄었다. 깔끔하고 반듯한 벽돌담이 자로 잰 듯 이어졌고, 골목 시장에서는 볼 수 없었던 큰 수레가 지나다녔다. 사람들의 옷차림새가 한결같이 깔끔해 보였고, 활기차 보였다. 큰 글씨를 적은 희고 붉은 천들이 곳곳에서 바람에 펄럭거렸다.
해명은 자신도 모르게 한동안 넋을 놓고 사방을 돌아보았다. 이 길을 잘못 들어서면 길을 잃을지도 모르겠다는 생각이 들었다. 그 때문에 일단 걷기는 하면서도 자주 뒤를 돌아보는 일도 잊지 않았다. 남서쪽으로 방향을 잡았다. 큰길에 나와 천오백 보쯤 걷자 처마가 금색으로 칠해진 문루가 나왔다. 그때쯤 해명은 지도를 다시 펼쳤다. 문루가 표시되어 있었고, 그 오른쪽 아래로 엉성하게 그린 원이 보였다. 길은 그쪽으로 안내되어 있었다. 야트막한 언덕길을 지나면 곧 호수가 나올 것이고, 호수를 왼쪽으로 끼고 돌다 보면 자혜루라는 정자가 나올 것인데, 거기서 호수를 등지면……. 해명은 기억을 떠올리며 문루를 지났다. 그 아래를 지나자마자 4층 누각 옆으로 난 길로 접어들었다.
곧 야트막한 언덕이었다. 그 언덕 위편으로 줄지어 늘어선 능수버들이 보였다. 한참 물이 오른 초록 이파리들이 햇살을 받아 반짝거렸다.
언덕 중간을 지날 때쯤부터 숨이 차기 시작했다. 해가 서쪽으로 기울고는 있었지만, 아직 유시가 되려면 충분한 시간이 있었다. 그래도 걸음을 늦출 수가 없었다. 조급증 때문에 자꾸만 다리를 빨리 놀렸고, 그러느라 몇 번은 헛디뎠다. 기어코 언덕 꼭대기에 막 올라서는 순간에는 다리가 꼬여 넘어지고 말았다.

"어억……."

자신도 모르게 허리가 꺾이고 비명이 튀어나왔다. 해명은 일어나지 않고, 도리어 그 자리에 털썩 주저앉았다. 그리고 한참 동안 멍하니 눈을 깜박거렸다.

넘어진 김에 쉬어가려는 뜻이 아니었다. 눈 앞에 펼쳐진 짙푸른 호수 때문이었다. 아니, 그것은 호수가 아니었다. 반대편 끝이 보이지 않을 듯 까마득했고, 그 파란 빛은 틀림없이 바다를 닮아 있었다. 물 위에 떠 있는 배와 그 위, 하늘을 휘저으며 날아가는 새들…….

지난 5년 동안 단 한 번도 본 적이 없는 물. 그 넓디넓은 호수는 영락없이 고향 집 앞의 바다를 떠올리게 했다. 해명은 넋을 놓아버렸다. 예고도 없이 눈물이 흘렀다. 금세 뺨이 젖었고, 두 눈에서 흐른 눈물은 턱 아래에 고였다가 땅으로 떨어졌다. 그칠 기미를 보이지 않았다. 가슴속에 묻어 두었던 설움이, 억울함이, 슬픔이, 고통이 고스란히 솟아올랐다. 아버지가 생각났고, 두 살 많은 누이가 떠올랐다. 차마 소리는 토해 내지 못하고, 가슴을 쥐어뜯으며 해명은 울었다. 자꾸 울었다.

그러는 동안 마침내 기억은 해명을 고스란히 거제도의 짙푸른 바다 앞으로 데려다 놓았다. (《바다로 간 소년》, 한정영, 서해문집, 34-36쪽)

사실 동화나 청소년소설에서 이 정도 양의 공간 묘사는 지나친 수

준입니다. 대다수 작가가 묘사에 욕심을 내지만, 아이러니하게도 어린 독자들은 다름 아닌 지나친 묘사를 가장 힘겨워합니다. 정적인 묘사가 지속되면 이야기의 속도가 현격히 줄어들 뿐만 아니라, 주인공이 눈앞에서 사라지기 때문이지요. 이 말은 반대로 어떤 묘사 안에서든 주인공을 사라지게 만들지 않는 것이 좋다는 뜻입니다.

위의 묘사에서 주인공은 처음 북경의 거리로 나섰습니다. 그러므로 충분히 긴장하고 있습니다. 더구나 시간에 쫓기고 있습니다. 이를테면 공간이 주인공의 심리 상태를 움직이고, 이 심리는 다시 공간을 긴장감 있게 만들고 있지요.

"골목장터 길보다 … 펄럭거렸다."와 같은 단락은 단순 재현입니다. 이 문단에는 주인공의 개입이 없습니다. 이런 식의 묘사가 반복된다면 지루해질 것입니다. "큰길에 나와 천오백 보쯤 걷자 … 호수를 등지면"과 같은 묘사도 마찬가지입니다. 다만 그 앞뒤에 낯선 장소에 이른 주인공의 심리, 공간을 대하는 태도가 함께 서술됨으로써 공간이 주인공에게 어떤 역할을 하고 있는지 드러나지요.

즉 독자로 하여금 이 낯선 공간에 주인공이 입성함으로써 또 다른 위기(사건)를 겪게 될지 모른다는 조바심을 느끼게 할 것입니다. 독자는 이미 이즈음에서 주인공과 동일화 과정을 경험하는 중이라 더더욱 긴장감이 일어나지요. 정적인 묘사가 조금 더 줄었다면, 훨씬 속도감 있게 잘 읽혔을 것입니다. 다음의 묘사가 그런 특징을 더 잘 보여줍니다.

조금 더 다가가 집을 살폈다. 집이라기보다는 마치 커다란 성을 마주한 느낌이었다. 새까만 철문 앞에는 호랑이의 얼굴과 흡사한 모양의 누런 장식이 붙어 있었는데, 송곳니가 도드라져 보였다. 이렇게 큰 집은 처음이었다.

채령은 잠시 망설였다. 문을 열어 달라고 소리를 칠 수도 없고, 담장은 어른 키의 두 배는 충분히 될 만큼 까마득히 높았다. 그래서 가만히 앉아 있는 로사를 내려다보았다. 로사는 눈이 마주치자 마치 채령의 마음을 읽기라도 한 듯 움직였다.

로사는 냐옹, 울더니 왼쪽 담장을 따라 총총거리며 뛰어갔다. 채령은 반사적으로 다시 녀석의 뒤를 따랐다.

로사는 꽤 한참을 담장 옆으로 걷다가 집 뒤편에 이르러 멈추었다. 그곳에 작은 문이 보였다. 뜻밖에도 문은 서너 뼘쯤 열려 있었고, 로사는 제집에 온 것인 양 안으로 들어갔다. 채령은 조심스레 문턱을 넘었다.

눈앞에는 앞쪽으로 살짝 비탈진 정원의 모습이 펼쳐졌다. 이름을 알 수 없는 봄꽃이 군데군데 피어 있었고, 잘 다듬어진 길이 나 있었다. 주변에 심어진 소나무는 일부러 가져다 놓은 듯 대부분은 휘어져 자란 것이었다. 그리고 중간중간 용도를 알 수 없는 석상들도 보였다. 동물의 얼굴을 한 것도 있었고, 단정한 선비의 모습을 조각한 석상도 보였다. 뜻밖에도 왜군 장수의 모습을 한 나무 조각상도 몇 개 눈에 들어왔다. 새파란 이파리로 울창한 담장 아래 벚나무에는 서낭당 느티나무에서 본 것과 같은 붉고 푸르고 노란 천들이 위에서 아래로, 여러 겹으로 늘어져 있었다.

그런데 왜일까. 채령은 몇 걸음 내딛고 우뚝 멈추었다. 사방은 온통 꽃과 나무들뿐인데, 더하여 하늘은 푸르고 햇볕은 유난히 따사로운데, 난데없이 무릎 아래에 한기가 돌았다. 이를테면 마치 한겨울에 무릎까지 차오르는 냇물을 건너는 기분이랄까. 그 바람에 발이 시렸다. 겨우 발을 떼었지만, 집 안으로 들어갈수록 시냇물이 점점 더 깊어지는 느낌이 들었다.

희게 핀 조팝나무꽃 무리를 지나자 아래쪽에 정자가 보였고 옆으로 작은 연못이 드러났다. 그 너머로 붉은 벽돌로 지은 3층짜리 건물 뒤편이 보였다. 그쯤 채령은 로사가 보이지 않는다는 것을 깨달았다. 앞서가던 로사가 풀숲으로 들어가는 것 같더니 다시는 나타나지 않았다. 찾아볼까, 두어 번 사방을 두리번거렸지만 그만두었다. 연못 쪽에서 인기척이 나더니 사람의 모습이 보였던 것이다. 채령은 얼른 새파란 잎이 촘촘한 개나리 울타리 뒤에 숨었다. 단아와 맹코가 옆으로 털썩 주저앉았다.(《소녀 퇴마사, 경성의 사라진 아이들》, 한정영, 다른, 99-101쪽)

이 부분은 주인공이 풍경을 객관화해 바라보지 않고, 고양이를 따라가면서 인지하는 방식으로 묘사되었는데, 이는 낯선 곳으로 나아가는 주인공의 긴장감을 유도하면서 풍경 묘사임에도 불구하고 독자의 집중도 저하를 일부분 막을 수 있습니다. 즉 묘사를 진행하더라도 주인공을 그 묘사 안에서 사라지지 않도록 하는 것이 중요합니다. 즉 풍경 묘사라고 하더라도, 풍경이 인물(주인공)과 유리된 채로 그려지기 보다는 인물의 시선 안에서 묘사되어야 목적적인 기능을 다할 수 있고, 역동성을 띠게 된다는 의미입니다. 실제로 그 어떤 풍경이라도 그 풍

경을 바라보는 주인공의 현재적 상황이나 심리적 상태에 영향받을 것이기 때문입니다.(《소년 두이》 참고)

## 히스토리 압축 장면

### 《나는 조선의 소년 비행사입니다》, 《천 년의 음모》

고학년 장편 동화나 청소년소설을 쓸 때, 사건은 시간순으로 흐르지 않는 경우가 대부분입니다. 보통은 과거와 현재가 뒤섞인 채 전개되지요. 주인공의 현재 이야기가 전개되다가 특별한 계기에 의해서 회상을 하는 방식입니다. 이야기를 이렇게 전개하는 이유는, 흥미로운 사건을 전면에 배치하여 독자의 시선을 사로잡으려는 목적도 있고, 이야기를 더 극적으로 이끌어 가기 위해서입니다.

따라서 동화나 청소년소설은 (주인공의) 자서전이 아니므로 구태여 시간적 질서에 순응할 필요는 없습니다. 작가는 주인공의 모든 생애를 다 알고 있어야 하지만, 그것을 다 쓸 필요도 없고요. 무엇보다 이야기에 가장 중요한 것은 주인공에게 '바로 지금' 일어나는 일이니까요.

그렇다면 느닷없이 끼어드는 과거의 일(회상)은 어떻게 처리해야 할까요? 주인공의 오래전의 히스토리, 즉 작품 속의 모든 사건 이전에 있었던 일이라도 필요하면 현재 이야기 중에 회상 등의 방법으로 끌어와야 합니다. 그래야 캐릭터의 특징이 선명해지고 또한 탄탄해집니다. 그러나 이때 중요한 것은 현재 진행되고 있는 사건 외의 모든 서술은 결코 지금 앞으로 나아가는 이야기를 방해해서는 안 된다는 점입니다.

즉 지나치게 길면 안 되고, 적절히 편집하여 압축적으로 서술해야 합니다. 과거의 이야기가 길어지면 현재의 이야기에 몰입해 있던 독자는 (주인공의 과거를 구태여 꼭 알아야 하는) 모티프가 충분하지 않으면 금방 지루해집니다. 그래서 현재의 사건 외의 모든 서술은 '분산 배치'하라고 했던 것이지요.

또한 끌어오는 과거는 현재 진행되고 있는 이야기에 반드시 어떤 식으로든 도움이 되어야 합니다. 앞서 말한 대로, 주인공의 견고한 캐릭터를 만드는 데 도움이 되거나, 현재 일어나고 있는 사건의 원인이라는 등의 이유가 있어야 한다는 뜻입니다. 종종 비슷하거나 같은 내용이 반복되기도 하는데, 이는 강조하거나 특정한 메시지를 전달하기 위해서입니다.

> 그럼에도 이토 준야가 농담—이 아니면 뭐란 말인가?—삼아 한 말에 귀를 쫑긋 세우다니! 자신이 어리석다는 생각이 들었다. 게다가 살벌한 전쟁터에 출격하는 비행사라니? 그건 애초에 자신이 바라던 것과는 거리가 먼 것 아니었던가! 그래서 이제는 모든 걸 포기하고, 집으로 돌아갈 날만 기다리는 중이었는데……. 조안은, 이토 준야의 농담에 구태여 신경을 곤두세울 것 없다고 자신을 다독였다. 그럼에도 그의 목소리는 반복적으로 되살아났다. 한때는 정말로 너무나 원했던 것이니까. 포기하고 꿈을 접었다고 했지만, 지금도 파란 하늘만 바라보면 늘 꿈꾸었던 장면들이 꿈에서도, 아니 멀쩡히 깨어 있을 때도 생생하게 되살아나곤 했으니까.
>
> 더 말해 무엇할까?

정말 바라고 또 바랐던 일이었기에 마음속으로만 애틋하게 꿈꾼 게 아니었다. 수백 발이 넘는 실탄 사격 훈련 때에도 일등을 했고, 쌀 반 가마 무게는 족히 될 만한 배낭을 메고 백 리 행군을 할 때도 낙오되지 않았다. 자신보다 덩치가 큰 생도들이 오십 리를 넘어가지 못하고 쓰러질 때, 조안은 도리어 4등, 5등으로 행군길을 앞서 갔다.

'지독한 조센진!'

타키하라가 거의 꼴찌로 들어와서 조안에게 그렇게 말했다.

그 말에 신경쓰지 않았다. 그 뒤에도 가라테가 뒤섞인 특수체조, 검도와 같은 기초 군사훈련을 받으면서 온몸에 상처가 나도 누구보다 훈련에 뒤처지지 않았다. 온몸이 노그라지고 몸져눕는 한이 있어도 견뎌내야 한다는 생각뿐이었다.

행글라이더를 이용한 비행 기초훈련을 받을 때는 신이 나기까지 했다. 비행기는 아니지만, 하늘을 처음 날아올랐을 때는 정말로 소리를 질렀다. 다른 생도보다 가장 멀리 날았고, 교관은 '네놈은 하늘을 어떻게 날아야 하는지 아는군. 혹 비행기를 타게 되면, 지금처럼만 하면 돼!'라는 말도 했었다.

물론, 모스 부호 익히기와 암호 해독과 같은 통신 훈련에서도 앞섰고, 특히 비행기의 모든 부품을 익히고 수리하는 정비 훈련에서도 성적은 늘 최상이었다. 그럴 수밖에. 만약 소년비행병 학교에 가지 못했다면 공업학교에라도 갔을 테니까.

그래야만 했다. 누나가 마련해준 도쿄까지의 여행 경비에는 엄마의 폐병에 쓸 약값이 포함되어 있었으므로. 뿐만 아니라 '네놈이 무슨 재주로 비행사가 된다는 거야?'라고 빈정대던 아버지 앞에 보란 듯이 비행사가 되어 당당히 서고 싶었기 때문에. 그런데 결과는 정비병이었다.

조안 도쥬, 정비병이다. 제 29교육비행대로 간다. 교관으로부터 그 말을 들었을 때, 조안은 다리가 풀려 주저앉을 뻔했다. 자신의 귀를 의심했지만, 사실이 달라지지는 않았다. 그래서 그날 저녁, 교관실을 찾아가 물었다. 제가 왜 정비병인지 해명을 듣고 싶습니다, 라고. 그게 얼마나 무모한 짓인지 알고 있었지만, 도무지 믿기지 않아서였다.

아니나 다를까. 주임 교관이 조안의 질문을 듣자마자 소리쳤다.

오잇, 조안 생도! 귀관은 상부의 명령에 불응하겠다는 건가? 그 말에 조안은 더는 무어라 말을 못하고 겁먹은 채 눈만 깜박였다. 그러자 주임 교관은 못 박듯 한번 더 말했다.

'명심하라. 생도의 불복종은 대일본제국에 대한 도전이며 우리 소년비행병학교에 대한 모독이다.'

그 말에 조안은 더 이상 무어라 말을 할 수가 없었다.

얼마 후, 칭따오로 향하는 함선 안에서 몇 안 되는 조선인과 대만 출신의 훈련생들 사이에 믿을 수 없는 소문이 돌았다.

'우리에게 비행 병과가 주어지지 않은 건, 우리가 일본인이 아니기 때문이야. 우리가 비행기를 몰고 달아날지도 모른다는 거야.'

누군가는 그렇게 말했는데, 일본인이 아닌 모든 소비 교육생들은 그 소문을 사실로 받아들였다.

물론 그런 일이 없지는 않았다. 바로 몇 개월 전에 싱가폴에 있는 비행대에서 한 비행병이 아카톰보(당시 일본 공군이 쓰던 95식 연습기)를 몰고 이탈하는 것을 제로센이 격추한 사건이 있었다. 연습생이 고의로 그랬는지 실수로 그랬는지에 대한 이야기는 그 뒤로도 말이 많았지만.

하지만 조안은, 그보다는 자신이 타키하라의 이빨을 부러뜨려서 주임 교관의 눈 밖에 났을 거라는 생각이 들었다.

사사건건 조센진을 입에 달고 눈을 부라리던 놈은, 하물며 식당에서도 새치기를 했고, 훈련 중에도 발을 걸었다. 그 바람에 조선인 생도 하나는 발이 부러졌다. 내무반에서 물건을 훔쳐 가서 조안이 곤란을 겪게 하기도 했다. 그 정도는 아무것도 아니었다.

기초비행 훈련 때 놈은, 조선인 생도 차례가 되자 행글라이더의 크로스바(날개 중앙을 가로지른 막대로 날개가 고르게 펼쳐진 채 유지하는 기능을 한다)와 세일(날개)을 묶어놓은 끈을 고의로 잘라놓기도 했다. 만약 조안이 그걸 미리 발견하지 않았다면, 대만인 생도는 날개를 펴기도 전에 언덕 아래로 굴렀을 거였다. 아마 큰 부상을 입었을지도 모를 일이었다.

그때 조안은 타키하라의 멱살을 붙잡았고, 시치미를 떼는 놈의 얼굴에 주먹을 날렸다. 그때 놈의 이 하나가 부러졌다.

그런데 문제는 그다음이었다. 헌병대 조사관은 조안의 말을 믿지 않았다.

끈을 풀어놓은 범인이 타키하라는 증거를 댈 수 있느냐고 물었다. 물론 타키하라는 한결같이 자신이 한 짓이 아니라고 항변했다. 타키하라는 우연히 그 앞을 지났을 뿐이라고 우겼다. 놈이 하는 짓을 함께 목격한 일본인 생도 역시 타키하라의 편을 들었다.

어쩌면 그래서였는지는 몰라도 타키하라도 공공연하게 말하곤 했다. 조센진은 아라와시가 될 수 없다고. 놈은 칭따오로 향하는 함선에서도 조안에게, '내 말이 틀리지 않았지? 하지만 정비병도 조센진에게는 영광이니, 천황폐하께 감사하도록 해!'라고 말했었다. 천황에게 감사할 일은 없지만, 별수 없다는 생각이 들었다. 그리고 아버지의 말이 다시 떠올랐다. 그래서 가만히 있다가 때가 되면 조선으로 돌아가기로, 누나와 엄마 옆으로 돌아가기로 마음먹었다.

조안은 머리를 털고 자리에서 일어났다. 그러고 보니 어느새 창밖이 희뿌옇게 물들고 있었다. (《나는 조선의 소년 비행사입니다》, 한정영, 다른, 32-36쪽)

《나는 조선의 소년 비행사입니다》의 시작점은, 이미 주인공 조안이 (조선에서 누나의 도움을 받아 일본으로 건너간 뒤 조선비행병 학교에 입학해 훈련을 견뎌 내고 부대 배치를 받은 뒤) 칭따오 비행장 정비병으로 근무하고 있는 시점부터입니다. 따라서 그전까지의 이야기가 꼭 필요하다면, 그 필요에 따라 현재 이야기의 어느 곳에든 배치되어야 합니다. 이를 위해서 작가는 그 과거의 히스토리가 들어갈 위치와 분량을 잘 가늠해야 하지요.

인용한 부분의 직전 장면은, 우여곡절 끝에 칭따오 비행장에서 비행사가 아닌 정비사의 일을 하고 있는 조안에게, 소대장이 혹시 다시 조종사의 길이 열린다면 어떻게 하겠느냐는 질문을 하는 장면입니다. 이때 조안은 사실상 포기한 비행사의 꿈을 되살려야 하는지 고민합니다. 조안에게는 이것이 자신을 시험하는 것 같아서, 이 상황이 너무나 밉습니다. 그리하여 어떻게든 비행사가 되려 했고, 모진 훈련을 견뎌냈음은 물론 우수한 성적을 받았음에도 조선인이라는 이유로 비행사가 되지 못한 이유를 되짚어 냅니다.

회상 장면은 다소 길게 이어집니다. 다만 이 장면은 지난 몇 년 동안의 일을 압축적으로 정리함으로써 몇 가지의 효과를 얻습니다. 우선은 조안이 얼마나 힘들게 비행사가 되려 했는지, 그러나 그럼에도 불구하고 조선인이라는 이유로 얼마나 차별을 받았는지(이는 주제와도 관련이 있습니다), 더하여 경쟁자들의 무수한 방해로 목숨마저 위태로웠다는 사실까지 알 수 있습니다. 그리고 이후에 등장하는 다카하라의 캐릭터를 강화하는 역할도 하고 있습니다.

이런 방식으로 주인공의 과거 히스토리를 정리할 때는 지금 현재 주인공에게 영향을 미치고 있는 에피소드를 중심으로 하되, 그 내용 자체가 임팩트 있고, 그리하여 기억에 남을 만한 것을 우선시해야 합니다. 이를테면, 조안의 또 다른 과거 히스토리 중에는, 아빠를 속이고 누나의 도움으로 몰래 부산을 거쳐 일본까지 가는 장면도 있는데, 인용된 부분보다 더 앞선 이야기입니다. 하지만 이곳에서는 당장 그 내용이 필요하지 않으므로 시간상으로는 더 과거의 일인데도, 소설에서는 더 뒤쪽에 배치되지요. 즉 누나의 도움으로 가출 아닌 가출을 하는 이야기는 이보다 훨씬 뒤에 나를 만났을 때 전개됩니다.(146쪽) 과거의 이야기는 시간적 순서가 중요한 것이 아니라 그 부분이 다시 이야기되어야만 하는 모티프에 따라 능동적으로 배치하는 것이 더 중요하기 때문입니다.

또한 절대 설명하는 방식이어서는 안 됩니다. 인용 장면에 직·간접 화법을 번갈아 사용한 이유는 바로 히스토리의 전개가 설명처럼 딱딱하게 보이지 않게 하기 위한 것입니다. 일방적으로 설명하는 것도 이야기가 (압축되어) 전개되는 것과는 다릅니다. 만약 부득이하게 설명식 서술을 해야 한다면, 특히 현재 사건의 빠른 진행을 위해서라면 매우 간결하고 짧게 서술해야 합니다. 설명식 서술은 필연적으로 사건을 멈추게 해서 독서의 흐름을 깨뜨릴 것이기 때문입니다.

아래의 내용을 살펴보면 쉽게 이해할 수 있습니다.

"제타, 너는 이 모든 걸 어떻게 알았어?"

"베나로자왕립도서관 특별자료실. 제3 구역. 12서가 Z열에 있어."

제나의 물음에 제타가 씩 웃으면서 대답했다. 제타의 대답을 듣는 순간 제나는 자기도 모르게 아아, 하고 신음을 내뱉었다.

(A)어딘지 알 것 같았다. 제3 구역은 베나로자에 단 하나밖에 없는 종이책 도서관이었다. 세상의 모든 자료가 디지털화되었지만, 그곳의 자료만큼은 문화유산 보존 차원에서 종이책으로 남겨 둔 곳이었다. 지하 12층 규모의 방대한 도서관에는 천 년, 아니 그보다 훨씬 더 오래전에 만들어진 책들까지 고스란히 보관되어 있었다. 제타는 오로지 그곳에서만 놀았다.

제나는 제타가 보통 아이들과 다르다는 걸 그 애가 다섯 살 무렵에 알게 되었다.

제타는 먹는 것 말고는 옷도 제대로 입을 줄 몰랐고, 혼자 놔두면 그 자리에서 12시간 동안이나 꼼짝도 하지 않았다. 슬퍼할 줄도 기삐할 줄도 몰랐다. 스스로 할 줄 아는 게 아무것도 없다고 해도 틀린 말이 아니었다. 제타는 늘 같은 표정이었고 말은 거의 하지 않았다. 게다가 외부의 어떤 충격에도 대부분 반응하지 않았다. 가까운 사이가 아니라면 누가 무얼 물어도 대답조차 하지 않았다. 그래서 왕궁에서 탈출한 뒤에도 한동안 입을 열지 않았다. 도망 다니며 몇 달을 함께 지내지 않았다면 제타는 아마 제나를 남 보듯 했을 터였다.

다만 특이한 건 그런 와중에도 자기가 아는 내용이 나오면 문서 번호까지 기억해서 주저리주저리 떠벌린다는 점이었다.

왕실 주치의는 제타가 아주 특별한 자폐증이라고 했다.

“22세기까지도 발견되지 않은 증상이 있습니다. 뇌 구조 이상으로 정상적인 생활이 불가능하다는 점은 보통의 자폐증이나 다를 게 없는데, 뇌의 특정 능력은 보통 사람의 열 배가 넘습니다. 이를테면 무언가 작정하고 읽은 것, 본 것에 관한 기억력 같은 것들 말입니다.”

그런 제타가 유일하게 관심을 보이는 것이 책이었다. 다섯 살 무렵 처음 도서관에 발을 들인 후로 제타는 5년 동안 줄곧 그 안에서만 지냈다. 12층을 오르내리면서 무슨 책이든 꺼내 읽고 기억했다. 읽는 속도도 아주 빨랐고, 주치의의 말대로 내용을 정확하게 기억해 쏟아 내곤 했다. 그즈음에는 하야로비가 제타를 돌봐 주었는데, 둘은 내내 도서관에 처박혀 책을 읽었고 서로 뭔가 이야기를 주고받았다. 그럴 때면 제타의 눈이 반짝반짝 빛났고 다른 아이들과 전혀 다를 게 없어 보였다. 하지만 돌아서면 다시 아무것도 할 줄 모르는 '아픈 아이'였다.

'제타를 지켜다오.'

제3 별궁에서 별꽃 펜던트를 목에 걸어 주며 엄마가 마지막으로 남긴 말이 아직도 제나의 머릿속에 생생했다.

(B)그때 문득 은파가 제나의 팔을 흔들었다.

"여기서 나가야 할 것 같아."

은파가 의자에서 벌떡 일어서며 창문 너머 아래쪽 계단을 가리켰다. 거기에 흰 가면이 와 있었다. 더구나 이번에는 하나가 아니라 셋이었다. 그들은 이리저리 둘러보면서 이쪽으로 올라오고 있었다. 제나는 방금 아이스크림을 다 먹고서 양손을 쪽쪽 빨고 있는 제타를 다급히 일으켰다.

"제타, 어서 여기서 나가야 해."

제나는 은파를 따라 맞은편 상가로 갔다. 제타를 먼저 들여보내고 막 뒤따라가려는 순간, 흰 가면 하나가 이쪽을 빤히 보고 있었다.

"흰 가면이 나를 봤어. 얼른 숨어야 해."

제나는 은파에게 소리치며 사방을 살폈다. 상점은 꽤 넓었고 파는 물건도 엄청났다. 그곳은 온갖 유리 공예 제품을 비롯해 가면과 옷, 각종 장신구와 모자에 이르기까지, 다양한 물건을 파는 고만고만한 가게들이 한데 얽혀 있는 복합 상가였다. 사람들도 적지 않아서 제법 혼잡했다.(《천년의 음모》, 한정영, 올리, 51-53쪽)

히스토리 압축의 또 하나의 요령은, 동일한 초점을 유지하는 것입니다. 즉 보통의 히스토리 전개는 이전 사건에서 모티프가 되어 발생하기 마련인데, 바로 그 사건에 대한 히스토리만 압축적으로 짧고 빠르게 써야 합니다.

《천년의 음모》 앞부분(A)은, 미래에서 온 제나와 제타 남매가 알 수 없는 인물(흰 가면)에게 쫓기는 장면입니다. 거리를 뛰고, 루나 보트를 타고 달아나지요. 그리고 결국 보트를 타고 따라온 의문의 인물과 위에서 한 차례 싸우다가 가까스로 따돌리지요. 그런 다음, 추격자를 추측하는 과정에서 자신이 살아온 베나로자 왕국에 대한 이야기를 하는데, 뜻밖에도 자폐증을 앓고 있는 제타가 그 역사를 줄줄 꿰고 있습니다. 이것이 모티프가 되어 제타의 히스토리를 전개합니다. 이를 통해 제타가 어떤 인물인지, 왜 제나와 함께 이곳까지 여행하게 되었는지에 대한 의문이 풀립니다. 얼핏 보면 합목적적으로 보입니다.

하지만 가민히 살펴보면 이 히스토리 전개가 디테일은 확보하지만, 이야기의 속도를 늦춥니다. 단순하게 '제타는 비록 자폐증을 앓고 있기는 하지만, 특별한 집중력이 발현되어 도서관의 책 상당량을 외고 있다'는 히스토리만 있으면 됩니다. 더구나 바로 앞쪽에서 베나로자 왕국의 역사를 장황한 대화체로 늘어놓은 뒤라 현재 벌어지는 사건이 아닌 회상 형식의 히스토리는 다소 지루함을 줄 수 있습니다. 이따금씩 이런 진술이 계속되는 이유는, 제타가 비록 제3의 인물임에도 불구하고 히스토리를 견고하게 만들어 이야기의 확장성을 노리기 때문인데, 적절한 수준을 유지하는 것이 절대적으로 필요합니다.(220쪽, '주인공 외의 인물 히스토리를 드러내는 방법' 참조)

즉 특정한 인물의 히스토리는 짧고 간결해야 하는 것은 물론, 적절한 위치에 배치되어야 함을 알 수 있습니다. 그러므로 작가(지망생)는 이 '원칙'이 지켜지지 않으면, 대부분의 독자는 이를 '설명'으로 인지하게 되고, 독서 집중력이 저하된다는 사실을 잊으면 안 됩니다. 모든 이야기는 온전히 현재에 집중해야 하고 꼭 필요한 특정 인물의 히스토리라 할지라도 더 압축해야 합니다.

물론 압축(A)이 끝나면 곧바로 현재 사건으로 돌아와야 합니다. 이때, 작가는 독자에게, 현재 사건으로 다시 돌아왔다는 사실을 알릴 필요가 있는데, 이를 위해 다소 임팩트 있는 (현재 사건의) 재시작 신호를 줄 필요가 있습니다. 즉 곧바로 주인공이 위기에 처했음(B)을 알리는 방식입니다. 이른바 역동적 전환이지요. 그러면 독자는 잠깐의 쉼을 멈추고 다시 독서에 몰입할 수 있습니다.

## 낯익은 공간을 낯설게 만드는 장면

### 《원소 몬스터》, 《33번째 달의 마법》

이야기의 구체성은 시간과 공간을 설정하는 일에서부터 갖춰집니다. 특히 공간은 이야기의 분위기를 환기하고 인물의 처소處所를 확정함으로써 현실성을 구현합니다. 따라서 공간의 활용은 이야기를 흥미롭게 전개하는 핵심적인 요소 중의 하나입니다.

일반적으로 독자는 익숙하고 안정적인 공간에 흥미를 느끼지 않습니다. 그래서 일상적인 공간이 반복되면, 스토리 자체의 자극을 높여서 긴장감을 확보하는 방법을 사용하지요. 이즈음의 많은 작가가 판타지와 SF, 역사 동화(소설)을 선호하는 것도 이런 이유와 관련이 있습니다. 낯선 공간만으로도 독자는 호기심을 갖기 때문이지요. 매일 만나는 교실이나, 학교 앞 길거리와 우리 집과 같은 곳은 공간의 현실적 특징만으로 독자의 새로운 호기심을 끌 만한 장소가 아닙니다. 그러나 로봇과 사람이 함께 거리를 활보하는 미래의 도시나 초록색 도마뱀처럼 생긴 외계인이 살고 있는 어느 별과 같은 곳은, 그 존재 자체만으로도 독자의 눈을 반짝거리도록 만들 수 있습니다. 왕자와 공주가 사는 궁궐도 그러합니다. 최근 들어 이런 성향이 더 강해진 것은, 공간 중심의 스토리 장르인 영상 콘텐츠가 많아진 것과도 무관하지 않습니다. CG를 통해 디지털 공간의 매력은 작가들의 상상력을 자극했을 것입니다.

그러나 동화(청소년소설)에서는 너무 낯선 공간은 어린 독자들의 접근을 어렵게 할 수도 있습니다. 도리어 독자는 누구나 경험해 본 공간에 친밀성을 느끼지요. 너무 낯설면 그 공간을 이해하기 힘들기 때문입니다. 그래서 SF나 역사 동화(소설)를 쓸 때는, 현실 동화를 쓸 때보다 더 전략적인 공간 묘사가 필요하지요.

그래서 작가는 공간에 대해서만큼은, 다소 모순적으로 들릴지 몰라도, 한편으로는 진입 장벽을 낮추면서도, 그러나 또 다른 면에서는 낯설게 함으로써 호기심을 일으키게 하는 것이 좋습니다. 익숙한 공간을 낯설게 보이도록 하여 사건 전개에 필요한 공간을 창조해 낼 필요가 있다는 의미입니다. 이 말은 한편으로는 역사 동화든 판타지, 혹은 SF든, 그 공간의 창조는 현재적(현실적) 공간에 기반하는 것이 좋다는 의미이기도 합니다. 평범한 공간도 특별하게 느껴지도록 만드는 것이지요. 실제로 낯익은(혹은 익숙한) 공간은 변화에 대한 기대감이 없으며, 따라서 긴장감을 유발하지 않습니다. 따라서 사건을 기대하기란 어렵

지요.(146쪽, '영화처럼 쓰려면 - 공간 활용의 극대화' 참고)

골목 안에 들어서자마자 우뚝 솟은 고물 탑이 제일 먼저 눈에 들어왔다. 우그러진 세숫대야는 물론이고, 고장 난 텔레비전과 냉장고, 녹슨 채 아무렇게나 구부러진 철근이며, 부서진 옷장과 책상, 자동차 껍데기와 한 아름씩 묶인 책 꾸러미와 신문지 뭉치며 온갖 고물이 뒤엉켜 높다랗게 뾰족한 산을 이루고 있었다.

공교롭게도 쓰레기 탑의 제일 꼭대기에는 녹슨 자전거가 피뢰침처럼 콕 박혀 있었는데, 마치 하늘을 향해 당장이라도 날아갈 것처럼 보였다. 실제로 쓰레기 탑 위의 자전거를 볼 때마다 그런 상상을 종종 하곤 했다. 자전거를 타고 파란 하늘을 향해 한없이 내달리다가 구름 사이로 숨고, 다시 무지개를 타고 언덕을 오르는 상상. 그러다가 아빠가 생각나는 바람에 화들짝 놀라서 그만두고는 했지만.

행복 고물상.

세로로 걸려 있는 간판은 군데군데 깨지고 으스러진데다 글씨마저 희미해서 한눈에 보아도 낡고 오래된 티가 났다. 나는 빨간 장미와 잡풀이 어우러진 담장을 따라 빠르게 걸었다. 고물상 담장 끄트머리에 있는, 동네 강아지들과 내가 가끔 드나들던 개구멍도 오늘은 그냥 지나치기로 마음먹었다.

그 안으로 들어가면 온갖 장난감들이 즐비했다. 남들은 쓰레기라고 부를지도 모르지만, 고장 난 전자제품의 부속품은 물론이고 스펀지가 터져 나온 소파와 텔레비전, 컴퓨터 모니터, 자전거 체인,

자동차 운전대까지 내게는 모두 신기한 장난감이었다. 종일 놀아도 심심하지 않았고, 조금 지루하다 싶을 때는 남이 보다가 버린 만화책을 뒤적거리다 보면 시간은 금세 지나갔다. 그래서 가끔 엄마가 없는 토요일이나 일요일에 개구멍으로 들어가 고물 탑 주위를 맴돌며 놀았다.

무엇보다 고물들 틈새에 생겨난 자그마한 공간이 가장 마음에 들었다. 나는 그곳에 버려진 스티로폼과 장판을 깔고 보금자리를 만들었다. 바람을 막고 비도 피할 수 있어서 좋았다. 거기서 게임을 하거나 한쪽에 쌓여 있는 오래된 책들을 꺼내 보면서 온종일을 지낸 적도 있었다.

(중략)

그런데 어느 즈음이었을까. 부서진 담장 사이로 고물 탑을 힐끔 쳐다보니, 그 꼭대기가 번쩍거렸다.

번개?

나는 잘못 보았겠거니 생각하고 머리를 저었다. 하지만 그런 생각을 비웃기라도 하듯 고물 탑 꼭대기의 자전거 바퀴가 파리하게 빛났다. 무슨 일일까 싶어서 나는 얼른 장미 넝쿨을 헤치고 안쪽을 엿보았다.

아!

초록빛이 한참이나 자전거 앞바퀴를 돌았다. 얼핏 자전거 바퀴가 뱅글뱅글 돌고 있는 것처럼 보였다. 그러더니 그 빛은 뱀처럼 긴

띠를 만들며 뒷바퀴 쪽으로 옮겨갔고 뒤미처 고물 탑 위아래를 오르내리기 시작했다. 잠시 지켜보려니까, 어느 순간에는 공중으로 휙 솟아올랐다가 탑 아래로 스르르 미끄러졌다. 그 뿐만이 아니었다. 모양도 수시로 바뀌었다. 그저 불꽃의 모양이었다가 둥그렇게 변하더니, 다시 동물의 모습을 띠었다. 그러다가 마침내 주둥이가 뾰족한 여우처럼 바뀌었다. 아, 게다가 꼬리는 세 개였다.

(중략)

나도 모르게 중얼거리고는 얼결에 개구멍으로 들어갔다. 조심스럽게 걸어가 고물 탑 위아래를 살펴본 다음, 찬찬히 컨테이너 박스 쪽으로 걸음을 옮겼다. 하지만 곧 멈추었다. 고물상의 그 '이상한 할아버지'에 대해 떠도는 소문 때문이었다.
"그 할아버지 마술을 부린대! 연금술사라고 들어 봤지? 물건을 막 이것저것으로 변하게 하는 사람 말이야."
"고물을 왜 모으는지 알아? 귀신을 모으는 거래. 왜 오래된 물건에는 귀신이 산다고 하잖아. 도깨비인가? 그래서 고물을 산처럼 쌓기만 하는 거야."
"정신이 온전치 않아서 아무나 잡아다가 강제로 굴뚝 청소시키고 혼을 빼앗아서 도망도 못 가게 한다는데?"
왠지 어느 동화책에서 읽었던 내용이 섞여 있는 듯했다. 그래서 그다지 귀 기울여 듣지는 않았다. 게다가 아이들은 골목 안쪽에 있는 고물상에 그다지 관심을 두지 않았다. 나야 절뚝거리는 내 모습을 다른 사람이 보는 게 싫어서 자주 골목 뒷길로 다녔지만, 다른 아이들은 아니었다. 학교 갈 때도, 마트에 갈 때도 큰길로 다녔다. 할아버지를 보았어도 내가 더 많이 보았을 것이다.

고물상의 할아버지는 허리가 구부정했고, 흰 수염이 길었으며, 주름진 얼굴로 가끔 고물 탑 꼭대기의 자전거를 바라보곤 했다. 그럴 때면 조금 요란한 색의 깃털을 가진 새가 그 주위를 맴돌거나 어깨에 내려앉아 있고는 했다. 할아버지와 말을 나누어 본 적은 없었지만, 아이들의 말에 믿음이 가지는 않았다.

그래서 나는 고개를 저었다.

'도깨비? 그런 걸 믿는 아이들이 있다고? 마술은 또 뭐고, 연금술은 뭐야? 내가 이곳에 몇 번이나 드나들었는데? 그동안 아무 일도 없었잖아. 나 혼자서 얼마나 잘 놀았는데.'

고물상은 내게 놀이터였고, 여기저기 흩어진 고물들이 모두 내 장난감이었다. 나는 고물 탑 아래서 망가진 운전대를 주워 자동차 경주를 흉내 냈고, 부서진 책상과 의자를 타고 넘어다니면서 전쟁놀이를 했다. 책을 쭉 세워 놓고 다시 쓰러뜨리는 도미노 게임을 하며 혼자 박수를 치기도 했다. 비가 올 때는 보금자리 안에 들어가 과자를 먹으며 놀았다. 하지만 그러는 동안 단 한 번도 주인 할아버지를 만난 적이 없었다……. (《원소 몬스터》, 이한, 이지북, 13~20쪽)

인용문의 전반부는 고물상의 단순한 디테일로 이루어져 있습니다. 잔뜩 고물이 쌓여 있는 모습을 구체적으로 묘사하지요. 리얼리티를 유지하고 독자가 보통의 고물상을 상상할 수 있도록 유도합니다. 다만 그 고물 더미의 꼭대기에 자전거를 올려놓음으로써 이후 전개, 즉 알고 보면 이곳이 보통의 고물상이 아닐 것임을 암시합니다.

그리고 마침내 그 자전거 바퀴에 무언가 내려앉고, 더구나 그것이 기괴한 모습을 하고 있다고 알림으로써 흔한 고물상은 낯선 공간으로 조금씩 전환됩니다. 그리고 여기에 더하여 친구들에게 들은 바 있는, '할아버지의 정체'에 대한 서술을 덮어씌움으로써 고물상은 판타지 공간의 기능을 갖기 시작하지요. 주변의 흔한 공간이 낯설어지는 것입니다.

자동차 한두 대는 지나다닐 만한 골목 사거리 한쪽 옆에 녹색 박스가 보였어. 축대처럼 높은 담장 아래에 무슨 혹처럼 달라붙은 저 네모난 상자 말이야. 그 상자 앞면에 고양이가 그려져 있었어. 아주 잘 그린 그림은 아니었지만, 백설기 말대로 고양이의 목에 빨간 리본이 그려져 있었어.

음, 이제 털어놓을 때가 된 건가? 내가 왜 새로운 의류 수거함을 찾아서 이곳까지 왔는지 말이야.

사람들은 잘 모를 거야. 고양이들이 의류 수거함을 아주 두려워한다는 사실을 말이야. 심지어 고양이들은 이 물건을 '네모난 무덤'이라고 부르기도 하지. 왜냐고? 한번 들어가면 나올 수 없기 때문이야. 속이 깊은 데다가 사방 벽이 너무나 매끈해서 아무리 발톱을 세워도 기어오를 수가 없거든.

이따금씩 사람들에게, 혹은 다른 고양이나 개에게 쫓긴 녀석들이 다급한 마음에 의류 수거함으로 달아나지만, 결국 그 고양이는 살기 위해서 죽음을 택하는 거지. 맞아. 나도 백설기가 나를 해치려고 쫓아왔을 때, 의류 수거함으로 달아났어.

모두 내가 죽었을 거라고 생각했지. 하지만 나는 6일 만에 보란 듯이 그 안에서 살아 나왔어. 백설기와 다른 고양이들은 그런 나를 검은 강을 건너온 고양이라며 두려워했고.

아, 고양이들은 죽는 걸 검은 강을 건넌다고 말하지. 응, 내가 죽었다가 살아 돌아왔다고 믿은 거야.

어떻게 살아났냐고?

두 번 죽을 수는 없었어. 나는 발톱이 빠질 정도로 의류 수거함 벽을 긁고 또 긁어서 홈을 하나씩 만들고 그 틈새를 밟고 기어 나왔어. 그날 내 앞 발톱은 빠지고 부러져 열 개 중에 세 개밖에 남지 않았지. 지금도 그때 빠진 왼쪽 발톱 두 개는 아예 자라지 않고 있어.

내가 의류 수거함에서 살아서 나오자, 마녀는 내게 신비한 능력을 주었지. 보름달이 뜨는 날, 의류 수거함을 뒤져서 마음에 드는 옷을 입으면, 그 옷 주인의 모습으로 사흘 동안 살 수 있는 능력! 물론 그 후에는 다시 길고양이로 돌아와야 하지만.

그래도 33번째 달이 떴을 때, 사람의 옷을 입으면 영원히 사람으로 살 수 있다고 했어. 그날은 푸르스름한 달이 뜬다고 했지.

응, 바로 오늘이 33번째 달이 뜨는 날이야.(《33번째 달의 마법》, 한정영, 올리, 24-27쪽)

《33번째 달의 마법》에서 흔한 골목길과 의류 수거함이 낯설어 보이기 시작한 이유는, 그 안에 들어가서 사람의 옷을 입으면 며칠 동안 그 사람의 모습으로 살게 된다는 미스터리한 판타지와 특히 33번째 달이 뜨면 영원히 사람의 모습으로 살 수 있게 된다는 마법 때문입니다. 이런 이유 때문에라도 독자는 현실에 존재하는 의류 수거함을 한 번이라도 되돌아볼 것입니다. 특히 어린이 독자들이라면 더더욱 그럴 것입니다.

이처럼 낯익어서 쉽게 진입한 공간이 낯설어지기 시작하면, 그 자체로 긴장을 유발합니다. 더구나 주인공의 안전이 확인되지 않은 상태의 공간에 입성할 경우, 이 긴장감은 배가되면서 어떤 사건이든 일어날 수 있음을 강력하게 암시하고, 대부분은 실제로 사건이 일어나지요.

즉 작가가 인지해야 하는 것은, 구태여 오래전이나 먼 미래의 공간만이 낯섦을 유발하지는 않는다는 사실입니다. 흔한 공간에 단 하나의 이질적 요소만 추가해도 공간은 낯설어집니다.

가령, 매일 지나다니던 우리집 앞 사거리의 모든 신호등이 망가져서 노란 불만 깜박입니다.(조건 변경) 그러자 자동차들이 무질서하게 교차로에 들어서고 순식간에 거리는 아수라장이 되어 버립니다.(낯선 공간) 이 경우, 공간의 익숙함이 사라지고 이후에 무슨 일이 날지 알 수 없는 상태가 되어 버립니다. 이처럼 물리적 조건을 변경해도 되고, 인물을 추가해도 됩니다. 이를테면 매일 평온한 우리 집에 한 번도 본 적이 없는 먼 친척 어른이 방문했습니다. 게다가 당분과 나(주인공)와 함께 지내야 합니다.(조건 변경) 졸지에 나는 방을 내주고 엄마 아빠와 한방에서 지내야 합니다. 그뿐만 아니라 그는 사사건건 나의 행동에 간섭을 합니다.(낯선 공간) 숙제를 검사하고, 옷차림을 감시하기도 하지요. 이런 일이 지속되면 아주 평온하고 안정적인 공간이 불안한 공간이 되고 사건의 온상이 되기 시작합니다. 즉 낯선 공간은, 애초에 별도로 존재하는 것이 아니라, 작가의 의지가 만들어 내는 '사건 현장'입니다.

## 주인공 외의 인물 히스토리를 드러내는 방법

### 《너희는 안녕하니?》, 《소녀 퇴마사, 경성의 사라진 아이들》

동화(청소년소설)는 물론 대부분의 이야기 장르는 갈등과 사건을 전제로 하기 때문에 최소 1명의 프라타고니스트와 1명의 안타고니스트가 존재합니다. 여기에 어시스턴트가 등장하고, 이야기가 길어지면 더 많은 인물이 필요하게 됩니다. 이때 주인공이 아니더라도 장편의 각 인물이 고유한 히스토리를 가지고 있으면, 캐릭터로서 매력을 갖게 됩니다. 물론 이는 독자로 하여금 흥미를 갖게 하는 요소로 작용하고요.

그렇다면 주인공이 아닌 인물의 히스토리를 드러낼 때는 어떻게 해야 작품성이나 완성도를 훼손하지 않으면서 흥미까지 유지할 수 있을지가 핵심일 것입니다.

대체로 주인공은 물론이고 다른 인물의 히스토리도 작가가 직접, 혹은 주인공의 입을 빌어 서술하게 됩니다. 어떤 경우든 설명의 형태를 띠게 될 가능성이 큽니다. 물론 '설명'도 묘사와 대화처럼 이야기를 이끌어 나가는 서술 방법의 하나입니다. 다만 설명이 길어질 경우, 사건을 지체시킬 수 있고 지루해지는 단점이 있어서 꼭 필요한 곳에, 적재적소에 사용하지 않으면 흥미를 반감시킬 수 있습니다.

특히 주인공 본인이 아니라 제2, 제3의 인물을 설명할 때는 더 그렇습니다. 모든 사건은 주인공에게 초점이 맞추어져 있기 때문에 '바쁜' 독자는 주인공이 아닌 인물에까지 구태여 큰 관심을 기울이지 않을 것이니까요. 이 말은 주인공이 아닌 인물의 히스토리는 적정한 수준에서, 그리고 가능한 한 주인공과 관련 있는 부분에 한정하는 것이 좋다는 의미이기도 하지요. 즉 주인공 외 인물의 히스토리를 아주 특별하게 창조하는 것도 중요하지만, 그보다는 주인공이 지금 겪고 있는 사건에 직·간접적으로 영향을 미치는 것이 더 중요합니다. 그러므로 제2, 제3의 인물을 '해설'하는 서술은 목적한 바의 사건 전개에 지장을 주지 않는 범위 내에서 임팩트 있게 진행하는 것이 좋습니다.

무엇보다 가장 나쁜 방법은 시점을 이탈해서 갑자기 시점이 주인공에서 다른 인물로 넘어가는 것이지요. 그렇게 한다고 해서 읽히지 않는 것은 아니지만 작품성이나 완결성에 치명적인 단점이 될 수도 있습니다. 대체로 해당 인물의 삶을 생생하게 전달하고픈 욕망에서 (혹은 필요하다고 판단이 들었기 때문에) 일일이 설명하기보다는 아예 시점을 바꾸어 해당 인물 중심의 사건으로 만들어 버리는 것입니다. 마치 영화에서 카메라가 옮겨 다니듯이 말이지요.

그러나 이럴 경우, 해당 부분을 읽는 동안 주인공이 사라지는 난점이 있습니다. 독자는 주인공의 삶을 한참 들여다보다가 갑자기 다른 인물 속으로 들어가야 하는 곤혹스러운 상황을 마주하게 되는 것이지요. 더구나 작품 안에서 이런 일이 자주 반복되면 주인공이 누구인지 (누구의 이야기를 읽고 있는 것인지) 알 수 없게 됩니다. 심지어 어떤 독자는, "이 작품에서는 주인공보다 다른 인물(시점 이탈로 주목받은 인물)이 더 매력적이야."라는 말까지 하게 되지요.

그러므로 가장 좋은 방법은 다른 인물의 히스토리를 드러내더라도 주인공이 그 안에 있는 것이 좋습니다.

"너 몰골이 왜 그러냐?"

괜찮니? 무슨 일 있어? 이렇게 질문하려고 했는데, 정작 입 밖으로 나온 소리는 그것이었다. 그럴 수밖에 없었던 것이, 헝클어진 머리는 그렇다, 쳐도 푸석푸석해 보이는 얼굴, 다크 서클. 도대체 평소에 미추룸하게 보이던 모습은 온데간데없었다. 게다가 오른 손목에는 붕대를 감고 있었고, 검지와 새끼손가락에는 반창고가 덕지덕지 붙어 있었다. 축 늘어진 티셔츠와 무릎 나온 청바지, 삼선 슬리퍼는 빼놓고 이야기해도 민서가 정상으로 보이지는 않았다.

"야야! 시끄럽고! 신나게 놀자. 마이크 줘봐. 근데 여기 막 이러고 놀아도 되냐? 아, 래호네 삼촌 가게라고 했지? 밤새 여기서 노는 거야?"

민서는 바빴다. 래호에게서 마이크를 먼저 뺏어 들더니 리모콘으로 노래를 검색하면서 몇 가지 질문을 한꺼번에 해댔다. 래호는 그런 민서의 모습을 힐끗 보더니, 시우를 쳐다보며 고개를 갸웃거렸다. 쟤, 왜 저러는 거야. 딱 봐도 그런 표정이었다. 물론 시우도 알 수 없었다.

노래의 반주가 흘러나오기 시작했다. 화면을 보니, 들국화의 <행진>이었다. 다소 긴 듯한 반주가 나오는 동안, 민서는 목소리를 다듬고 두 손으로 마이크를 꼭 쥐었다. 그리고 노래를 시작했다. 나의 과거는 어두웠지만 나의 과거는 힘이 들었지만, 그러나 나의 과거를 사랑할 수 있다면……. 민서는 가사 하나하나를 음미했다. 음과 멜로디 하나하나를 모두 다 온몸으로 받아들여서 그걸 다시 소리로 내놓고 있다는 느낌이랄까. 그 때문에 시우는 아무 소리도 내지 못하고 듣고 있어야만 했다. 래호도 넋을 잃고 쳐다보기만 했다.

그런데 <낭만고양이>를 부를 때는 또 달랐다. 반주가 나오자마자 민서는 난동(!)을 부렸다. 신발을 신은 채 의자에 올라가 소리를 질렀고, 시우와 래호에게 탬버린을 집어주며 흔들라고 연신 손짓을 해댔다. 내 두 눈 밤이면 별이 되지,를 부를 때는 눈을 껌뻑였고, 이젠 바다로 떠날 거예요,를 부를 때는 한손으로 문쪽 위를 가리키며 그쪽으로 막 걸어가는 시늉을 했다. 나는 낭만 고양이~,에서는 뜬금없이 가사 뒤에 야옹, 소리를 내기도 했다. 래호가 멍하니 쳐다보고만 있자, 손짓으로 탬버린을 치라고 재촉했다. 그러자 래호가 슬그머니 시우에게 다가와 귀에 대고 소리쳤다.

"쟤, 미친 거 아니니?"

시우는 대답하지 않고, 가만히 지켜보기만 했다. 그러나 곧 고개를 끄덕이지 않으면 안 되었다. 뜬금없이 소녀시대의 <소원을 말해 봐>를 부르기 시작했는데, 청바지를 정강이까지 걷어 올리며 안무를 흉내 냈다. 그러고는 시우 쪽을 향해 손짓까지 해댔다.

하, 저게 곱게 미치지. 시우는 뒤까불고 있는 민서를 보면서 중얼거렸다. 그리곤 고개를 돌렸다. 그러자 민서는 오히려 더 가까이 와서 턱을 쓰다듬기까지 했다. 시우는 짜증이 났다. 얼른 의자 위에 내던져진 리모콘을 더듬어 정지 버튼을 눌렀다. 순간, 조명이 밝아지고 민서는 엉거주춤한 상태로 불빛에 드러났다.

"야, 윤시우. 뭐 하는 거야? 한참 노래 부르고 있는데?"

민서가 꽥 지른 소리가 마이크를 통해 울렸다.

"그만 해. 너답지 않아."

"뭐? 그럼 어떤 게 나다운 건데? 그걸 네가 알아? 나도 모르는 걸?"

"……?"

시우는 대답하지 않았다. 아니, 무어라고 할 말이 없었다.

잠시 말이 끊어졌다. 래호도 옆에 멀뚱멀뚱 앉아있을 뿐 별다른 말을 하지 않았다.

조금 더 시간이 지난 후에 민서가 입을 열었다. 이번에는 진지했다.

"시우야. 그냥 이러고 싶을 때 있잖아. 응, 너도 그럴 때 있지 않았어?"

그래서 시우는 더더욱 할 말이 없었다. 얼결에 고개만 끄덕였다.

잠시 후, 민서는 다시 마이크를 잡았다. 그리고 리모콘을 집어 들어 노래를 검색했다. 그러나 연신 버튼만 누를 뿐, 민서는 쉽게 노래를 찾아내지 못했다. 무슨 노래를 하려는 거냐고 물으려다가 그만두었다.

안 되겠다, 싶었는지 민서는 리모콘을 집어던지고는, 두툼한 노래 선곡 책을 집어 들었다. 보고 넘기는 건지, 그냥 넘기는 것인지 알 수가 없었다.

그러나 결국 민서는 마이크를 내려놓고 리모콘을 테이블 위에 던졌다. 그러더니 의자 위에 두 다리를 올려놓고 웅크린 채로 고쳐 앉았다. 한참을 그러고 있었다. 밖에서는 연신 다른 방에서 부르는 노래와 악을 쓰는 소리가 들려왔다. 문 앞을 지나가는 발자국 소리도 들렸다.

시우는 무얼 해야 할지 알 수가 없었다. 무슨 말을 꺼내기도 두려웠다. 그래서 속으로만 애를 태우고 있는데 문득, 민서의 어깨가 들썩거렸다.

민서가 울고 있었다. 시우는 조금 놀랐고, 그래서 반사적으로 일어나 민서 쪽으로 조금 더 가까이 다가앉았다. 하지만 역시 무슨 말을 꺼내지는 못했다. 그때, 래호가 시우를 쳐다보며 또 고개를 갸웃거렸다. 어떻게 하지? 그런 표정이었다. 시우는 손을 들어 보였다. 잠깐만 기다려보자, 라는 뜻으로.

잠시 후, 민서가 입을 열었다.

"……피아노를 치고 있었어. 방문이 열린 줄 몰랐지. 한참 히로미의 <톰과 제리 쇼>의 클라이맥스였는데, 아빠가 방에 들어오셨어. 모의고사가 얼마 남지 않았을 텐데, 뭘 하는 거야, 라고 아빠가 소리친 뒤에야 그 사실을 알았지. 그런데 이상하게도 오늘은, 손이 멈추지 않았어. 예전 같았으면 얼른 피아노 뚜껑을 덮고 책상 앞으로 달려갔을 텐데 말이야. 아빠를 쳐다보면서도 내 손은 여전히 건반을 누르고 있는 거야. 아빠 눈썹이 꿈틀거리더라. 그래도 내 손은……."

숨을 고르느라 민서는 말을 잠시 멈추었다. 시우와 래호는 잠시 기다렸다.

곧 민서가 뒷말을 이었다.

"그런데 아빠가 피아노 덮개를 덮었어."

"그래서 손목을 다친 거야?"

문득 래호가 나서서 물었다. 민서는 고개를 끄덕였다.

"그런데 내가 무슨 짓을 했는지 알아? 손이 덮개에 덮인 채로 피아노를 쳤어."

"저, 정말?"

래호가 다시 나섰다. 하지만 이번엔 민서는 고개를 끄덕이는 대신 곧바로 말을 이었다.

"아빠가 뭐하는 짓이냐고 다그치더라. 그래서 정말 용기내서 말했어. 피아노를 치고 싶다고. 그러니까 아빠가 화를 냈어. 아직도 정신 못 차린 거냐고. 그러면서 건반에서 손 떼라고 하시더라고. 난 버텼지. 아빠가 덮개를 눌렀어. 나는 놀랐고, 아팠지만 손을 빼지 않았어. 아빠도 멈추지 않았어. 그때 엄마가 달려왔어. 엄마가 그러더라. 어서 아빠한테 잘못했다고 빌고 손 빼라고. 그래서 내가 말했지. 내가 도대체 무슨 잘못을 했냐고. 그런 중에도 손이 너무 아팠어."

"……."

"엄마 아빠가 다투었어. 엄마는 결국 아빠 편을 들었지만 그래도 내 손이 걱정이 되었는지 아빠를 떠밀고……. 그러다가 나까지 휘말려서 손이 빠지긴 했는데……."

그러면서 민서는 손을 테이블 위에 올려놓았다. 가만히 살펴보니 부어있는 듯 했다. 문득 시우는 손을 뻗어 민서의 부은 손을 어루만질 뻔했다.

민서가 계속 말했다.

"아빠가 내 뒷덜미를 붙잡더니 책상 앞으로 몰아세웠어. 그러면서

나마저 서울대를 못 가면 창피해서 직장도 못 다닌다고, 체면이 안 선다고 그러시더라. 그래서 내가 그랬지. 내가 아빠 체면 세워주려고 공부해야 하는 거냐고? 그 말을 하자마자 아빠가 뒷덜미를 후려쳤고, 나는 왜 때리냐고 그랬고……. 뭐, 바락바락 대들었지, 뭐. 그랬더니 피아노를 부숴버리겠다고 그러시더라고. 안된다고. 또 엎치락뒤치락하다가 손을 더 삐끗했고, 결국 아빠가 그럴 거면 나가라고 그러시더라."

"그래서 나온 거라고? 이런 채로?"

래호가 물었다. 그러자 민서는 눈물이 번진 채로 허탈하게 웃었다. 그리고는 대꾸했다.

"뭐, 그런 중에 뭘 챙길 수가 있어야지. 휴대전화기만 들고 나온 거야. 왜? 못 봐주겠냐?"

"아, 아니 그런 건 아니고."

민서의 다그침에 래호는 크게 손사래를 쳤다.

잠시 시간이 지난 뒤에, 민서가 시우에게 물었다.

"네가 보기엔 내가 좀 웃기지?"

"응? 왜? 난 아무 말도 하지 않았어."

"아니, 그렇잖아. 네가 밴드 하자고 할 때는 꼼짝도 안 했는데, 결국 음악 하겠다고 아빠랑 싸우고 집을 뛰쳐나왔으니 말야."

"상관없어."

"상관없어? 무슨 대답이 그렇게 성의가 없어."

"성의가 없는 게 아니라, 난 네가 음악을 하고 싶어 하는 걸 알고 있으니까. 그 가슴속에 뜨겁게……."

그때 문득 민서가 제 가슴을 내려다보았다.(《너희는 안녕하니?》, 한정영, 다른, 151-158쪽)

《너희는 안녕하니?》는 음악을 하고 싶은 주인공 시우와 기성세대와의 갈등을 이야기하는 작품입니다. 기성세대의 예체능에 대한 선입견과 자신이 하고 싶은 것에 의미를 두고 꾸준히 자신의 꿈을 실현하고픈 청소년의 이야기이지요.

하루는 주인공 시우가 여자 친구 민서, 래호와 함께, 래호의 삼촌이 운영하는 노래방에 갑니다. 그런데 갑자기 우등생인 민서가 평소와는 다른 모습을 보입니다. 무언가 낯선 일이 벌어지고 있다는 데에 시우도 놀라고, 따라서 독자도 호기심을 갖기 시작하는 부분이지요. 애초에 민서는 공부를 잘해서 장래가 음악과는 별로 관련이 없을 것 같은 아이입니다. 그런데 민서는 거의 '난동'을 부리고 있지요. 이전까지 주인공이 알고 있던, 또한 독자가 파악했던 민서의 모습이 아닙니다.

이렇게 한참 동안 '난동'을 부리던 민서는 마침내 자신의 비밀을 털어놓습니다. 실은 자신도 음악에 뜻이 있었지만, 아빠의 반대로 숨을 죽이고 공부만 하고 있었던 것이지요. 이렇게 서로 이야기를 주고받는 식으로 민서의 히스토리가 드러나기 시작합니다. 설명이 아닌 담담한 대화의 방식이지요. 작가가 직접 개입한 흔적이 덜한 편입니다.

이 부분은 다른 인물의 히스토리를 말하고 있지만, 시우의 시점이 유지되고 주인공도 사라지지 않았습니다. 더구나 그 내용이 음악과 관련된 것으로 한정되어 있어서 시우의 감성을 자극합니다. 남의 이야기지만 자신의 이야기로 받아들이고, 공감합니다. 독자도 필요한 정보로 읽게 되는 효과를 얻을 수 있습니다. 핵심은 민서에게는 이보다 더 많은 히스토리가 존재할 테지만, 주인공과 관계 있는(음악) 내용만 이야기를 주고받는 방식으로 회고되었다는 것입니다.

물론 이와 같은 방법이 절대적인 것은 아니지만, 작가의 설명 형식이었으면 도리어 설득력이 떨어졌을 것입니다. 이야기란 지금 일어나고 있는 사건을 통해 감동받으며 공감되는 형식이니까요. 그리고 민서의 시점으로 전환된 채로 전개되었다면, 독자는 다른 느낌으로 받아들였을 것입니다. 주인공이 보이지 않을 테니, 주인공을 더 깊이 이해하는 데 쓰이는 것이 아니라, 또 다른 인물의 히스토리를 따로 기억해야 하는 부담이 생겼을 테지요. 즉 시점의 이탈이 잦아지면 이야기의 전개가 어수선해지고 이야기에 대한 집중도가 떨어질 수 있음을 기억해야 합니다.

무엇보다 천변풍경에서 가장 희한한 존재는 지니 아저씨였다.

많이 배운 티가 났고, 양인 차림이었지만 부잣집 도련님 태가 났다. 말하는 걸 얼핏 들어도 아주 똑똑한 사람으로 보였다. 시를 쓴다고도 했고, 소설을 쓴다고도 했다. 그는 자주 이모에게 자신이 썼다는 시를 읽어 주었다. 어제도 이모를 붙들고, "당신은 항상 유리장 너머에 있소. 당신은 가까이 있으나 건너갈 수 없소. 유리창이 앞을 막으니 멀고 먼 곳에 있는 듯하오…."라며 중얼거렸는데, 그게 시인지 뭔지 알 수가 없었다. 물론 이모 역시 시답지 않다는 듯 들은 체도 하지 않았다.

심지어 지니 아저씨는 그림도 그렸다. 천변풍경에는 사방 벽에 크고 작은 그림들이 걸려 있었는데, 그중 몇 개는 자신이 그린 거라며 자랑했다. 그래서 유심히 보았는데, 유독 고양이 그림이 눈에 띄었다. 특이하게도 그는 예쁘고 귀여운 고양이보다는 호랑이처럼 달려가는 모습이나, 쥐를 잡는 고양이 모습을 더 잘 그렸다.

아마 천변풍경에 있는 다섯 마리의 고양이를 보고 그린 듯했다. 어쨌거나 도무지 종잡을 수 없는 사람이었다. 하긴 그런 사람과 매번 가배를 마시고, 심각한 이야기도 나누는가 하면 시시덕거리기를 마다하지 않는 이모도 엉뚱하기는 마찬가지였다.

어디 그뿐이던가. 염 기자라는 사람은 왜 그를 꼬박꼬박 도련님이라고 부르는 건지?

며칠 동안, 특히 맹코가 준 장신구를 신부에게 건네준 뒤부터, 지니 아저씨는 이모와 래호에 관한 이야기만 나누었다. 하긴 신부가 거의 매일 찾아와 머물렀으니 그럴 만도 했다. 가끔 지니 아저씨가 불러들인 손님들이 한둘 더 끼어들기도 했다. 얼결에 그들의 이야기를 엿들으며 채령은 몇 가지를 알아차렸다.

다미앵 신부는 법국*에서 온 야소교 신부였고, 래호는 그가 입양한 조선 아이였다. 래호를 입양한 사연도 예사롭지 않았다. 래호의 외할아버지는 병인년에 순교했고, 부모 역시 신부를 도와 선교 활동 중이었다. 그러다가 몇 년 전 전염병에 걸려 세상을 떠났다. 고아가 된 래호를 신부가 데려와 키웠다. 조선에 와서 래호의 부모에게 많은 도움을 받았기 때문이라고 했다. 어쨌든 래호는, 그림으로만 보면 다미앵 신부처럼 서양의 아이처럼 보였다. 더불어 채령은 맹코가 준 나무 장신구를 묵주라 부른다는 것, 또한 다미앵 신부가 엄마를 찾아왔던 이유는 실종 신고를 했는데도 경찰이 종종 있는 일이라며 아이를 찾을 생각도 하지 않아서라는 것도 알게 되었다.

(《소녀 퇴마사, 경성의 사라진 아이들》, 한정영, 다른, 67-69쪽)

《소녀 퇴마사, 경성의 사라진 아이들》에서 주인공 외의 가장 미스터리한 인물이 '지니 아저씨'입니다. 《너희는 안녕하니?》와는 다르게 직접 주인공의 설명을 통해 히스토리가 전달되고 있지요. 물론 이럴 경우, 앞에서 말한 대로 지루해질 수 있습니다. 설명의 형태는 어떻게든 짧게 설명되어야 합니다. 다만 지니 아저씨의 히스토리는 그 단점을 보완하기 위해서, 그의 특이한 행동을 소개함으로써 궁금증을 갖게 했습니다.

지니 아저씨는 부잣집 도련님 같지만, 늘 천변풍경에 와서 죽치고 앉아 있으며, 이모에게 항상 세레나데를, 그것도 시를 써서 읊조립니다. 심지어 그림도 그리고, 더구나 그것을 벽에 붙여 놓았습니다. 시시덕거렸다가, 심각해졌다가 합니다. 기자 아저씨를 데려와 무슨 의논을 하는가, 하면 다른 사람의 대화에 끼어들기도 합니다.

주인공 외의 인물의 히스토리가 이쯤 되면, 독자는 그 인물이 단순히 소모적인 인물이 아니라, 주인공이 사건을 해결해 나갈 때 도움을 주거나 또 다른 역할을 할 것이라 짐작하지요. 이처럼 주인공 외의 인물의 히스토리는 주인공을 둘러싼 환경을 확대해 주면서 읽을거리를 풍부하게 제공해 주는 역할을 합니다.

## 꼭 필요한 정보를 자연스럽게 넣는 방법

### 《히라도의 눈물》, 《레플리카 1》

에듀테인먼트 스토리텔링이 아니더라도 동화와 청소년소설에는 정보가 반드시 들어가야 하는 경우가 있습니다. SF나 판타지, 역사 동화는 말할 것도 없고 이른바 현실 동화의 경우에도 독자들에게 낯선 소재를 다룰 때, 배경이 어린이, 청소년 독자들에게 익숙지 않은 곳일 때 등이 그렇습니다. 그래야만 리얼리티를 확보할 수 있으며, 독자 역시 이야기를 온전히 이해할 수 있습니다. 필요한 정보가 생략되면 리얼리티와 개연성이 약해짐은 물론, 이것은 이야기의 전달력 약화로 이어질 수 있습니다. 그래서 정보를 서술하는 일은 어느 정도 필요합니다.

다만, 전달하고 싶은 정보의 양이나, 방법 등에 따라 자칫 에듀테인먼트 스토리텔링으로 보일 수도 있고, 그렇게 되면 가독성을 떨어뜨릴 뿐만 아니라, 작품의 완성도에 영향을 미칩니다. 그러므로 정보의 전달은 이야기의 전달력을 떨어뜨리지 않는 최소한의 양에 한정하는 것이 좋습니다. 왜냐하면 동화와 청소년소설을 읽는 목적은 주인공의 삶 그 자체를 보려는 것이지, 이야기를 통해 특정 분야의 지식을 얻고자 함이 아니기 때문입니다.

그러나 상당수의 작가는 여러 가지 이유로 정보에 대한 욕심을 내곤 하지요. 일단 자신이 쓰고자 하는 '이 특별한 소재'에 대해서 독자가 제대로 알지 못하면 자신의 이야기를 온전히 이해할 수 없다고 생각하기 때문입니다. 독자가 어른이 아닌 아이들일 경우, 이런 생각은 더 단호해집니다. 독자를 교육의 대상이라고 여기는 생각도 한몫합니다.

특히 SF나 역사 동화(소설)에 이러한 경우가 많습니다. 작가조차도 경험해 보지 못한 세계를 쓰는 것이므로 작가는 리얼리티 확보를 위해서라도 정보의 나열에 대한 욕심이 과해지고 사실적 자료(역사 동화는 사료, SF는 과학적 정합성)에 많이 의존하게 됩니다. 물론 이런 경우, 당연히 작가의 개별적 상상력이 팩트의 지배를 받게 되고, 그 결과로 이야기적 특성은 약해집니다.

작가가 정보의 전달에 욕심을 내는 또 하나의 이유는 전문성 때문입니다. 특정한 소재에 대한 정보가 깊고 다양할수록 자신의 작품이 '깊이'를 담아낼 것이라고 생각하는 것이지요. 게다가 비슷한 소재나 배경을 가지고 있는 작품이 이미 존재할 경우, 이를 통해 차별성을 드러내려는 욕구가 합쳐져서 사실성에 대한 집착이 심해질 수 있습니다. 그러나 이것은 적어도 동화나 청소년소설을 쓰려는 작가에게는 득보다 실이 될 가능성이 큽니다. 많은 정보는 어쨌든 이야기가 앞으로 나아가려는 동력을 저지할 테니까요. 작가는 '재미있는 이야기'를 만드는 것이 우선이지, '정보의 전달'을 우선시해서는 안 된다는 점을 다시 한번 상기해야 하는 지점입니다. 특히 나이 어린 독자일수록 팩트(정보)와 허구를 구분하지 못하는 경우가 많기 때문에, 정보가 많다고 해서 가독성에 도움이 되지 않습니다. 그러므로 정보의 적정량을 지키는 일이나, 서술 방식을 알아 두는 일은 특히 동화와 청소년소설에서 매우 중요한 창작 방법 중의 하나입니다.

익히 알고 있는 대로 정보를 넣는 가장 좋은 방법은, 그 정보조차 하나의 이야기적 요소로서, 즉 정보처럼 보이지 않게 이야기 속에 자연스럽게 넣는 것입니다. 즉 정보와 이야기가 분리되지 않아야 한다는 뜻입니다. 그러기 위해서는 해당 정보를 알아야만 앞뒤의 사건에 대한 분명한 이해가 되도록 하는 등, 정보가 사건의 모티프 역할을 하거나 흥미로운 사건 속에 삽입되는 방식을 우선적으로 추천할 수 있습니다.

세후는 사금파리 조각들을 하나씩 다시 보고는 집어 들었다. 솔직히 아버지의 말이 가슴이 와 닿지 않았다. 아니, 아버지의 말이 얼른 이해가 되지 않았다. 조선의 바다, 조선의 땅, 조선 사람들의 마음! 입속으로 중얼거리고 다시 아버지를 쳐다보았다.

"사기장은 그저 그릇을 만드는 게 아니라, 물과 흙과 나무와 불로 조선을 빚는 것이니라! 네가 만드는 그릇은 그래야 한다! 알겠지?"

알 듯도 모를 듯도 한 말이었다. 만드는 게 아니라, 조선을 빚는다? 세후는 다시 한 번 되새기면서 얼결에 고개를 끄덕였다.

그러자 아버지가 씩 웃더니 말했다.

"가슴에 품고 있거라!"

아버지는 사금파리 조각을 세후의 손에 쥐여 주었다. 세후는 그것을 허리춤에 넣었다.

"접시를 빚거라!"

그러더니 아버지는 흙덩이를 물레에 얹었다.

"네? 접시는 갑자기 왜?"

접시는 물레 앞에 앉아 처음 빚었던 그릇이었다. 물레의 첫 감각을 익힐 때, 수도 없이 반복해서 빚던 것이 접시였다. 하지만 세후가 갸웃거리는데도 아버지는 턱을 한 번 까딱거릴 뿐이었다. '어서 하거라!' 하는 뜻이었다.

세후는 물레의 발판을 굴렀다. 물레가 돌기 시작했다. 세후는 크게 숨을 내쉰 다음 주먹을 쥐었다 폈다, 서너 번 반복했다.

"접시 성형을 할 때 가장 먼저 해야 할 게 무엇이라고 했느냐?"

"일단 만들어야 할 접시의 크기를 가늠해 적당한 굵기로 중심 잡기를 해야 한다고 하셨습니다."

"시작하거라!"

아버지가 보고 있어서 그런가, 적잖이 긴장이 되었다. 오히려 처음 물레에 앉아 아버지에게 배울 때보다 더 가슴이 뛰었다.

세후는 양손으로 빠르게 돌아가는 흙덩이를 만지며 중심을 잡았다. 손으로 위아래를 쓸어 주자 흙덩이는 금세 둥근 모양이 되었다. 세후는 얼른 엄지손가락으로 흙의 윗부분을 살짝 힘주어 누르면서 동시에 나머지 손가락으로는 자연스럽게 아랫부분을 감싸 쥐었다. 그러자 흙이 넓게 펴지면서 서서히 접시 모양이 되어 갔다.

그때 아버지가 나섰다.

"접시는 지금이 중요하다. 왼손의 검지와 중지, 그리고 약지를 바깥쪽에 대거라. 이때 중지와 엄지는 접시의 두께를 가늠해야 한다. 그 감각을 익혀야 해. 하루에 1,000개를 빚는다고 해도 그 두께가 일정해야 한다. 알겠지? 그건 모든 그릇을 빚을 때도 마찬가지다. 명심하여라!"

"……."

대답도, 고개도 끄덕이지 않았다. 그냥 입속으로만, 네, 하고 말았다. 숨까지 멈춘 탓에 입술이 움직이지 않았다. 그사이, 흙은 접시 모양을 갖추어 갔다.

"자, 이제 물레 속도를 줄이고, 접시 테두리의 거친 면을 창칼로 잘라 내거라!"

그런데 아버지가 내민 것은 창칼이 아니라 가리새였다. 가리새로도 할 수 없는 건 아니었지만, 그건 주로 상감을 할 때 쓰곤 했었다.

"아버지, 그건 가리새입니다."

"아! 이런! 여, 여기에……."

무슨 일인지 아버지는 이것저것을 집었다가 놓았다가 했다. 창칼과 송곳, 바늘, 예새, 파냄 칼까지 뒤섞여 있긴 했지만, 그렇다고 그것을 한 번에 집어내지 못하는 게 이상했다. 아버지는 예새와 파냄 칼을 들었다가 놓은 다음에야 창칼을 집어 주었다.

세후는 그것으로 테두리를 정교하게 다듬고 손에 물을 묻혀 자른 자국을 살짝 문질러 주었다. 그런 다음, 이번에는 자름 실을 양손에 팽팽하게 쥐고 접시 아래쪽을 잘라 냈다. 마지막으로 그것을 건조대 위로 옮겨 놓았다.

아버지는 그것을 보고는 고개를 끄덕였다. 그러더니 말했다.

"너는 영락없이 사기장의 피를 물려받았다."

"네?"

"내가 네 나이에, 할아버지께 배울 때보다 훨씬 솜씨가 낫구나."

칭찬이 틀림없었지만, 어색했다. 요즘 들어 부쩍 잦아진 아버지의 칭찬이 자꾸만 부담스럽기만 했다. 더구나 지금은 그 흔한 접시 하나를 빚었을 뿐이지 않은가. 그래서 그 칭찬이 그리 기쁘지만은 않았다. 오히려 그다음에 나온 말 때문에 가슴이 저릿거렸다.

"이젠 내가 없어도 충분히 잘 할 수 있겠구나."

"네? 무슨 말씀이세요?"

"아니다! 다시 해 보거라!"

세후는 다시 작은 흙덩이를 물레 위에 올려놓고는 방금 전과 똑같은 방법으로 접시를 만들었다. 그렇게 다섯 번을 반복 했다.

"이번에는 사발을 해 보자."

"아버지……."

사발 정도는 이제 얼마든지 잘 빚을 수가 있어요. 그 말을 하고 싶었다. 그러나 말을 채 뱉어 내기도 전에 아버지가 말을 잘랐다.

"시간이 없다. 어서!"

"네?"

무슨 말인가 싶어서 아버지를 쳐다보았다. 그러나 아버지는 고개를 끄덕여 보였다. 진지한 아버지의 표정에 차마 더 이상 묻지 못한 채, 세후는 흙덩이를 다시 물레 위에 올려놓았다. 그러고서 다리에 힘을 주어 물레를 돌렸다.

세후는 흙을 둥글고 기다란 모양이 되게 한 다음, 양쪽 엄지손가락을 흙기둥 중간에 넣었다. 그러자 흙덩이 한가운데가 움푹 파였다. 금세 사발 모양이 나왔다. 그때 아버지가 말했다.

"지금부터가 중요하다는 건, 알고 있지? 바닥 한가운데서부터 바깥쪽으로 손가락을 놀리되, 힘을 주는 강도는 처음과 나중이 조금씩 달라야 한다는 것 말이다."

세후는 대꾸하지 않았다. 딱히 무어라 할 말이 생각나지 않았다.

세후는 또 그렇게 사발 열댓 개를 빚었다.

그런 다음에는 호로병을 열댓 개 빚었고, 목이 긴 주병까지 또 열댓 개를 빚었다. 이마에 땀이 송골송골 맺혔고 다리가 퍽퍽했다.

세후는 자리에서 일어났다. 잔뜩 긴장을 해서 그런지 어깨까지 뻐근했다. 아버지에게 조금 쉬었다가 하자고 말할 참이었다.

그런데 엄마가 각령으로 건너오는 모습이 보였다.(《히라도의 눈물》, 한정영, 다른, 122-126쪽)

《히라도의 눈물》은 임진왜란 때 일본으로 납치된 조선인 사기장 2세의 이야기입니다. 도자기에 관련된 이야기이므로 도자기에 대한 정보가 필요하지요. 더구나 아버지는 주인공 세후에게 도자기 기술을 가르치려 합니다. 애초에 세후는 자신을 일본인이라 생각하고 사무라이가 되고 싶어 했으나, 출생의 비밀을 알고 뒤늦게나마 도자기 빚는 법을 배우기로 합니다. 따라서 도자기 빚는 방법이 서술되어야 하는데, 그 이유는 멀지 않은 훗날, 세후가 자신이 빚은 도자기를 히라도 성주에게 가져가야 하기 때문입니다. 즉 주인공이 도자기를 충분히 빚을 수 있음을 알리기 위해서라도 도자기 빚는 방법(정보)는 필요하지요. 그래야 성장의 과정도 담아낼 수 있습니다. 아무리 주인공이라도 도자기 한번 빚어 보지 못하고 훗날 사기장이 되었다면, 리얼리티는커녕 작위적이란 말을 듣기 십상이지요.

그런데 인용 부분에서는 물레를 돌려 도자기 빚는 과정을 연결하면서 이후에 벌어질 사건에 대한 암시를 함께 삽입합니다. 도구(가리새)조차 구분하지 못하는 아버지에 대해 의문을 품게 되는 것이지요. 실제로 아버지는 점점 시력을 잃게 됩니다. 이처럼 약간의 긴장감이 담긴 에피소드만 넣어도 독자는 정보만 담겨 있다는 의구심 없이 이를 사건의 연속으로 읽게 됩니다.

또한 이와 더불어 중요한 것은, 정보를 한곳에 몰아넣지 않아야 한다는 것입니다. 정보 전달은 사건을 서술하는 방식과 달라서, 양이 많으면 정보와 이야기의 분리 지점이 확실하게 보이고, 이는 앞서 말한 대로 가독성을 해치는 요소로 작용합니다. 실제로《히라도의 눈물》에는 인용 부분 외에도 도자기 만드는 법에 대한 정보는 곳곳에 위와 비슷한 방법으로 흩어져 있습니다.

분명히 기억해야 할 것은, 그 어떤 유용한 정보라도 이야기가 제대로 만들어지지 않는 한 아무런 소용이 없다는 점입니다.

> 로즈 게임의 가장 큰 매력은 내가 스마트 건을 쏘면 몹이 눈앞에서 실제로 쓰러진다는 것이다. 몹은 모두 전자 조끼를 입고 있었으므로 탄환이 몸 어느 곳에든 맞으면 약 200볼트 가량의 전기가 흘러 순간적으로 기절한다. 물론 가끔 들리는 말에 의하면 전자 조끼의 오작동이 자주 발생하고, 그러면 전기 충격이 더 심해져서 심정지가 오거나 장기가 손상되기도 한다고 했다. 그래도 게이머들은 신경 쓰지 않았다. "어차피 패티 티슈잖아!"라는 한마디면 그만이었다. 몹의 역할을 하는 건 대부분은 한번 사용된 적이 있는 클론이었다. 그래서 사람들은 그들을 '지방 덩어리'라는 뜻으로 패티 티슈(Patty tissue)라고 불렀다. 입에 담기에 뭔가 껄끄러웠지만 그게 영 틀린 말은 아니었다.

처음부터 그랬던 것은 아니다. 클론은 애초에 치명적인 질병 치유를 위해 오로지 의료용으로만 허가되었고 한번 사용한 클론은 무조건 폐기되었다. 하지만 22년 전 클론 인권 조례가 제정되면서 장기 이식을 한 뒤에도 정상적인 생활이 가능한 클론은 자연적인 수명이 다할 때까지 살 수 있게 되었다. 물론 그 자연적 수명이라는 게 클론들에게는 아주 짧았다.
클론의 상당수는 이미 중요 장기를 '원체(元體.)', 즉 원본이 되는 사람에게 이식한 뒤라 정상적인 사람만큼 건강하지 못했고 오래 사는 것도 불가능했다. 어떤 클론은 눈알이 없거나, 팔과 다리가 없었다. 빼내진 장기가 무엇이냐에 따라 이상 행동을 하는 클론도 많았다. 그러니 대부분의 클론은 전기 충격 한번에도 치명상을 입는 경우가 허다했다.
그럼에도 불구하고 이들이 스스로 몸을 자청하여 게임에 나선 것은 역설적이게도 살기 위해서였다. 몸은 살아남은 클론이 할 수 있는 일 중에서 가장 손쉽고 빠르게 돈을 벌 수 있는 길이었다.
다행인지 불행인지 동맹시 사람들은 로즈 게임에 열광했다. 동맹시에서는 게임을 불법으로 규정하고 있었지만, 그것은 문제가 되지 않았다. 아이들은초, 중급 레벨인 도시정벌과 바이크 헌터, 어른들은 상급 레벨인 글래이디에이터와 스나이퍼 게임에 몰두했다. 게임 비용이 꽤 비쌌기 때문에 동맹시에서도 상류층 사람들이 주로 즐겼지만, 소문에 힘입어 더 많은 사람이 게임을 위해서 줄을 섰다. 터무니 없이 비싼 값을 치르더라도 하고 싶어 안달이었다.
나는 생각을 멈추고 부지런히 사다리를 올라갔다. (《레플리카 1》, 한

정영, 이지북, 24-26쪽)

SF나 역사 동화(소설)를 쓰는 작가들이 빠지는 가장 딜레마는 자신이 설정한 새로운 세계(관)를 어떻게 보여 주느냐 하는 것입니다. 여기에는 세계관에 대한 이해가 우선되어야 앞으로 펼쳐질 이야기를 온전하게 읽어 낼 수 있다는 우려에서 비롯되지요. 그 때문에 상당수의 작가는 이야기가 펼쳐질 세계를 아주 디테일하게 펼쳐 놓으려는 욕심을 갖습니다. 촘촘하고 꼼꼼할수록 완성도가 높아진다는 착각 아닌 착각 때문입니다. 그래서 초반부터 힘을 주어 세계관 정립에 나섭니다.

이는 '아무도 그 시대를 경험해 보지 못했다'는 점에서 역사 동화(소설)에서도 비슷한데, 특히 어린 독자를 전제로 할 때는 해당 시대에 대한 이해를 강조하기 위해 시대 배경을 자세하게 늘어놓기도 합니다. 그러나 어느 경우이든 이것이 지나치면 작가의 이야기적 상상력에 강도 높은 장애물로 작용한다는 사실을 잊어서는 안됩니다.

근미래를 다룬《레플리카》역시 새로운 세계에서 펼쳐지는 이야기이니만큼 전제해야 할 설정이 많습니다. 그중 하나가 복제 인간, 즉 클론에 관한 부분인데, 사실상 이 이야기에서 필요한 내용은, '클론이 먹고살기 위해서 스스로 로즈 게임(사실상 인간 사냥 게임)의 몹이 된다'는 것입니다. 이 외의 정보는 디테일에 해당하고 따라서 성급히 이야기 초반부터 장황하게 서술할 필요는 없습니다. 그럼에도 불구하고 클론에 대한 정보가 3장에 다다르는데, 이는 독자의 집중력을 저하시킵니다.

더하여 2장, 3장에 이르기까지 미래에 가진 자들의 스마트 시티인 동맹시와 떠돌이와 가난한 사람들이 살아가는 제3 거류지에 대한 설명이 반복적으로 이어집니다.

차는 곧 멈췄고, 오른쪽 문이 위로 접혀 올라갔다.

"고마워!"

리아는 차에 오르자마자 말했다. 나는 그냥 웃기만 했다. 그러자 리아도 따라 웃었다. 발그레한 뺨과 평소보다 조금 더 붉게 칠한 입술에 나도 모르게 자꾸만 눈길이 갔다.

나는 목적지를 재설정했다. 차는 곧 남부 경관 도로를 달렸다. 남부 경관 도로에서는 저 멀리 파란 수평선이 흐릿하게 보였다. 바다였다. 정확히 말하면 강이었다가 해수면 상승으로 강의 서남쪽이 침수되면서 이제는 바다가 된 곳이었다.

해수면 상승은 2049년부터 예상보다 빠르게 가속화되었고, 10년 뒤에는 도시의 서남쪽 대부분이 침수되었다. 이때—아니 사실은 그 이전부터—재력가들과 정치인들을 중심으로 미래 동맹이 결성되었고, 이들은 엄청난 돈을 투자해 강 북쪽 높은 지대에 새 도시를 건설하고 방파제를 쌓았다. 그럼으로써 이전과는 전혀 다른 새로운 도시가 생겨났는데, 그 도시가 바로 '동맹시'다.

완전한 자율 주행 교통시스템, 99층짜리 맨션 단지, 무장 순찰대에 의해 통제되는 완벽한 치안, 클론을 허용한 의료 복지 실현, 바이오 워치 삽입을 통한 시민 직접 케어, 개별 AI 지급……. 모든 혜택이 동맹시에 집중되었다. 동시에 방파제 밖의 모든 것은 버려졌다.

다행히 2075년을 기점으로 해수면이 다시 낮아지기 시작했고, 20

년 이상 물속에 잠겼던 도심의 일부가 다시 물 위로 드러났다. 하지만 동맹시는 폐허가 된 구도심을 폐쇄했다. 부식된 건물들은 붕괴의 위험이 있고, 언제 해수면이 다시 상승할지 모른다는 게 표면적인 이유였다. 하지만 하층민 일부와 클론들이 구도심에 모여 살기 시작했기 때문에 이들을 통제하려는 것이 진짜 목적이었다.

"고마워. 제3 거류지에 대한 논문이 통과되면 소감문에 네 이름을 꼭 넣어줄게!"

멍하니 생각에 잠긴 채 바다를 보고 있는데 갑자기 리아가 말했다. 돌아보자 리아가 싱긋 눈으로 웃었다. (《레플리카 1》, 한정영, 이지북, 37-40쪽)

게다가 이 부분에는 역동적인 사건이 없고, 주인공이 동맹시에서 거류지로 이동하는 과정에서 제시되는 것이라, 이야기의 흐름이 느려지지요. 그 때문에 많은 편집자가, 그것이 세계관의 설정이든 그 무엇이든, '설명에 해당하는 모든 서술은 최대한 뒤편으로, 또한 분산시켜 배치하는 것이 좋다'고 말하는 것입니다.

즉 작가가 반드시 기억해야 할 것은, 특히 어린 독자들일수록 탄탄한 세계관의 정립보다 주인공의 역동적인 행동에 더 관심이 많다는 것입니다. 아니, 오히려 지나치게 디테일한 세계관의 제시가 독자에게는 더 방해가 될 수 있습니다. 어린 독자일수록 세계관이 다소 엉성하더라도, 그에 대한 이해보다는 이야기의 빠른 진행을 더 원한다는 것이지요. 과학 원리를 이해하기 위해서 SF를 보려는 독자는 없으니까요.

## 특정 장면을 클로즈업하는 방법

### 《레플리카 1》, 《아빠는 전쟁 중》

한편의 동화(청소년소설)를 쓰다 보면 특별히 상세하게 쓰고 싶은 장면이 생깁니다. 디테일에 대한 욕구이지요. 디테일도 어떤 면에서는 작품의 장점이 될 수 있으니까요. 물론 이것은 단순히 작가의 취향에 의해서도 발생하고 메시지를 강조하기 위해서나 또 다른 목적으로 필요한 경우가 있습니다.

실제로 적절한 디테일은 작품성을 높이는 데도, 나아가 이야기를 템포를 조절하는 데도 도움이 됩니다. 왜냐하면 대체로 독자는 이야기의 속도가 빠른 것을 선호하는 경향이 있지만, 속도를 조절하여 독자와 '밀당'할 필요성도 있기 때문이지요. 즉 특정한 부분을 클로즈업하게 되면 이야기의 본래 속도가 약간 느려진다는 뜻입니다.

물론 디테일로 표현되는 밀도 있는 서술은, 이야기의 속도를 약간 늦추는 부정적 효과가 있지만, 독자에게는 (특정한 사건을) 상세히 들여다보게 해줍니다. 이런 효과가 극대화되면 독자가 그 부분을 오래 기억하게 됩니다. 그래서 목적적으로 접근하면, 이를테면 주제와 밀접한 장면을 클로즈업하면 주제가 강조될 테고, 특정한 풍경을 클로즈업하면 공간에 대한 입체적 환기가 가능해지겠지요.

그러나 클로즈업은, 다시 한번 말하지만, 지나치면 도리어 지루해질 수 있습니다. 그러므로 긴장감을 충분하게 유지해야 합니다. 따라서 클로즈업은, 특히 동화나 청소년소설의 경우라면 풍경 묘사나 심리 묘사, 또는 배경 설명에서는 지양하는 것이 좋고, 특히 다이나믹하고 박진감 있는 사건을 클로즈업하여 리얼리티를 살리면서 그 장면의 에피소드 하나하나가 상세히 보이도록 하고 싶을 때 사용하면 됩니다.

나는 천천히 바이크 속도를 줄이고 사방을 돌아보았다. 폐쇄구역이 으레 그렇듯 오래된 건물의 건물의 담장은 곳곳이 허물어져 있었고, 그나마 성한 곳에는 온갖 낙서들이 빼곡했다. 욕을 써놓기도 했고, 군데군데 붉은 깃발이 그려져 있었다. 뼈대만 남은 건물에는 녹슨 철근들이 삐죽삐죽 나와 있었다. 그 때문인지 몰라도, 햇볕이 쨍쨍 내리쬐는 낮인데도 불구하고 우중충해 보였다.

그때였다.

부아아앙! 바이크의 엔진 소리가 고요하던 골목을 찢었다. 동시에 바이크 두 대가 오른쪽 건물 2층에서 뛰어내렸다. 놈들은 나를 노리고 있었다. 시커먼 앞바퀴가 내 얼굴을 향해 날아왔다.

나는 반사적으로 고개를 바싹 숙였다. 동시에 가속 핸들을 돌렸다. 바이크가 앞으로 쭉 나아갔고, 순식간에 놈들의 바이크 앞바퀴가 내 어깨를 스쳐 지나갔다.

"이 자식들이!"

나는 소리를 지르고 놈들을 쫓았다. 두 대의 바이크는 골목을 오른쪽으로 돌아 큰길로 나갔다. 동선이 조금 의아했지만, 나는 속도를 올렸다.

두 대의 바이크는 갈지자를 그리며 앞으로 내달렸고, 그럴 때마다 먼지가 심하게 일었다. 추격을 무력화시키려는 짓이었다. 또, 내가 사격하기 좋은 타점을 잡지 못하도록 하려는 것이다.

놈들의 생각은 옳았다. 나는 오른쪽 손잡이 끝에 달린 스마트 건의 발사 버튼을 계속 만지작거렸지만, 누르지는 못했다. 지금이다, 싶으면 놈들은 먼지 속으로 사라졌다.

한동안은 거리를 유지한 채 뒤를 따라야만 했다. 속도를 내는 것도 쉽지 않았다. 울퉁불퉁한 곳이 많아서 자칫하면 바이크가 뒤집힐 수도 있고 무작정 가까이 접근했다가 놈들의 반격에 노출될 수도 있었다. 일단 적당한 거리를 유지한 채 기회를 노려야 했다.

'시간이 없어!'

더구나 생각했던 것보다 놈들의 라이딩 실력도 최상급이었다. 불과 5분 전에 건물 안에서 포획한 몹 역시 계단을 자유자재로 오르내리던 실력파였고, 그보다 앞서 잡은 놈도 좁은 골목을 요리조리 빠져나가는 것을, 스마트 건을 난사한 뒤에야 잡았었다.

휘몰아쳐 오는 먼지와 바람을 그대로 맞은 탓에 시야는 더욱 나빠졌다. 얇은 장갑 낀 손으로 고글을 닦았지만, 곧바로 흐릿해졌다.

그사이에 두 대의 바이크는 커다란 건물 앞에서 오른쪽으로 회전하기 시작했다. 바닥에 뭔가 깔려있었는지 조금 전보다 먼지가 더 일어났다. 나중에는 고글에 돌조각까지 마구잡이로 튀었다.

그때 왼쪽 널따란 골목에서 또 다른 라이더가 눈에 들어왔다. 파란색 헬멧에 쓰여 있는 숫자, 07번. 그건 게임 시작 전에 번호가 좋다며 세나가 집어 쓴 헬멧이었다. 순간적으로 온갖 생각이 머릿속을 어지럽혔다.

'……세나는 도대체 언제부터 바이크를 탄 거지?'

다로를 겨우 설득해 팀에 넣을 때만 해도 세나의 실력을 알 수 없었다. 그래서 세나가 실수하면 내가 만회해야지, 했는데, 게임을 시작하자마자 세나는 골목으로 달아나는 몹 둘을 한 번에 해치웠다.

세나가 검은 장갑을 낀 손을 들어 어딘가를 가리켰다. 오른쪽 건물 모퉁이에 쓰레기 더미가 내 키 높이가 좀 안되는 완만한 언덕을 만들고 있었다. 세나가 뭘 말하고 싶어 하는지 알 것 같았다. 나는 반사적으로 바이크의 방향을 바꾸었다.

재빠르게 다음 행동을 계산했다. 몹과의 거리, 도로의 상태와 주변의 장애물, 나의 속도……. 그 모든 것들을 바탕으로 움직였다.

속력을 올리다 쓰레기 더미를 도약대 삼아 힘차게 허공으로 솟아올랐다. 뽀얀 먼지를 일으키며 달아나는 두 대의 바이크가 한눈에 내려다보였다. 나는 바이크와 함께 그들 사이로 떨어졌다.

그러자 나란히 달리던 두 몹의 바이크가 양쪽으로 갈라졌다. 나는 검은 헬멧에 숫자 29가 쓰여 있는 오른쪽 몹을 쫓았고, 뒤따라오던 세나가 왼쪽 몹의 뒤를 따랐다.

막 골목으로 방향을 꺾은 29호를 조준해 스마트 건을 발사했다. 탄환은 29호를 아슬아슬하게 지나쳐 붉은색 담벼락을 때렸다. 순식간에 담벼락 한쪽이 후드득 무너졌다. 골목에 들어서자마자 다시 스마트 건을 조준했다. 먼지도 없고, 길이 좁은 탓에 29호는 거의 일자로 달렸다.

"문제없어."

나는 다시 스마트 건을 발사했다.

하지만 내 바이크가 덜컹거리는 바람에 탄환은 이번에도 빗나갔다. 연속해서 두 번을 더 쏘았으나 마찬가지였다. 29호는 귀신같이 스마트 건을 피했고, 왼쪽 골목으로 방향을 틀었다. 골목길 역시 부서진 건물의 잔해와 쓰레기 때문에 위험했지만, 나는 속도를 늦추지 않았다. 그리고 마침내 놈의 뒤꽁무니까지 바짝 따라잡았다. 내 바이크의 앞바퀴가 29호의 앞바퀴에 닿으면 그대로 놈을 밀어버릴 생각이었다.

'아니면 앞바퀴를 들어 놈의 바이크를…….'

그런데 바로 그 순간, 끼이이이익! 요란한 쇳소리와 함께 29호의 바이크가 급정거했다.

그 바람에 나는 29호의 바이크를 거칠게 들이받고 옆으로 튕겨 나갔다. 바이크와 함께 벽에 부딪치면서 앞으로 쭉 미끄러졌다.

"으윽!"

저절로 신음이 나왔다. 잠깐은 정신을 차릴 수가 없었다. 쓰레기 더미를 뒤집어쓴 채 몸을 웅크렸다. 억지로 몸을 움직이기 시작한 건 건너편에서 꿈틀거리며 일어나는 29호가 보였기 때문이었다. 놈은 새까만 헬멧을 쓴 채로 비틀거리며 일어나 골목 바깥쪽으로 향했다. 나는 얼른 일어나 바이크에서 스마트 건의 길쭉한 탄환 하나를 빼 들었다. 스마트 건 탄환이 놈의 전자 조끼에 박혀야 몸을 기절시킬 수 있어서였다. 다리를 다쳤는지 절뚝거리는 29호를 따라잡는 것은 어렵지 않았다.

"멈춰!"

나는 헬멧을 벗고 소리쳤다. 29호는 다리를 질질 끌며 도망쳤다. 나는 곧바로 29호의 뒷덜미를 움켜쥐고 바닥에 내동댕이쳤다. 헉

소리를 내며 몸을 웅크리다 놈의 헬멧이 벗겨졌다. 바로 탄환을 들어 놈의 가슴팍에 꽂으려는데, 놈이 고개를 돌려 이쪽을 쳐다보았다.

순간 나는 굳어버렸다. 새파랗게 질린 몹의 얼굴이 너무나 앳되어 보였다. (《레플리카 1》, 한정영, 이지북, 63~75쪽)

《레플리카》는 미래를 배경으로 하는 청소년 SF입니다. 현재는 컴퓨터에서나 할 수 있는 게임을 미래에는 복제 인간을 몹으로 하여 현실에서 이들을 제거하는 게임을 벌이고 있는 장면이지요. 주인공 세인은 게이머로 참가하여 바이크로 몹을 추격하고 있습니다. 이러한 액션 장면은, 사실성만 높인다면 독자에게 충분히 몰입감을 줄 수 있습니다.

클로즈업을 할 때는 입체적 접근을 권장합니다. 평면적인 추격 장면보다는 다양한 소품(쓰레기 언덕, 먼지, 공중 점프, 넓은 길, 좁은 골목, 스마트 건 등)을 이용하여 다양한 에피소드를 만들어 냅니다. 이렇게 연속되는 다른 질감의 추격 장면은 필연적으로 흥미를 유도하고 긴장감을 고조하는 데 도움이 됩니다.

그러나 몇 가지 유의할 점이 있습니다. 무엇보다 클로즈업은, 너무 길게 이어지면 안 됩니다. 적절한 부분에서 끝내야 하며 그 결말을 보여 주어야 합니다. 그래야 '밀당'이 가능하고 이런 밀당은 그 작품만의 독특한 색채를 갖게 할 수도 있습니다. 사실 위의 인용은 청소년소설에서는 적당한 분량일 수 있으나, 동화라면 다소 긴 분량일 수 있습니다. 더하여 바이크 추격 장면은 청소년 독자들에게는 그리 낯설지 않을 수도 있으나, 어린이 독자들에게는 다소 익숙지 않을 수 있지요. 물론 분량 자체가 길면 아무리 낯익은 소재라 하더라도 지루해지기 십상입니다.

또한 클로즈업을 자주 사용하면 안 됩니다. 앞서 말했듯이 클로즈업은 에피소드 하나하나까지 정밀하게 들여다보는 것이므로 반복되면 도리어 지루해질 수 있습니다. 같은 이유로 유사한 내용을 반복해서 클로즈업하는 것도 자제해야 합니다. 이를테면 위의 인용처럼, 바이크 게임 장면을 한 번 더 클로즈업한다면, 처음과 같은 효과를 기대하기는 어렵습니다.

더하여 클로즈업은 이야기의 앞쪽보다는, 최소한 독자의 관심을 충분히 유도한 뒤에 사용하는 것이 좋습니다. 너무 이르게 디테일로 들어가면, 그 장면이 긴장도를 충분히 유지하지 않는 한, 독자의 관심을 끌기 어렵습니다. 무언가를 자세히 들여다보는 일은, 그만한 이유가 있어야 가능하기 때문입니다. 그리고 클로즈업은 특정 시대나 특별한 공간을 환기하는 데에도 사용할 수 있습니다.

> 나는 하릴없이 걸었다. 그러다가 만화방 앞에서 걸음을 멈추었다. 갈 곳이 거기밖에 없었다.
> 문을 열고 들어가자마자 나는 계산대에서 졸고 있는 주인아줌마에게 돈을 내고 창 쪽 구석진 자리에 가서 앉았다. 그리고 벽 쪽 책장에서 손에 집히는 대로 아무런 만화책이나 꺼내 펼쳤다. 그리고 몇 장을 넘겼다. 그러고 나서야 만화방 안을 둘러보았다. 내가 앉은 대각선 맞은편 쪽에 다른 중학교 학생 세 명이 모여 앉아 저마다 만화책을 보며 키득거리고 있었다. 그 아이들 오른편 벽에 있는

텔레비전을 쳐다보았지만, 문이 닫혀 있었다. 시간을 보니 아직 4시밖에 되지 않았으니, 레슬링을 보려면 두 시간이나 더 기다려야 했다.

"후우!"

나는 나도 모르게 한숨을 내쉬고 만화책을 다시 펼쳤다. 그런데 하필이면 손에 든 만화책이 엄희자의 〈눈물의 앤〉이란 순정 만화책이었다. 누나가 엄청나게 좋아하는 만화였다. 누나는 만화책을 빌려다 볼 때마다 엄희자가 그린 책이 아니면 거들떠보지도 않았다.

쳇!

나는 얼른 일어나 〈눈물의 앤〉을 책꽂이에 다시 꽂고, 이근철의 〈로켓 제작소의 최후〉를 꺼냈다. 사실 오래전부터 '독고탁'보다 이근철의 만화가 좋았다. 독일군을 무찌르는 연합군 비밀 첩보원들의 활약을 그린 만화라서 아빠를 떠올리게 했기 때문이다. 더구나 주인공이 기관총을 들고 쏘는 모습을 볼 때면 더더욱. 무엇보다 주인공이 독일군을 향해 기관총을 쏘면, 그림 위에, 타타타타타타, 라는 글자가 쓰여 있었는데, 나는 그걸 종종 흉내 냈다. 입으로 소리를 냈고, 침이 튀어도 좋았다.

그뿐만 아니라, 주인공이 위기에 빠질 때는 항상, '으잉?' 하고 놀라는데, 그것도 따라 했다. 철민이가 나를 툭 건드리면 나는 '으잉?' 하면서 눈에 힘을 주었다. 그러면 철민이는 배꼽을 잡고 웃었다.

그래서 나는 일부러, 타타타타타, 가 써 있는 페이지를 보며 혼자 입으로 작게 소리를 냈다. 그러다가 혼자, '으잉?' 하면서 옆을 돌아보기도 했다. 하지만 찌무룩한 마음은 조금도 나아지지 않았다.

나는 자꾸만 창밖을 내다보았다. 철민이 나타날 때가 되었다는 생각이 들었다. 이럴 줄 알았으면, 진작에 녀석이랑 함께 만화방에 올걸, 하는 생각이 들었다.

(중략)

나는 아까처럼 벽에 기댔다. 그때쯤, 주인아줌마가 텔레비전의 문을 열었다. 아직 레슬링을 할 시간은 아니었지만, 나는 으레 그러려고 마음먹은 것처럼 텔레비전 쪽을 멍하니 쳐다보았다.

"김일 레슬링은 TBC에서 해요."

기다렸다는 듯, 아까 저편 구석에서 만화책을 보던 다른 학교 아이 중 하나가 말했다. 그러자 아줌마가 텔레비전을 켜자마자 채널을 돌렸다. 하지만 화면에는 채노가 나른 검은색 막대 어러 개가 세로로 그어져 있을 뿐이었다. 화면조정 시간이었다.

그럼에도 불구하고 나는 시선을 돌리지 않고 TV 화면에 시선을 붙박았다. 무슨 시력 검사라도 하듯 그 화면에서 눈을 떼지 않았다.

한참을 기다리자 애국가가 나왔고, 나는 그걸 4절까지 속으로 따라불렀다. 이어 뉴스가 나왔다. 오늘도 첫 소식은 월남전 속보였다. 우리나라 파병 군인들이 대부분 월남에서 철수했다는 이야기가 흘러나왔다. 어떤 군인이 훈장을 받는다는 뉴스도 있었다. 화면에는 배에서 내리는 군인들이 꽃다발 세례를 받는 모습과 대통령이 그 군인 중 한 사람의 가슴에 훈장을 달아 주는 모습이 차례로 지나갔다.

그 바람에 사진 속 아빠가 떠올랐다. 그리고 나도 모르게 '조금만 더 버티지' 하고 입속으로 말했다. 그러자마자 입안이 썼다.

화면이 바뀌자 이번에는 대통령의 얼굴이 화면에 크게 나타났다. 이어 대통령이 무슨 공사장을 찾아가 테이프를 자르는 모습이었는데, 그 뒤로 안전모를 쓴 수많은 사람이 함께 몰려다녔다. 그 바람에, 이번에는 명호가 내밀었던 사진이 생각났다. 어디에도 명호 아빠라 할 만한 얼굴은 보이지 않았지만, 명호가 악착같이 자기 아빠라고 우겨 대던 그 단체 사진.

쳇!

나도 모르게 명호의 얼굴을 떠올리며 비웃었다. 그 사이에 뉴스는 끝났다. 이어 국민학교 때부터 보던 인형극 〈다람쥐 삼형제〉가 시작되었다. 명호도 저편의 중학생들도 에이, 하면서 고개를 돌렸지만, 그때까지 나는 텔레비전에 멍하니 시선을 붙박았다.

"너 뭘 보는 거야, 유치하게. 만화책 안 볼 거야?"

그러면서 내가 들고 있던 〈로켓 제작소의 최후〉를 툭툭 쳤다. 하지만 나는 그러거나 말거나 가만히 있었다. 만화책이 머릿속에 들어갈 것 같지 않았다. 자동차를 타고 훅 가 버린 유미 생각만 났고, 차창 안에서 씩 웃던 명호의 얼굴이 떠올랐으며, 조금 전 점박이 할머니와 수레를 끌고 가던 아빠의 모습만 눈앞에 아른거렸다. (《아빠는 전쟁 중》, 한정영, 서해문집, 113-114쪽)

《아빠는 전쟁 중》의 배경은 1970년대이므로 어른에게는 익숙할 수 있지만 청소년 독자에게는 역사 소설입니다. 따라서 그때와 지금의 만화방 모습이나 만화의 종류도 다르겠지요. 즉 클로즈업을 통해 특정 시대, 특정 공간을 환기하여 리얼리티를 극대화하는 것이지요. 특정한 당대 만화가의 이름과 그 내용을 흉내 내는 장면까지 재현함으로써 이런 효과를 얻기도 합니다. 또한 일부러 프로레슬러 김일과 같은 당대 스타의 활동과 파병과 관련—이 소설은 파병 후 전쟁 공포증에 걸려 돌아온 아빠의 이야기입니다—된 뉴스 일부를 삽입하여 사실성을 높였습니다. 그러나 인용 부분 후반부에 다시 한번 만화책 제목을 언급하지요, 하지만 이 부분은 다소 과한 측면이 있습니다. 디테일도 반복되면 지루할 수 있기 때문입니다 더하여 작가는 알지만 독자는 전혀 모르는 정보라면 더더욱 그렇습니다. 즉 이와 같은 현장성에 작가는 만족할 수 있으나, 독자에게는 낯선 것일 가능성이 크기 때문에 지나쳐서는 안 됩니다.

## 주제를 함축하여 복선으로 깔아 놓는 방법

### 《소녀 퇴마사, 경성의 사라진 아이들》, 《굿모닝, 굿모닝?》

주제는 주인공을 통해서 작가가 이야기하고자 하는 메시지를 의미합니다. 동화에서 흔히 말하는 교훈은 바로 이 주제를 통해서 얻어지지요. 그래서 작가들은 주제에 많이 집착하는 편이고, 그러다가 지나쳐서 자꾸만 직접적으로 드러내려는 욕심도 갖게 됩니다. 그러면 흥미가 저하되고 당연히 가독성이 떨어집니다. 그러므로 주제는 작가의 목소리가 아닌, 사건을 통하여 자연스럽게 드러나도록 해야 합니다. 이는 주제란, 주인공이 자신에게 닥친 사건에 대응하는 방식을 통해 표면화된다는 것을 의미하지요.

얼마나 시간이 지났는지 알 수 없었다. 이모와 지니 아저씨의 대화에 갑자기 다미앵 신부가 끼어들었다.

"나는 시멸귀문을 알고 있습니다. 일본 본토에 있는 심령학회 이름입니다. 그들이 조선에도 사람을 보냅니다. 그래서 미세스 채가 싫어합니다."

엄마를 지칭하는 말이 틀림없는 '미세스 채'라는 말 때문에 채령은 목소리에 더욱 귀를 기울였다.

"맞습니다. 그들이 신당리에 뿌리를 내리고 있습니다. 참, 피앙세여. 당신도 신당리에 무녀굴이 많은 건 알지 않소?"

"조선의 유명한 무당은 다 신당리에 있다고 알려졌는데, 그걸 모르는 사람이 있으려고요. 여기서도 멀지 않을걸요? 기미년 만세 사건 이후에 일본 무당들이 조선으로 많이 건너왔다는 것쯤은 알고 있어요."

이모도 잘 알고 있다는 듯 고개를 끄덕였다.

"잠깐만요. 그런데 그 이야기랑 시멸귀문의 사람들과 무슨 관계가 있다는 거죠?"

이모는 지니 아저씨가 대꾸하기 전에 얼른 물었다.

"작년 초쯤에 그 동네에서 큰 사건이 하나 있었소. 뭐, 일반 사람들에게는 알려지지 않았지만."

"뭔데요?"

"신당리 무녀굴에서 가장 용하다는 백두산 선녀라는 무당이 살던 점집에 불이 나서 홀라당 타 버리고, 연이어 한라장군 보살, 청룡 보살 집에 불이 났단 말입니다. 하필이면 불기운이 충만한 날이었다더군요."

"신당리 최고 서열 무녀 셋에게 차례로 액운이 닥쳤단 뜻으로 들리네요?"

"후후. 맞소. 자, 들어 보시오. 그 세 무당이 떠난 자리에 누가 들어와 앉은 줄 아시오?"

"설마…?"

"맞소. 일본에서 건너온 무당들이라 합니다."

"그들이 모두 시멸귀문 사람들이고요?"

"제 추측으로는 그렇습니다. 참 어이없는 일이지요. 피앙세, 당신의 말대로 왜놈들이 이제는 하다 하다 무당까지 들여와 조선사람들을 현혹하고 있습니다."

그즈음 가만히 듣고만 있던 다미앵 신부가 나섰다.

"시멸귀문 사람들은 음흉하고 사악합니다. 목적을 위해서 무엇이든 합니다. 세상을 더럽힙니다. 조선이 위험합니다. 희주가 그랬습니다. 일본의 나쁜 무당과 풍수가가 조선으로 건너와 악귀를 깨운다고 했습니다."

"무슨 말인지 알 것 같아요"

"왜입니까? 일본 사람들은 왜 그런 짓을 합니까? 총과 칼로 조선을 다 빼앗았습니다. 더 무엇이 필요합니까?"

고개를 끄덕이는 이모에게 다미앵 신부가 물었다. 어이없다는 표정이었다.

"신부님, 조선 사람들은 총칼에 땅을 빼앗기고 몸을 속박당한다고 해서 포기하는 사람들이 아닙니다. 만약 그랬다면 이 조그만 나라가 어떻게 500년을 버텼겠습니까? 조선 왕조라는 단일한 왕조가 말입니다. 서양엔 그런 나라들이 얼마나 있습니까?"

"진 화백…?"

"일본 사람들도 그것을 알고 있습니다. 수십 년 식민 통치를 해도 안 되는 것이 있다는 것을 말입니다. 그래서 그들은 이제 육신을 넘어 영혼의 세계까지 지배하려는 것입니다."

"오, 지저스!"

지니 아저씨의 말에 다미앵 신부가 두 손을 모아 쥐었다. 기도라도 드리는 듯 잠시 눈을 감았다가 떴다.

그 바람에 잠시 이야기가 끊겼고, 잠시 시간이 지난 뒤에 이모가 입을 열었다.

"어쨌든 조선의 이 혼란을 더 부추기는 게 바로 일본에서 건너온 시멸귀문의 심령술사들이에요."

"그래요, 나의 피앙세, 일본에서 건너온 풍수학자며 무당들이 조선의 정기를 끊기 위해서 산과 강이 혈맥을 끊고 다닌다더니, 그와 일맥상통하는 듯하오."

"그렇습니다. 시멸귀문은 그중 가장 악랄한 자들이지요. 흔히 풍수지리에서는 귀신이 드나드는 방향을 경계하지 않으면 큰 화를 당한다고들 합니다. 그걸 귀문이라고 하고요. 물론 귀문은 나라의 기운이 바뀔 때마다, 그리고 풍수를 하는 사람마다 조금씩 다른 방향을 가리킵니다. 그런데 시멸귀문 사람들이 한결같이 가장 사악하다고 주장하는 방향은 북서쪽입니다."

"북서쪽이면?"

"일본 편에서 보면 바로 조선 땅이 북서쪽에 있지요. 그래서 자신들의 귀신까지 보내 조선 땅을 몰락시키려는 것이에요."

"그럼, 시멸귀문이란 말은…? 결국 귀문에 있는 모든 것을 싹 쓸어버리겠다는 뜻?"

지니 아저씨는 자신이 말하고 혼자 고개를 절레절레 저었다. 그리고 끔찍하다는 듯 온몸을 떨었다

"그럴 거예요. 놈들은 잠든 귀를 깨어나게 하고, 악령을 이신귀로 만들어 더더욱 조선 사람들을 혼란에 빠뜨리려는 것이에요"

채령은 고개를 끄덕이다가 또 갸웃거렸다. 알 듯도 했고, 모를 듯도 했다. 다만 도대체 지금 이런 이야기를 왜 나누고 있는지 알 수 없었다.

그런데 그때 다미앵 신부가 어눌한 목소리로 말했다.

"미세스 채가 사라진 게 그놈들 때문입니다. 아, 물론 지금은 추측일 뿐입니다. 내 생각이 그렇습니다."

그 말에 채령은 자신도 모르게 입술을 깨물었다. (《소녀 퇴마사, 경성의 사라진 아이들》, 한정영, 다른, 144-148쪽)

주제 표현을 염두에 둔 서술을 할 때 가장 좋은 방법은, 그 메시지를 사건 속에 담아 두는 것입니다. 《소녀 퇴마사, 경성의 사라진 아이

들》에서는, 주인공이 직접 메시지를 전달하지 않습니다—사실 주제를 전달하는 가장 나쁜 방법은 주인공이 하소연하듯이 토로하는 방법입니다. 이 작품에서 주인공 채령은 그저 눈앞에 닥친 악귀를 퇴마하는 일에 몰입해 있을 뿐입니다. 그래서 이 이야기는 단순하게 퇴마하는 과정에 놀이적 특성이 강하게 부여되어 있습니다. 따라서 독자는 주인공의 행동을 통해서 주제를 '숙지해야 하는 번거로움'을 피할 수 있습니다. 오히려 독자는, 아무것도 모르던 주인공이 자신의 운명을 받아들이고 퇴마사로 거듭 각성해 나가는 과정을 더 흥미로워할 것입니다—물론 주인공의 이러한 성장 포인트도 중요한 주제가 될 수 있습니다.

이런 이유 때문에라도, 주제를 환기하는 메시지를 다른 곳에서 드러나게 해야 합니다. 인용된 내용에서 채령은 다른 사람들의 이야기를 듣고만 있습니다. 중요한 것은 자신이 처리하고 있는 악령의 본질이 무엇인지 깨닫는 일입니다. 이 과정이 있어야만, 채령이 주인공으로서 자신의 하고 있는 일에 대한 당위성과 책임감을 갖게 되지요—이 부분은 매우 중요한 성장 포인트입니다. 주제는 이 과정에서 만들어집니다. 지금껏 '자신도 모르게 해왔던 퇴마'가 실은, 이와 같이 악랄한 일제의 침탈 과정에 저항하고 있음을 알게 되는 것입니다. 마찬가지로 독자도 같은 방식으로 주제를 받아들입니다.

이런 과정을 통해 주인공이 사건이 전후 맥락을 이해하게 되면, 스스로 각성하는 방식의 성장은, 독자로부터 응원받게 되고, 그럼으로써 주제는 강조됩니다.

"이제 네 녀석 이야기 좀 해 보거라. 어떻게 하다가 혼자 떠돌이 신세가 된 게냐? 네 주인이 너를 버리고 간 게야?"

"끄응! 킁!"

'두리가 그랬어요. 저는 버려진 거라고 말이에요. 하지만…….'

나는 무슨 말을 더 하려다가 그만두었다.

"아무 말도 없는 걸 보니 정말 버려진 게로구나. 이렇게 털이 망가져서 그런 거니? 아무리 그래도 한때는 가족처럼 보살펴 주었을 것 아니냐?"

"컹컹!"

'그랬어요. 사고가 나기 전까지는 가족처럼 함께 지냈어요.'

할아버지의 말에 소리를 높여 대답했다. 그러자 할아버지는 고개를 끄덕였다.

"그래. 무슨 사정이 있었겠지. 아마 무슨 사정이 있었을 게야."

할아버지의 말에 고개를 숙였다. 사실 나도 이해하려던 참이었으니까. 오해 때문에 그런 것 같다고 말이다. 그런데 뭔가 미흡했는지 할아버지가 말을 이었다.

"하지만 말이다. 가족이란 건, 어떤 일이 있어도 함께 해야 하는 거야. 어려운 일이 있다고 이렇게 거리로 내몰면……."

할아버지가 말끝을 흐렸다. 그러더니 내 머리를 쓰다듬던 손길도 멈추었다. 할아버지를 올려다보았다. 할아버지 눈가가 다시 젖어 있었다. 무슨 생각을 하고 계실까?

"그렇지만 너무 슬퍼하지 말거라. 너와 나는 이렇게 새 가족을 만났지 않니?"

"컹컹!"

"네! 맞아요..!"

목소리를 조금 높였다. 할아버지가 다시 웃고 있었다.

"우리, 한 가지 약속하자꾸나!"

대꾸하지 않고 할아버지를 쳐다보았다. 그러자 할아버지가 다시 말했다.

"녀석, 뭘 그리 빤히 쳐다보누? 할아비가 무슨 어려운 약속하자고 할까 봐? 하하하!"

속마음을 들킨 기분이 들었다. 이번에도 대꾸하지 않고 할아버지 손등을 핥았다.

"다른 게 아니고, 앞으로는 무슨 일이 있어도 서로 지켜주고, 서로 곁에 있어 주기로 말이다."

내가 바라던 일이기도 했다. 꼬리를 살랑살랑 흔들었다.

"녀석! 그렇게도 좋으냐? 네가 좋아할 줄 알았다."

정말 좋다. 이제는 밖에서 자지 않아도 되니까.

문득 할아버지가 손을 뻗어 전등을 껐다. 방안이 캄캄해졌다. 어둑한 저편에서 할아버지의 목소리가 들려왔다.

"이제 그만 자자꾸나. 오랜만에 말을 많이 했더니 목이 아프구나. 하지만 괜찮다. 앞으로 너와 이야기를 많이 할 테니, 금방 적응이 될 거야. 굿모닝, 너도 잘 자거라!"

굿모닝.

할아버지가 지어 준 이름을 혼자서 불러 보며 눈을 감았다. 오랜만에 편한 잠을 잘 수 있을 것 같았다. (《굿모닝, 굿모닝?》, 한정영, 미래아이, 108-110쪽)

《굿모닝, 굿모닝?》의 주제는 이 대목에서 온전히 드러납니다. 주인공 굿모닝은 주인에게 버림받았고, 할아버지 역시 가족이 모두 외국으로 떠나고 혼자 남았습니다. 비슷한 처지의 굿모닝과 할아버지는, 굶주린 굿모닝에게 할아버지가 밥을 나누어 주면서 한집에 살게 됩니다. 그러면서 한동안 잊고 있던 가족의 따뜻함을 서로에게 느끼지요. 당연히 이 이야기의 핵심 주제입니다.

이 주제는 훗날 주인공의 특별한 행동을 유도합니다. 무엇보다 가장 인상적인 장면은, 훗날 할아버지가 불난 집에 갇혔을 때 굿모닝이 불길에 뛰어들어 할아버지를 구해 내는 행동입니다. 굿모닝은 화재로 온몸에 화상을 입었고, 그 때문에 버림받았던 과거 탓에 트라우마를 지녔음에도, 이제는 진정한 가족이 된 할아버지를 외면할 수 없었던 것이지요. 바로 이 부분에서 나누었던 대화가 사실상 (가족의 한 구성원으로) 약속이 된 것이고, 이와 같은 주제의 복선은, 이후 굿모닝의 행동에 필연성을 만들어 주는 것이라 할 수 있습니다. 즉 자신을 희생하며 불길로 뛰어든 행위는 독자에게 주제(가족)가 그만큼 소중한 가치임을 깨닫게 합니다.

다만, 이런 주제를 반복해서 드러내서는 안 되며 위에서 말한 대로 길어지거나 작가 목소리가 직접적으로 느껴져서도 안 됩니다. 또한 그것(주제)마저도 사건을 위한 단계적인 과정이어야 하고, 사건의 흐름을 끊는 등 작위적으로 배치되어도 안 됩니다. 이런 식의 이야기가 반복되면 이야기의 속도가 느려지고 흥미로운 진행을 방해하기 때문입니다.

## 판타지 공간으로 이동하는 방법

### 《천 년의 음모》

최근 동화와 청소년소설에 판타지 요소가 많아진 것은, 스토리텔링 시대에는 문학의 교훈적 기능보다 놀이적 기능이 더 강조되기 때문입니다. 그리하여 판타지의 범람 현상은, 이전의 어느 때보다 더욱 노골적이고 공격적인 양상을 보입니다. 무엇보다 판타지는 기존의 본격 문학이 가고자 했던 매우 엄격하고 진지한 목표를 수행하기보다 도리어 쾌락의 기능을 극대화하여 독자의 직관적 관심을 유도하는 데 효과적이기 때문이지요. 기존의 규칙과 질서를 무너뜨리고, 카니발적 상상력을 자극하는 것만으로도 판타지는 독자에게 쾌감을 넘어 해방감을 선물해 줍니다.

따라서 판타지는 특정 인물(주인공)에 대한 서사를 통해 독자가 삶의 유의미한 지표를 찾아내거나 인문학적 진리를 탐색하려는 문학의 진정성 실현에 초점을 맞추지 않고 작가의 개별적 상상력에 기반한 '미지의 놀이터'를 시현示顯해 내는 것을 우선시합니다.

하지만 이 '미지의 놀이터'는 미성숙한 독자에게는 혼돈을 줄 수 있습니다. 간혹 이 독자들이 물활론이나 상모적 지각에 익숙하다면 더더욱 그렇습니다. 이들은 현실과 가상의 세계(판타지로 구현되는 세상)를 구분하지 못하는 경우가 많은데, 이는 독서에 장애가 됩니다. 알고 있는 세계와 모르는 세계가 뒤섞여 있는 듯 보이기 때문이지요.

두 세계가 한 작품 안에서 공존하는 로우 판타지의 경우 특히 위험하지요. 이때는 주인공이 필연적으로 두 세계를 넘나들게 되는데, 그 구분이 명확하지 않으면 미성숙한 독자들은 현실 세계와 판타지 세계를 동일한 세계로 인식할 수도 있습니다. 그래서 이와 같은 판타지는 현실 세계와 가공의 세계를 명확히 구분해 주는 것이 좋습니다. 왜냐하면 현실 세계와 판타지 세계는 그 성격은 물론이고 작동 방식도 다르기 때문이지요. 즉 독자가 알고 있는 세계가 아닌 '미지'의 세계로 들어가는 일은 주인공에게는 모험을 시작하는 일이 되고, 독자는 그럼으로써 긴장감을 갖게 되지요. 양쪽 세계를 넘나드는 일 자체가 이미 사건의 모티프 역할을 하는 효과도 있습니다.

> (A)종소리가 잦아들 때쯤 광장 주변을 밝히던 가로등이 연이어 꺼졌다. 마지막으로 첨탑 건물 앞에 있는 가로등이 불꽃놀이 하듯 파편을 튀기며 깨졌다.
>
> "퍼퍽! 퍽!"
>
> 제나는 몸을 움츠리며 제타를 끌어안았다.
>
> 어둠이 짙게 드리웠다. 온몸이 으스스 떨렸고 오로시 달빛만이 광장을 비추고 있었다. 사방을 두리번거렸지만 지나다니는 사람은 아무도 없었다.
>
> 얼마나 시간이 지났을까. 첨탑 옆 두 번째 골목에서 누군가 나타났다. 새까만 실루엣이 천천히 광장으로 들어섰다. 곧이어 세 번째와 네 번째 골목에서도 하나둘 그림자가 나타났다. 시간이 갈수록 점점 더 많은 이들이 골목에서 나왔다.
>
> 잠시 후 여섯 번째 골목에서 나타난 그림자가 무언가를 찾는 듯 주위를 두리번거리더니 이쪽을 바라보고 섰다. 키가 큰 맨발의 소녀

였다. 흰색 드레스 곳곳에 얼룩이 묻어 있었고, 오른쪽 어깨와 왼쪽 허리 부분은 한 뼘쯤 찢어져 있었다. 더 어이없는 건 목에 걸린 밧줄이었다. 넥타이처럼 굵은 밧줄이었는데 목에 난 핏자국이 도드라져 보였다. 소스라치게 놀란 제나가 두 손으로 제 입을 틀어막았다.

잠시 후, 소녀는 달이 떠올랐던 첨탑 쪽으로 발길을 돌렸다. 은파가 낮은 목소리로 말했다.

"따라가! 축제가 끝날 때까지 절대 가면을 벗으면 안 돼. 어떤 일이 있어도! 알았지?"

그 말 때문인지 공연히 얼굴이 간질거렸다.

소녀는 누가 따라오는지 확인하는 것처럼 가끔 뒤를 돌아보았다. 그러더니 곧바로 첨탑 건물 안으로 들어갔다.

문을 열자마자 어두운 복도가 나타났다. 칠흑같이 어두워서 발밑이나 양쪽 벽에 뭐가 있는지 도무지 알 길이 없었다. 다만 앞서 걸어가는 소녀 앞쪽에서 뿌연 빛이 보였다. 소녀가 그쪽을 향해 나아갔다. 제나도 제타의 손을 꼭 잡고 그 뒤를 찬찬히 따라갔다. 캄캄한 복도를 지나 빛이 흘러나오는 곳으로 걸음을 옮기던 제나는 멈칫하고 그 자리에 섰다.

거기에는 수백 년 전의 베나로스가 있었다. 책으로 보고 말로만 듣던 오래전 바로 그 도시였다.

스산한 기운이 느껴지는 거리에는 사람들이 북적거렸다. 칼과 방패를 든 병사 무리가 왁자지껄 지나갔고, 사제복을 입은 사람 몇몇이 거리를 서성였다. 아낙네들이 상점을 들락거렸고 아이들도 이리저리 뛰어다녔다. 저편 골목 어귀에서는 고함과 노랫소리가 뒤섞여 들려왔고, 길 한쪽에서는 젊은 여자 서넛이 춤을 추고 있었다. 길가에서는 소녀들이 꽃을 팔았고, 그 옆으로 허리가 구부정한 노인이 이름을 알 수 없는 과일을 잔뜩 늘어놓고 팔고 있었다. 빵이나 옷, 모자를 파는 이들도 있었다.

제나는 이 낯선 광경을 어떻게 받아들여야 할지 판단이 서지 않았다.

"축제란 게……."

"영혼들이 살아 있을 때의 모습으로 돌아가 그 자리를 지키는 거야. 죽은 자들에게 이보다 더한 축제가 있을까? 물론 산 자들은 영혼의 축제가 벌어지는 줄도 모르지. 우리는 영혼의 가면을 쓰고 있어서 볼 수 있는 거니까."

제나가 얼떨결에 꺼낸 말에 은파가 자세히 대답해 주었다. 제나는 딱히 무어라 대꾸할 말이 없어 고개만 끄덕였다.

은파가 다시 말을 이었다.

"한 번 더 말하지만, 아무것도 해서는 안 돼. 저 사람들에게 먼저 말을 걸어도 안 되고, 저들이 가지고 있는 물건을 함부로 만져서도 안 돼."

그러고는 은파가 먼저 영혼들 틈으로 들어갔다.

제나는 조심스레 은파의 뒤를 따랐다. '안 돼'라는 말을 두 번이나 반복해서 들어서 그런지 긴장감이 더 높아졌다. 그런 와중에도 제타는 뭐 그리 궁금한 게 많은지 연신 두리번거리며 제나를 자꾸 이리저리 끌어당겼다. 제나는 제타의 손을 더 꽉 붙잡았다.

(B)술에 취해 비틀거리는 병사 옆을 지났고, 함께 나란히 팔짱을 끼고 지나가는 소녀 셋을 스치며 앞으로 나아갔다. 그런데 소녀들의 옷에는 너무나도 선명한 핏자국이 묻어 있었다. 제나는 흠칫 놀라 고개를 돌렸다. 이번에는 어린아이 하나가 무릎을 꿇고 구걸하는 모습이 눈에 들어왔다. 애처로운 마음에 잠시 바라보다가 소스라치게 놀라고 말았다. 바람에 펄럭이는 옷 사이로 앙상한 갈비뼈가 드러났기 때문이다. 아이가 일어나 다가오는데 마치 해골이 걸어오는 듯한 착각을 일으켰다.

"굶어 죽은 아이의 영혼이야."

은파가 재빨리 제나를 끌어당기며 말했다.

그런데 이상했다. 아무리 걸어도 길은 끝나지 않았고, 길모퉁이를 돌고 나면 지나왔던 길이 다시 나타났다. 분명히 어떤 건물 안으로 들어갔는데 바깥이 나왔고, 아까 지나쳤던 사람이

또 앞에서 얼쩡거렸다. 그걸 아는지 모르는지 은파는 여전히 사람들 틈을 헤집고 나아갔다. 끝도 없는 미로 속을 헤매는 느낌이랄까? (《천 년의 음모》, 한정영, 올리, 78-81쪽)

《천 년의 음모》의 주인공 제나와 제타는 제3 연맹체의 정체와 그들의 음모를 파헤치기 위해서 은파의 할아버지가 있는 수백 년 전으로 이동합니다. 앞서 말한 대로 판타지 세계로의 이동은, 그 행위 자체가 모험적 요소를 품고 있기 때문에 작가는 필요에 따라서 이동 과정 자체(A)도 긴장감을 증폭시키기 위한 에피소드로 활용할 수 있습니다.

이러한 판타지 세계로의 이동을 위해 전제해야 할 것이 있습니다.

첫째로 시간과 공간 중의 하나는 비일상적 조건을 갖추어야 합니다. 제나와 제타, 그리고 은파가 판타지 공간으로의 이동을 준비하는 곳은 평소(일상 시간대)에는 사람들이 많이 지나다니는 곳입니다. 대체로 이런 공간에서는 특별한 변화를 기대하기 어렵습니다. 그래서 자정을 택했습니다. 그러자 친숙한 공간이 낯선 공간으로 변화되었고, 여기에 가로등마저 깨지는 상황이라면, 독자도 무언가 특별한 일이 일어날지 모른다는 생각을 하게 되지요.

두 번째는 현실 세계와는 다른 세계에 들어섰음을 알려야 합니다. 이는 작가가 자신이 구축한 판타지 세계를 구체화하는 과정이기도 합니다. 현실 세계가 사라지고, 그 위에 새로운 세계(판타지)가 만들어졌으니, 그에 합당한 일들이 벌어져야 하지요. 그래서 골목에 누군가 나타나기 시작하고, 뜻밖에 그 모습은 '목에 핏자국이 도드라진 소녀'입니다. 그리고 소녀를 따라가지, 수백 년 전의 베나로스가 등장하지요. 그곳에서 제나는, 그리고 독자는 새로운 세계에 진입했음을 자연스럽게 받아들입니다.(B) 새로운 세계의 모습이 구체적으로 만들어진 것입니다.

세 번째는, 다시 한번 현실 세계와 다르다는 점을 인식시키는 것입니다. 제나는 은파로부터 가면을 벗어서는 안 된다는 말을 듣습니다. 누구에겐가 말을 걸어서도 안 되고, 무언가 만져서도 안 된다고 하지요. 그 세계(판타지의 세계)의 규칙이 현실 세계와는 다르다는 점을 인식시켜, 독자들에게는 '주인공은 지금 모험 중'이라는 사실을 알려 주는 것입니다. 또한 이러한 설정은 주인공이 그 규칙을 어길 수도 있음을 암시하고, 나아가 그 때문에 더 힘든 모험을 하게 될지도 모른다는 예측을 가능케 해서 가독성을 높여 줍니다.

이런 과정이 꼭 필요한 이유는 무엇보다 개연성 때문입니다. 즉 개연성을 확보하면, 독자는 주인공이 어떤 비현실적 공간으로 이동해도 그 공간을 사실적으로 받아들입니다. 개연성의 힘은 독자에게 신뢰를 준다는 것입니다. 그리고 독자가 공간을 사실적으로 받아들인다는 말은 주인공의 엄청난 모험이 '거짓'이 아니라 그럴듯한 '허구'로 읽히고 있다는 뜻이며 그저 '말도 안 되는 공상'이 아님을 받아들인다는 뜻입니다. 이 과정이 중요한 이유는, 독자가 현재 벌어지고 있는 사건을, 어딘가에서 일어날 만한 일이라고 믿게 함으로써 가독성을 유지할 수 있기 때문입니다. 반대로 독자가 작품 속 사건을 과학과 논리 등 다양한 이유로 결코 일어날 수 없는 일이라고 확신하게 되면, 허구는 곧 거짓말이 되고, 독자는 더 이상 이와 같은 '황당무계'한 이야기를 읽을 필요성이 없어집니다.

그래서 무엇보다 작가는 판타지 세계를 주도면밀하게 구축해야 합니다. 우리가 살고 있는 현실 세계가 매우 조직적이고 치밀하듯이 작가는 자신이 만들어 낸 세계가 마치 세상 어느 곳에 실존하는 것처럼 여겨질 만큼 사실적으로 구성해야 하지요. 그렇지 않으면 판타지 세계는 단순한 하나의 소모적 설정에 불과하게 되고, 당연히 작품의 완성도는 낮아집니다.

## 신파를 적극적으로 사용하는 방법

### 《히라도의 눈물》, 《나는 조선의 소년 비행사입니다》

신파는 그 역사적 배경과는 달리, 최근에는 감정 과잉 및 강요 등을 내포하는, 비판적 용어로 사용됩니다. '감성팔이'라는 자조적 표현도 그 때문에 나온 것이지요. 즉 신파는 대중 정서를 자극한다는 측면에서 통속성과 맞닿아 있습니다. 그래서 문학적인 작품을 쓰려는 작가들에게는 기피의 대상이기도 했습니다. 실제로 신파는 독자를 논리와 개연성에 기대 설득하는 것이 아니라, 감정으로 호소하는 방식이라서 가히 선동적이라 할 만하지요. 이는 작품의 문학성을 훼손하고 진정성을 해칠 수 있습니다.

그러나 그 '과잉'의 농도만 잘 조절한다면, 감정의 사용은 독자의 카타르시스 효과를 유발할 수 있고, 독자의 자기 동일시 효과를 배가합니다. 나아가 드러내고자 하는 주제를 효과적으로 강조할 수도 있습니다. 이 외에도 신파는, 독자에게 매우 임팩트 있는 사건 못지않은 집중력을 이끌어 낼 수 있기 때문에 사건의 흐름을 유연하게 만들기도 합니다.

다만 신파는 한 편의 작품에서 자주 반복되어서는 안 되며, 또한 적재적소에 있어야 하고, 그 사용이 앞뒤 사건의 흐름에 비추어 무리수가 되어서는 안 됩니다. 그래야만 신파는 목적적으로 기능할 수 있으며, 이 말은 신파 역시 하나의 사건 역할을 할 수 있다는 뜻입니다. 즉 그다음 사건에 영향을 주면서 분위기를 일신하게 되는 것이지요.

"세후야……."

엄마의 목소리가 낮아졌다. 무슨 말을 하려는 것인지 오래도록 머뭇거렸고, 한동안 뜸을 들였다. 그러더니 잔뜩 젖은 목소리로 입을 열었다.

"아버지가 그런 말을 했는지 모르지만, 이 엄마는 어릴 때…… 모든 것을 잃었단다. 아버지 어머니 형제와 자매까지. 우리 세후처럼 전쟁이 내 모든 것을 앗아 갔지. 그때 고작 예닐곱 살이었던 난 너무 무섭고, 힘들었단다."

엄마는 고개를 떨어뜨린 채 말을 이어 갔다. 눈물에 젖은 목소리는 많이 떨렸고, 자주 끊겼다.

더 잃을 게 없잖아. 오직 내 몸뚱이 하나뿐이잖아. 그러니까 괜찮아. 그래서 난 아무것도 가지지 않기로 했단다. 아무도 좋아하지 않았고, 옷 한 벌 노리개 하나도 탐내지 않았어. 잃을 때의 슬픔을 너무나 잘 알고 있기 때문에……."

엄마는 가끔 입술을 깨물었다. 단지 울음을 참느라 그런 걸까, 아니면 기억하기가 괴로워서일까. 알 수 없었다.

세후는 아무런 대꾸도 할 수가 없었다. 그냥 귀를 기울이고 듣는 수밖에는. 엄마가 왜 이런 말을 하는지조차도 알 수 없었다.

"그런데 다마쿠라 장군께서 어느 날 이리로 가라고 하더구나. 처음엔 조선인 도공이란 말에 너무나 무서웠단다. 나보다 열 살이나 더 많은 분이고……. 무슨 말인지 알겠니? 그런데 와서 보니, 네가 있더구나. 너를 처음 보던 순간이 지금도 기억난단다. 작은 포대기 안에서 나비잠을 자던 네가 문득 눈을 뜨고 나를 쳐다보더니, 해맑

게 웃었단다. 꼬물거리면서 나와 눈을 맞추고 얼마나 예쁘고 환하게 웃어 주던지! 그 순간, 모든 두려움이 싹 가시더구나!"

눈물에 젖은 엄마의 뺨이 붉었다. 그런 낯으로 엄마는 세후를 쳐다보면서 웃었다. 하지만 세후는 눈물이 났다. 흐르는 눈물을 멈출 수가 없었다.

"그때 난 생각했단다. 아무것도 없는 나에게 신께서 선물을 내리셨구나. 어미 아비를 데려간 대신 더 큰 선물을 주셨구나! 그때부터 넌 나의 모든 것이었단다. 아무리 힘들어도 네가 있어서 참을 수 있었고, 견뎌낼 수 있었어. 너만 보면 언제나 기운을 낼 수 있었지. 그런데……."

갑자기 엄마가 다시 고개를 수그리더니 어깨를 들썩거렸다.

"그런데 이제 또 너를 잃어야 하니? 왜? 난 아무 잘못도 없는데? 왜 내가 너를 잃어야 하니?"

세후는 가슴이 탁 막혔다. 가슴속에서 뜨거운 것이 북받쳐 올랐다. 세후는 주먹을 꽉 쥐고 소리를 내지 않으려 노력했다. 그럴수록 가슴은 더 아팠다. 자꾸만 숨이 막혔다.

"세후야! 말해 보렴! 내가 무슨 잘못을 했길래 너마저 잃어야 하는 건지! 응, 세후야!"

죄송해요. 정말 죄송해요. 세후는 속으로 중얼거렸다. 그것 외에는 더 이상 할 말이 없었다. 주먹을 너무 세게 쥐어서 손이 아팠다.

그러나 펼 수가 없었다. 더욱 어금니를 굳게 물어야 했다. (《히라도의 눈물》, 한정영, 다른, 184-186쪽)

이 부분에서의 감정 과잉은, 주인공의 일본인 엄마가 "그런데 이제 또 너를 잃어야 하니? 왜? 난 아무 잘못도 없는데? 왜 내가 너를 잃어야 하니?"라고 말하는 부분에서 정점을 찍습니다.

그런데 가만히 살펴보면, 이 과정을 통해서 일본인 엄마의 잘 몰랐던 히스토리를 알 수 있지요. 더구나 그 내용이 비극적이라서, 이를 극대화하면 또 다른 비극을 맞이해야 하는 엄마의 애틋한 마음을 차고 넘치게 독자에게 호소할 수 있습니다. 더구나 엄마가 호소하는 이 감정은 동서고금을 막론하고 일반적인 '가족애'의 범위 안에 있기 때문에 대중 독자의 정서에 부합합니다. 이를 통해 독자는 쉽게 감정의 동일시를 경험할 수 있습니다.

신파가 하필 이 부분에서 필요했던 것도 주목해야 합니다. 이 부분은, 세후에게는 아버지가 가야 하는 길(오란다)을 대신하기로 마음먹은 직후이고, 새엄마에게는 세후가 출생의 비밀을 알고 있음을 눈치챈 직후입니다. 따라서 미래의 비극에 대한 암시가 노골적으로 가속화하는 부분입니다. 이때 아버지는 세후가 오란다로 가려는 이유가 자신의 출생의 비밀, 곧 지금의 엄마가 친엄마가 아니라는 것을 알았기 때문이 아니냐고 의심하지요. 그리고 마침 이런 이야기를 일본인 엄마가 엿듣고, 세후에게 간곡하게 말합니다. 즉 엄마는 자신에게 닥칠지 모르는 최후의 불행을 막기 위한 방편으로 물리적 제어보다는 감정 호소를 택한 것입니다. 사실 엄마의 입장에서 보면, 그 이상 할 수 있는 일이 없습니다. 그 때문에 감정은 더더욱 격해질 수밖에 없지요.

다만, 이런 감정 호소 때문에 이들에게 닥친 불행이 일본의 폭력(전쟁) 때문이라는 실질적 논리가 약화되는 단점이 있습니다. 무엇보다

이 비극은 일본이 일으킨 임진왜란에서 잉태되었으니까요. 신파는 이처럼 애틋한 감정에 호소함으로써 집중도를 높이지만 작품의 이면에 작용하고 있는 사회적 의미는 허약하게 만듭니다. 즉 현실의 직시를 통해 비극의 원인과 마주하지 않으면, 그 비극은 개인의 운명으로 치환됩니다. 이는 신파의 가장 큰 약점이라고 할 수 있습니다. 신파를 너무 자주 사용하면 안 된다는 이유가 여기에 있습니다.

(A)

"특공 비행사와 호위 전투기 비행사는 전원 탑승하라!"

조안은 비행기 앞에 서서 하늘을 보았다. 파랬고, 구름 한 점 보이지 않았다. 새벽녘에 자신이 얼결에 한 말이 기억났다.

다행이야!

조안은 다시 한번 피식 웃고 비행기 앞으로 한 발 더 다가갔다. 기다리고 있던 정비병이 거수경례를 했다. 그런데 그때, 뒤에서 누군가 달려왔다.

"조안, 할 말이 있어."

다카하라가 뛰어와 조안 앞에 섰다. 조안은 대꾸하지 않고 그의 얼굴을 쳐다보기만 했다.

"내가 집을 떠나올 때, 엄마가 해 준 말이 있어. 그걸 너한테도 해 주고 싶어."

"무슨 … …?"

조안은 살짝 미간을 찡그린 채 다카하라의 다음 말을 기다렸다.

"잘 다녀오렴. 손끝 하나 다치지 말고. 끼니도 꼭꼭 챙겨야 해! 엄마가 기다리고 있을게."

순간 조안은 숨이 탁 막혔다. 약간 어설프긴 했지만, 일본 땅에서는 처음 듣는 조선말이었다. 게다가 엄마라니? 기다린다니? 조안은 무릎을 꺾고 그 자리에 주저앉을 뻔했다. 자신도 모르게 벌린 입을 다물 수가 없었다.

"이, 이 새끼… …. 미쳤어!"

생각과는 다르게 그런 말이 튀어나왔다. 그것도 조선말로. 그런데도 다카하라는 천진난만한 표정으로 조안을 쳐다보며 미소를 짓고 있었다. 지금까지 단 한 번도 본 적이 없는, 선한 얼굴이었다.

다카하라는 여전히 움직이지 못하고 있는 조안의 어깨를 토닥거렸다. 그러더니 또 말했다.

"우리 다시 만날 수 있겠지?"

그 말을 남기고 다카하라는 되돌아 19번기 쪽으로 뛰어갔다.

헉!

조안은 숨이 제대로 쉬어지지 않아 가슴을 여러 번 두드려야 했다. 그때쯤, 다카하라의 모습은 일렬로 늘어선 비행기에 가려 더 이상 보이지 않았다.

조안은 가까스로 숨을 몰아쉰 다음, 주먹을 꼭 쥐었다. 그리고 날개를 밟고 올라가 조종석에 앉았다. 그러자마자 정비병이 경례를 한 뒤, 조종석의 뚜껑을 닫고 물러났다. 하지만 여전히 주체할 수 없이 가슴이 뛰었다. 그 때문에 조안은 서둘러 출발할 수가 없었다.

겨우 비행기가 움직이기 시작했을 때, 조안은 눈물 한 방울을 떨어뜨렸다. 그러느라 조종간을 잠시 놓쳤고, 그 때문에 이륙하려던 비행기가 잠시 한쪽으로 갸우뚱 기울었다. 조안은 얼른 조종간을 바로 잡고, 바로 앞선 77번기의 뒤를 쫓았다.

비행기는 곧 높이 날아올랐다.

(B)

그런데 어느 때쯤, 옆쪽에서 기척이 느껴졌다. 또 다른 비행기 한 대가 나란히 따라오고 있었다. 뿐만 아니라 그 비행기는 조안 쪽으로 바짝 다가왔다. 뜻밖에도 19번기였다.

'다카하라!'

조안은 자신도 모르게 그의 이름을 되뇌었다. 그는 얼굴을 알아볼 수 있을 정도로 조안의 비행기 옆으로 바짝 다가와 있었다.

'다카하라, 도대체 무슨 짓을 하는 거야?'

조안은 눈빛으로만 물었다. 그리고 손으로는 뒤로 돌아가라고 신호를 보냈다. 하지만 그걸 무슨 뜻으로 받아들였는지 놈은 웃었다. 그러더니 앞으로 가라고 손짓을 했다.

'어서 가. 난 너와 함께 갈 거야.'

문득 그렇게 말하고 있는 것처럼 느껴졌다. 그래서 다시 물었다.

'내가 어딜 가는 줄 알고? 넌 어서 돌아가!'

하지만 다카하라는 고개를 끄덕이며 어서 앞으로 나아가라고 말하는 것 같았다.

'네 고향. 그리고 내 어머니의 고향. 나를 데려가 줘.'

'다카하라, 어차피 우리는 경성까지 못 가. 알지? 우리 비행기에는

오키나와까지 갈 수 있는 만큼의 연료밖에 없어.'

'괜찮아! 너와 함께 가고 있잖아.'

웃음을 짓고 있는 다카하라를 보면서 더 이상 할 말이 없었다. 결국 조안은 자신도 모르게 놈을 따라 고개를 끄덕였다.

'그래, 가자. 여기는 우리가 있을 곳이 아니야.'

조안은 고도를 올리고 비행기의 속도를 조금 더 높였다. 그러자마자 다카하라도 속도를 높여 따라왔다.(《나는 조선의 소년 비행사입니다》, 한정영, 다른, 211~217쪽)

《나는 조선의 소년 비행사입니다》는 이미 예정된 비극이 기다리고 있습니다. 가미카제의 끝은, 탈출하지 않는 한 죽음이기 때문입니다. 물론 탈출할 방법은 거의 없습니다. 비행하는 동안 전투기가 이탈하려는 비행기를 감시할 테고, 그들을 따돌린다고 해도, 가미카제가 탄 비행기에는 돌아올 연료가 없기 때문입니다. 더구나 위의 장면은 주인공 조안이 가미카제를 떠나기 위해 비행기를 타기 직전의 상황입니다.

그런데 하필이면 이때, 비행병 학교에서부터 끈질기게 조안을 '조센진'이라 멸시하던 다카하라가 다가와 조선말로, 더구나 '엄마!'를 언급합니다. 이에 조안은 기겁을 하지요. 여기서 조안의 감정이 격해지는 것은, 바로 엄마 때문입니다. 조안의 일본 유학 경비 중 일부가 엄마의 약값에서 나왔다는, 엄마에 관한 아픈 추억이 있기 때문입니다. 그게 아니어도 죽음 앞에서 엄마를 떠올리는 일은 격한 감정을 불러일으키게 마련입니다.(A) 하물며 엄마에게 '죄'를 짓고 있는 조안에게는 더 말할 필요도 없겠지요. 나아가 자기 동일시를 경험하고 있는 독자에게도 이 감정은 전이됩니다. 이로써 신파는 극에 달합니다.

하지만 이 부분의 신파는 다소 작위적입니다. 같은 조선인의 피를 물려받았으면서도 철저히 일본인이기를 원했던 다카하라가 자신의 잘못을 인정한 지 얼마 되지 않은 시점에서 벌인 일치고는 그 정도가 과하기 때문입니다. 게다가, 다카하라는 자신의 차례가 아닌데도 조안과 동행하기 위해서 가미카제를 지원하여 조안을 따라나섭니다. 그리고 비행기의 기수를 가미카제 목표 지점(오키나와)이 아닌 북쪽(경성 방향)으로 돌립니다(B). 이때, 둘의 무언의 대화가 감정을 폭발시키지요.

이 신파를 넣지 않고서도 이 마지막 장면은 충분히 가미카제의 비극을 전달할 수 있었을 것입니다. 그러나 신파를 반복함으로써 감성적으로 두 사람의 비극적 장면을 극대화했습니다. 문제는,《히라도의 눈물》과 비슷한 무리수를 감당해야 합니다. 이를테면, 철저히 자신의 신분을 숨기고 일본인인 체하며, 주인공 조안을 괴롭혔던 다카하라가 이와 같은 감정적 친밀성을 드러내는 것과, 그 어떤 처벌도 받지 않는다는 것이며, 가미카제 그 자체에 대한 '사회적 목소리'에 한계가 따른다는 것입니다. 가미카제의 부당함과 폭력성 및 잔인성이 두 사람의 감정 극대화로 일시 사라지는 현상이 발생하는 것이지요.

그리고 나아가, 이 신파 후에 조안이 자신의 스승이기도 한 이토 준야의 비행기를 추락시키는 데에까지 이르는데, 이런 조안의 행동이 사색과 논리적 판단에 의한 것이었음에도 마치 신파의 결과물로 읽힐 수 있다는 것입니다. 즉 이토 준야의 죽음은, 상징적으로 일본 제국주의와 그들이 일으킨 전쟁에 대한 응징의 의미를 갖게 되는데 이 행위가 친구의 죽음에 대한 보복으로 해석될 여지가 충분하다는 것이지요.

이를테면 웅장한 '국뽕'을 얻는 작품 전체의 메시지를 약화하는 것이지요.

따라서 신파는 그 위치가 적확하지 않고, 무리한 설정을 따르게 되면 도리어 얻는 것보다 잃는 것이 많을 수도 있음을 잊어서는 안 됩니다. 특히 작가는 자신의 호불호에 따라서, 대중적 정서를 지나치게 따라서 빈번하게 신파를 사용하는 것은 지양해야 합니다.

## 감정을 외적으로 표현하는 방법

### 《조선으로 온 카스테라》

이야기에서 인물의 감정이란, 사건에 대한 반응이면서, 한편으로는 내적 태도입니다. 그러므로 인물의 감정을 드러내는 일은, 한편으로는 인물의 성격을 유지(혹은 발전)하는 데에도 도움이 되며, 또한 인물을 입체적으로, 그리고 현실적인 인물로 보이도록 하는 효과가 있습니다. 종종 독자가 '살아 있는 인물 같다'라고 하는 진술은 특히 감정의 표현과 무관하지 않습니다. 즉 감정의 표현은 인물이 사건에 기계적으로 활용되고 있지 않음을 환기하는 동시에, 특히 주인공의 경우 인물이 자연인의 한 사람으로 인식되게 하여 인간적 친밀도를 높이기 때문입니다.

이때 친밀도가 중요한 이유는 대부분의 독자가 주인공과 자기 동일시 현상을 경험한다는 점을 전제로 합니다. 즉 주인공이 '나와 같은 인간'이기 때문에 공감하고 응원할 수 있게 되는 것이며, 독자는 이런 인물을 한층 더 신뢰합니다. 그 때문에라도 작가는 특정 사건을 마주했을 때 주인공으로 하여금 적정한 양질감을 갖는 감정을 표현하도록 해야 합니다.

물론 감정 표현의 가장 기본적인 방법은 '슬프다, 기쁘다, 안타깝다'와 같은 직접 서술을 적시하는 것이겠지요. 하지만 이것으로만 감정을 표현하면 구체성이 떨어져서 독자의 공감을 이끌어 내기 어렵습니다. 그래서 감정의 표현은 충분한 '깊이'를 염두에 두고 구체적으로 표현해야 합니다. 즉 감정 역시 심리 상태의 하나라는 점을 감안하여 심리 묘사에 집중하는 것도 감정 표현의 한 방법입니다.

하지만 심리 묘사 자체로는 양태를 조절하기 어렵고, 특히 추상적 단어의 반복이 지나치면 무엇보다 나이 어린 독자들에게는 지루할 뿐만 아니라, 이는 급격한 긴장감 하락으로 이어져 이야기 자체의 흥미를 저하할 수 있습니다. 그 때문에 감정을 외적 행동으로 표현하여 구체성을 확보하고 사건의 역동성을 이어 나가는 방법을 취하는 것이 좋습니다. 즉 어떤 특정한 감정을 밀도 있게 표현하고 싶다면, 감정을 표현하는 단어만 반복하거나, 심리 묘사에만 안주하지 말고 그 감정을 대체할 수 있는 외적 행동을 동반시키라는 뜻입니다. 어차피 동일한 감정을 표현할 수 있는 단어는 한정적이며, 심리 묘사에도 한계가 있기 때문입니다.

> "해가 뜨기 전에는 올 테니 충분히 자 두어야 해. 알았지? 자세한 이야기는 내일 마저 하자."
>
> 다미가 짧게 되물었지만, 조 상궁은 그 물음에는 대답하지 않고 굳

은 표정으로 말하더니 밖으로 나갔다.

다미는 한동안 그 자리에 멍하니 서 있었다. 그리고 잠깐의 시간이 지났을 때, 문득 '나는 왜 여기에 와있는 걸까?'라는 생각이 들었고, 그러자마자 초저녁부터 조금 전까지 일어났던 모든 일이 빠짐없이 되살아났다. 동시에 눈앞이 캄캄해졌고 직전까지 버티던 다리가 후들거렸다. 다미는 버티지 못하고 스러지듯 주저앉았다.

"아버지!"

다미는 흐느끼며 고개를 숙였다. 결국 손으로 입을 틀어막고 울음을 터트렸다. 소리를 내지 못하고 한없이 울음만 쏟았다.

손이 축축해지고 멍석 바닥이 젖을 만큼 울고 나자 허기가 졌다. 온몸에 힘이 쭉 빠지는 느낌이었다. 다미는 모로 누워 몸을 웅크렸다. 자꾸만 눈앞이 아릿거렸다.

잠 대신 기억이, 반복적으로 되살아났다. 그 기억은 머리에서 시작하여 온몸을 돌아다니며 심장을 베었고, 옆구리를 찔렀고, 발끝을 아리게 했다. 고통스러워서 이리저리 몸을 뒤척였다. 마침 머리맡에 놓여 있던 누더기 홑이불을 끌어안고 몸부림쳤다. 그러는 동안 까무룩 잠이 들기도 했다.

하지만 설핏 든 잠에서조차 편치 못했다. 기억이 잠시 물러난 사이, 순남 오라버니와 혼인하는 꿈을 꾸었고, 그래서 뒤척였더니, 이번에는 엄마와 아버지가 칠패시장 너른 마당에 참수당하는 꿈을 꾸었다. 몸서리치며 깨어났을 때는, 농막 창 너머에서 희뿌연 여명이 도사리고 있었다.

결국 깨어있기도 잠이 드는 것도 두렵기만 했다.

다미는 몸을 일으켰다. 멍석말이라도 당한 것처럼 온몸이 부서질 듯 아팠다. 그래도 겨우 힘을 내 몇 걸음 걸었다. 농막의 문을 열고 나서자 뿌연 안개가 무리 지어 차밭을 나다니고 있었다. 다미는 안개를 따라, 바람에 밀려 차밭을 저춤거리며 겨우 걸었다.

다미는 스스로가 바람이고, 안개라 생각했다. 바람에 쓸리고, 안개에 묻혀서 차밭 이랑을 이리저리 걸어 다녔다. 그게 약이었을까, 아니면 독이었을까. 머릿속에서 들끓던 온갖 생각들이 하나둘씩 스러졌다. 그 덕분인지 걸음이 가벼워졌다. 자신도 모르게 비탈 아래로 향하는 걸음은 경쾌하기까지 했다. 그러다가 어느새 발끝이 절벽 끝에 다다랐다. 발아래로 흐르는 강은 안개에 덮혀 그지없이 평온해 보였다.

어느 즈음, 목소리가 들렸다.

"다미야!"

엄마의 목소리였고, 잠시 기다리는 아버지 목소리 같기도 했다. 다미는 그편으로 한 걸음 내디뎠다. 목소리가 조금 더 가까워졌고, 그러자 안개 저편에서 언뜻 엄마의 모습이 보이는 듯도 했다.

한 걸음 더 내딛자, 발아래 흙이, 돌무더기가 까마득한 절벽 아래로 떨어져 내렸다. 다미는 한 걸음 더 나아갔다.

바로 그때였다.

"안돼!"

누군가 절박하게 다미의 팔을 붙잡고 끌어당겼다.

헉!

다미는 제풀에 놀라 뒤를 돌아보았다. 조 상궁이었다. 잔뜩 놀란 표정으로 조 상궁은 다미의 뺨을 때렸다. 그리고 소리쳤다.

“정신 차리거라! 도대체 무슨 짓을 하려는 거야?”

“……?”

도리어 이해가 안 되는 쪽은 다미였다. 왜 자신이 여기에 서 있는지, 무얼 하고 있었던 것인지 알 길이 없었다. 분명히 얼핏 잠든 틈에 엄마의 목소리를 들은 듯한데, 언제 바깥으로 나온 것일까. 얼마나 돌아다녔길래 치마저고리가 온통 축축해진 걸까. 다미는 그런 자신의 모습을 내려다보고 깜짝 놀랐다.

그런 중에도 조 상궁은 다미의 팔을 붙잡아 끌었다. 절벽 끝에서 스무 걸음은 멀어진 뒤에야 팔을 놓고 말했다.

“다미야, 이제 정신이 드는 게야?”

“마마님……”

아직 상황이 온전히 정리되지는 않았다.

“너까지 잃으면 내가 무슨 낯으로 저승에 가서 네 엄마를 본단 말이냐, 응? 이럴 때일수록 정신을 차려야지!”

“저는 그저……”

“안 되겠구나. 어서 가자! 여기서 이러고 있을 일이 아니야.”

그러더니 조 상궁은 다시 다미의 팔을 붙잡아 이끌었다. 한달음에 농막으로 돌아가 보따리를 챙겼고, 되돌아 나올 때도 다미의 손목을 놓지 않았다. 조 상궁은 잠시 쉴 틈도 주지 않고, 잰걸음을 놀렸다. 농막의 오른편으로 돌아 차밭 가장자리로 걸어 내려갔다. 곧 가파른 돌길이 나왔지만, 주저하지 않았다. 그 바람에 두 번 넘어졌지만, 조 상궁은 아랑곳하지 않고 다미를 끌어당겼다.

정신이 온전히 돌아온 것은 그 즈음이었다. 두어 번 넘어지고 일어났을 때, 길이 평평해졌고, 강이 보이는가 싶더니 눈앞에 황포돛배가 나타났다. 그 옆으로, 그리고 뒤편으로 크고 작은 배가 몇 척 강물 위에서 일렁이고 있었다. 조 상궁은 멈춤 없이 황포돛배 앞으로 나아갔고, 마치 기다리고 있었다는 듯, 초립을 쓴 사내가 마중을 나왔다. 이마에 칼자국이 났고, 눈썹이 짙었다.(《조선으로 온 카스테라》, 한정영, 다른, 71-76쪽)

이 부분은 《조선으로 온 카스테라》의 주인공 다미가 아버지의 변고(천주교 관련 서적을 읽었다는 이유로 관아에 붙잡혀 간 일)를 목격하고 급히 몸을 피해 차밭이 있는 농막에 숨어든 직후의 일입니다. 시대 배경이 천주교를 극렬하게 탄압하던 때라, 아버지가 죽음에 이를 것이라는 생각에 다미는 어쩔 줄 모르고 몸부림칩니다. 이런 감정은 한마디로 정의 내리기 어려운 데다가, 단순한 한두 마디의 감정 표현으로는 주인공의 심리 상태를 구체적으로 표현해 내기가 쉽지 않습니다. 고작해야 슬펐다거나, 펑펑 울었다거나, 어쩔 줄을 몰랐다거나, 혹은 불안해서 잠을 이루지 못했다는 정도에 머무르게 십상이겠지요.

그래서 구체적인 감정 표현을 단계적으로 담아내야 합니다. 주저앉고→흐느끼고 울고→편안한 잠을 이루지 못하고→불안한 꿈을 꾸고→자신도 모르게 밖으로 나가 벼랑 끝에 서면서 인물의 절망 상태가 구체화된 것이지요. 이 정도면 주인공의 감정의 깊이가 어느 정도인지 가늠할 수 있게 되고, 주인공이 현실에 있을 것만 같은 느낌이 들지요. 그렇지 않아도 자기 동일시를 통해 다미의 삶을 자신의 삶으로 받아들인 독자라면 더더욱 다미의 감정선을 놓치지 않고 따라올 것입니다. 더구나 사실상 자살을 의미하는, 벼랑 끝에 선 행위는 격한 감정이 얼마나 다미를 고통스럽게 하는지 그대로 전달해 줍니다.

이처럼 외적 행동을 통한 감정의 표현은 단순한 휴지休止의 느낌을 주지 않고, 사건의 연속성에 이바지합니다. 실제로 다미의 자살 징후를 느끼는 순간, 독자는 안타까움과 함께 적잖이 긴장했을 테니까요. 즉 이러한 방법은 단순한 묘사가 가져오기 쉬운 지루함을 방지할 수 있습니다. 특히 동화와 청소년소설에서 긴 묘사는 오히려 악이 될 가능성이 크니까요. 어쨌든 주인공이 정체 중이면 어린 독자들은 흥미를 잃기 때문입니다.

물론 모든 사건 앞에 이처럼 밀도 있는 감정 표현을 하기는 어렵지만, 사건 자체가 매우 큰 경우, 혹은 특별히 메시지를 강조할 때 등 특정 상황에서 전략적으로 사용하는 것이 더 좋습니다. 아무리 외적 표현이라고 하더라도 감정 표현이 너무 깊어지면 자칫 신파로 보일 수도 있기 때문입니다.

## 주인공이 쫓기는 과정을 긴장감 있게 드러내는 장면

### 《한밤중 마녀를 찾아간 고양이》, 《멍멍, 난 개똥이가 아니야!》

주인공이 위기를 맞고, 헤쳐 나가는 장면은, 독자의 긴장감을 가장 극대화할 수 있는 부분입니다. 성인 독자도 다르지 않지만, 특히 독자의 나이가 어린 독자일수록 쫓고 쫓기는 장면에 대한 집중도가 높습니다. 무엇보다 주인공에 대한 자기 동일시가 빠르기 때문입니다. 주인공에게 닥친 위험은 곧 자신(독자)이 맞닥뜨린 위기 상황이므로 손에 땀을 쥐겠지요. 이때 모험적 요소를 극대화하면 다른 그 어떤 사건보다 강한 인상을 남길 수 있습니다. 따라서 작가는 이런 부분은 의도적으로라도 일정한 분량을 확보하는 게 좋습니다.

주인공이 쫓기는 장면을 쓸 때 가장 먼저 고려해야 하는 것은 공간(주변 환경 포함)입니다. 어떤 공간을 선택하느냐에 따라, 주인공의 위기 상황을 더 악화시키거나, 반대로 모면할 수 있는 조건을 만들 수 있습니다. 대부분은 주인공에게 불리하고 적대자에게 유리한 조건을 부여하는 것이 좋겠지요. 위기감이 높을수록 긴장감은 높아지니까요.

그다음은 주인공을 쫓는 적대자의 크기입니다. 여기서 크기란 물론 물리적 크기이기도 하고 능력의 크기이기도 합니다. 즉 힘의 균형을 적대자에게 기울어지게 하면, 주인공이 쫓기는 장면은 더더욱 아슬아슬해집니다. 사실, 환경을 더 유리하게 이용할 수만 있어도 적대자는 주인공을 강력하게 위협할 수 있습니다. 그래서 특히 초반에는 다윗과 골리앗의 싸움 그 이상의 확신이 들게 하는 것이 좋습니다.

휴! 지금은 또 아무것도 보이지 않아. 역시 기분 탓인가?

아무튼 동물원은 기분이 나쁘다니까.

나는 물을 마시지 않고 다시 달리기 시작했어. 자꾸만 신경이 쓰여서 뛰면서도 사방을 돌아보았지. 주변에 아무도 없는 것 같아. 아니, 저 뒤편 나무 뒤에 무언가 스쳐 지나간 것 같기도 하고. 아아, 모르겠어. 일단 달려야 해. 시간이 없으니까. 힐끔 하늘을 올려다

보니 어느새 달이 또 저만큼이나 달아난 것 같단 말이야. 오늘따라 유독 달이 서두르는 이유가 무언지 묻고 싶은 심정이야.

그런데, 주위가 살짝 어두워진 것 같아. 아니, 정확하게 말하면 새까만 그림자가 나를 따라오는 게 느껴졌어. 내가 오른쪽으로 가면 그림자도 오른쪽으로, 왼쪽으로 가면 딱 그만큼만 따라오는 거야.

뭘까? 이제 정체를 드러내는 거야? 등줄기를 따라 식은땀이 흘렀어. 무언가 나를 노리고 있었던 게 틀림없다는 생각이 들었어. 나는 반사적으로 고개를 들어 하늘을 올려다보았어.

올빼미였어!

놈은 날개를 크게 펴고 나를 내려다보면서 쫓아오고 있었지. 날카로운 발톱을 펴고 그 큰 눈으로 나를 노려보면서 말이야. 나는 나 자신에게 외쳤어.

'달아나!'

꽁지가 빠지라고 뛰었어. 그러나 올빼미도 알아챘는지 더 속도를 높여 따라왔어. 나는 공원을 가로질렀어. 길가의 키 낮은 나무를 뛰어넘고, 의자 위아래를 쪼르르 빠져나갔지. 잠깐 수풀 사이에 숨기도 했지만, 올빼미를 따돌릴 수는 없었어.

꽁지가 빠지라고 뛰었어. 그러나 올빼미도 알아챘는지 더 속도를 높여 따라왔어. 나는 공원을 가로질렀어. 길가의 키 낮은 나무를 뛰어넘고, 의자 위아래를 쪼르르 빠져나갔지. 잠깐 수풀 사이에 숨기도 했지만, 올빼미를 따돌릴 수는 없었어. 아무리 캄캄한 밤에라도 개미 새끼까지 찾아내는 게 올빼미라잖아. 하긴 마을까지 내려와 고양이들은 물론 쥐까지 잡아채 날아가던 일도 있었지

(중략)

내가 아무리 이리저리 방향을 바꾸어 가며 달아나 봤자 소용이 없었어. 힐끔 보니 올빼미는 내 머리 위쪽에 바투 다가와 있었지. 놈의 날갯소리가 귓전에서 크게 울렸어. 그리고 마침내 올빼미의 날카로운 발톱이 내 어깨를 짓누르는 느낌이 들었어.

'아! 이대로 끝나는 거야? 엄마, 어떻게 해요?'

엄마의 얼굴이 눈앞에 나타났다가 사라졌어. 놈에게서 빠져나갈 방법이 떠오르지 않았어. 마지막인 셈 치고, 나는 달리다가 말고 바로 옆 숲으로 휙 뛰어들었지.

"냐아아아아옹!"

하필이면 대나무 숲이었어. 너무 촘촘하게 대나무가 자리 잡고 있어서 빠르게 움직일 수가 없었어. 서두르려니까 몸이 자꾸만 대나무 줄기에 부닺치는 거야. 너 당황스러웠지. 서둘러 달아나야 하는데, 몸은 말을 듣지 않았어.

그런데 오히려 그게 나를 살렸어. 대나무 이파리가 우거지다 보니 올빼미가 나를 찾지 못하는 거야. 처음엔 대나무 숲 안쪽까지 들어올 기세더니 날개가 줄기와 이파리에 걸리니 되돌아 나갔어. 그러고는 나무 위에서 맴돌기만 할 뿐 섣불리 내려앉지 못했어.

휴우!

나는 길게 숨을 내쉬었어. 이제야 살았다 싶었지. (《한밤중 마녀를 찾아간 고양이》, 한정영, 썬더키즈, 61-65쪽)

《한밤중 마녀를 찾아간 고양이》의 주인공 '나'는 마녀를 찾아가는 중입니다. 주인공이 쫓기는 장면의 출발은 강력한 암시입니다. 독자에게 '지금부터 주의해서 잘 봐야 해요!'라는 메시지를 던지는 것이지요. 까만 그림자의 실체를 느끼고 식은땀을 흘리는 것은 곧 무슨 일이 일어날 것이라는 예고라 할 수 있지요. 이런 단계를 밟아 나가다가 실체를 드러내 주고, 적대자의 위협적 특징을 단적으로 적시합니다. 커다란 날개와 발톱입니다. 이는 적대자(올빼미)가 주인공(고양이)에 비해서 능력치가 크고 따라서 아주 큰 위험이 도래했음을 (어린) 독자가 단번에 알아챌 수 있게 해주지요. 물론 성인 소설이라면 예고는 물론 실체를 확인하는 단계까지 더 시간을 끌어도 됩니다.

그다음부터는 적극적으로 달아나는 장면을 연출해야 하는데, 이 장면은 앞서 말했듯이 웬만한 액션 장면만큼이나 독자를 긴장시킬 수 있습니다. 바로 이때 주의할 것은, 추격전이 벌어지는 공간의 소품을 최대한 활용해야 한다는 것입니다. 공원의 나무와 의자, 숲, 디테일하게는 대나무와 같은 것들인데, 긴장감을 높일 수 있는 모든 소품을 사용함으로써 사실성을 극대화할 수 있습니다. 또한 어떤 소품을 활용하느냐에 따라 에피소드의 종류도 다양해질 수 있으므로 추격 장면 역시 입체성을 갖출 수 있지요.

여기에 더하여, 극사실주의적 묘사에만 치중하지 말고 중간중간 주인공의 심리적 상태를 서술해 줌으로써 부분적으로 감정에 호소합니다. 이는 주인공이 얼마나 다급한 절체절명의 위기에 빠져 있는지 환기하는 데 도움이 됩니다. 물론 독자는 주인공에 동일시되어서 더더욱 위기감에 대한 일체감을 경험하고요.

아줌마가 일어나 아이가 있는 쪽으로 걸어갔다. 그때, 아줌마 다리 사이로 슈퍼 문이 열려 있는 게 눈에 띄었다. 캔디는 눈을 크게 떴다. 그리고 동시에 벌떡 일어나 자신에게 외쳤다.

'지금이야! 뛰어!'

캔디는 재빨리 아줌마 다리 옆을 지나 슈퍼 바깥으로 내달았다.

"에구머니나! 이놈아! 어딜 가? 거기 서지 못해!"

아줌마가 뒤따라 나왔다. 캔디는 뒤도 돌아보지 않고 달렸다.

'큰길이 아니라 골목 쪽으로 달리랬지. 오빠네 집 쪽으로 가자.'

정신을 똑바로 차려야 했다. 캔디는 슈퍼의 문을 타고 넘자마자 왼쪽으로 방향을 틀었다.

"앗! 개똥이다!"

"얘들아, 강아지 잡아! 게임기 앞에 앉아 있던 아이들이 소리쳤고, 그 소리와 동시에 아줌마의 목소리도 들렸다. 그러자 아이들 중 하나가 캔디 앞을 가로막고 손을 뻗었다

"요놈의 강아지!"

"깽!"

아이의 손이 캔디의 젖은 꼬리털을 붙잡았다. 하지만 캔디는 힘을 주어 내달렸다. 다행히 꼬리가 아이의 손에서 쑥 빠져나왔다.

"아이고! 저걸 어떻게 해. 어서 잡아!"

아줌마가 소리치며 뒤쫓아 왔다. 캔디는 죽을힘을 다해 달렸다. 하지만 예전만큼 빨리 달리지 못했다. 오랫동안 묶여 있었기 때문일까, 아니면 몸이 무거워서 그런 걸까? 게다가 달릴 때마다 배가 몹시 출렁거렸다.

오르막에 다다라 돌아보니 아줌마가 여전히 쫓아오고 있었다. 그 옆으로 아이들도 따라왔다. 한 아이는 작대기까지 하나 들고 있었다.

"월월!"

'어떻게 하지? 빨리 숨을 곳을 찾아야 해.' 캔디는 달리면서 혼자 묻고 대답했다. 하지만 마땅한 곳이 없었다. 일단은 언덕을 더 뛰어올랐다.

곧 좁은 사거리가 나타났다. 캔디는 사방을 돌아보았다. 오른쪽은 오빠네 집 가는 길, 위쪽은 가본 적이 없는 길이었다.

왼쪽으로 방향을 틀었다. 그리고 재빠르게 달리며 두리번거렸다. 하지만 숨을 곳이 마땅하지 않았다. 집집마다 벽이 높았고, 문은 굳게 잠겨 있었다.

'빨리! 서둘러!'

캔디는 자신에게 외치고 힐끔 뒤를 돌아보았다. 아직 아줌마의 모습은 보이지 않았지만, 목소리가 들렸다.

"저 골목이야! 저 골목으로 들어갔어."

그때, 캔디는 오른쪽으로 좁은 골목을 발견했고, 그 옆에 짓다 만 집 건물을 발견했다. 일단 그리로 달렸다.

"크헝!"

'우악! 무슨 냄새야?' 악취가 코를 찔렀다. 군데군데 잡풀이 자라 있고, 쓰레기가 여기저기 쌓여 있었다. 하지만 당장은, 그런 것에 신경을 쓸 때가 아니었다. 캔디는 쓰레기 더미를 헤치고 뼈대만 흉하게 서 있는 건물 안으로 들어갔다. 그리고 숨을 곳을 찾았다.

안으로 들어갈수록 별의 별 이상한 냄새가 다 났다. 구역질이 났다.

"끼이잉! 끼잉!"

'어떻게 하지? 어디에 숨어야 하는 거야?' 또 자신에게 물었지만, 대답은 찾아내지 못했다. 캔디는 산더미처럼 쌓인 쓰레기 더미를 넘어 안으로 자꾸 들어갔다.

한참을 그러다가 캔디는 우뚝 멈추어 서고 말았다. 두 마리의 흰색 푸들이 눈에 띄었다.

"……?"

숨죽이고 살펴보았다. 덩치가 작은 것으로 보아 새끼인 듯했다. 하지만 캔디가 부스럭거리는데도 강아지는 움직이지 않았다. 조금 더 다가가자 그 강아지들에게서 썩은 냄새가 났다.

'죽었어!'

캔디는 가슴이 서늘해졌다.(《멍멍, 난 개똥이가 아니야!》, 한정영, 리틀씨앤톡, 85-92쪽)

한편으로는 《한밤중 마녀를 찾아간 고양이》의 추격 장면에 비해 《멍멍, 난 개똥이가 아니야!》의 장면이 조금은 덜 위험해 보일 수 있습니다. 낮인데다가 위협적 요소가 덜해 보이니까요. 그러나 개똥이는 다른 조건을 가지고 있습니다. 새끼를 배고 있기 때문에 도주의 과정이 단순하더라도 위기감은 더 크게 느껴질 수 있습니다. 게다가 말미에 죽은 강아지의 시체까지 발견함으로써 도망가는 과정이 쉽지만은 않을 것이라는 암시를 던져 주지요.

추격 장면에서 주의할 것은, 동화에서는 그 공간이 가능한 한 독자(아이들)의 경험 범위를 너무 벗어나는, 낯선 공간이어서는 안 됩니다. 스키마가 풍부하지 않은 독자는 경험하지 못한 공간을 파악하는 데에만 상당한 시간이 걸리니까요.

## 코믹한 장면 만드는 방법

### 《진짜 선비 나가신다》, 《엘리자베스를 부탁해》

'코믹한 이야기'를 쓰려는 작가 중 상당수는, 의외로 코믹한 '문장'을 먼저 떠올립니다. 농담이나, 유행하는 말장난, 이른바 언어적 '밈'이라고 할 수 있는 말장난 같은 것들입니다. 물론 동화와 청소년소설에서는 그런 언술 행위조차 부분적으로는 웃음을 줄 수 있습니다.

하지만 코믹한 장면은 단순한 언어유희로는 만들어지지 않습니다. 무엇보다 말 그대로 코믹한 '사건'이 필요합니다. 물론 이 코믹한 사건도 이야기에 꼭 필요한 일부분이어야 하고, 이런 장면을 만들기 위해서 억지로 결에 맞지 않는 사건을 임의대로 만들어서는 안 됩니다. 그 때문에 코믹한 장면을 만들기 위해서는 매우 치밀한 계산이 필요합니다.

웃음을 자아내는 이야기를 쓰고 싶을 때, 이를 위해서 가장 손쉬운 방법은, 처음부터 엉뚱하고 별난 캐릭터를 만드는 것이겠지요. 이를테면, 어딜 가나 말썽을 피우는 아이, 청개구리 같은 짓만 골라서 하는 아이, 혹은 허튼소리를 곧잘 내뱉는 아이 등과 같은 인물일 것입니다. 이 경우 성격 자체가 처음부터 그렇게 설정되었기 때문에 코믹한 장면들을 수시로 만들어 나갈 수 있습니다. 하지만 그렇다고 하더라도 그 한 장면 한 장면은 사건을 통해 반드시 필요한 곳에 적절히 배치되어야 합니다. 즉 어떤 경우라도 코믹한 장면은, 사건에 의해 만들어지는 것이 가장 자연스럽습니다.

"꼬꼬꼬, 꼬꼬댁! 꼭꼭꼭!"

"아야. 아야얏!"

난리도 이만저만 난리가 아니었다. 좁은 닭장 안, 장닭만 다섯 마리에 고만고만한 암탉도 수십 마리나 되었다. 제 식구만 들어앉기도 빽빽할 터인데, 메줏덩이보다 큼직한 엉덩이를 두 쪽이나 들이밀었으니 성난 장닭들이 가만히 있을 리가 없었다. 암탉들을 지키기 위해서 장닭들은 앞을 다투어 덕삼의 엉덩이를 쪼아 대더니, 종아리까지 할퀴었다.

그래도 덕삼은 꾹 참고 닭장 바닥에 흩어진 닭똥을 바가지에 부지런히 주워 담았다.

'허허! 저놈 좀 보게!'

우보는 덕삼이 대견하다는 생각이 들었다.

멀리서 지켜볼 뿐인데도 냄새 때문에 구역질이 나고, 오장육부가 뒤틀릴 판이었다. 우보는 나뭇잎을 뜯어 코를 틀어막았지만, 소용이 없었다. 자꾸만 쓴 물이 목구멍으로 넘어오려 했다. 그런데도 덕삼은 장닭이 막 싸질러 놓은 똥까지 바가지에 주워 담고 있었다.

(중략)

그런데 마침내 붉은 볏이 늠름한 새까만 장닭 한 마리가 홰를 치며 냉큼 덕삼의 가랑이 사이로 들어가는 게 보였다.

"어이쿠! 이놈아, 얼른 피해야……."

장닭이란 놈이 화가 나면 얼마나 매서운지 알고 있기에 우보는 소리쳤다. 그러나 말도 다 마치기 전에 장닭이 냉큼 달려들어 덕삼의 샅을 쪼아 댔다.

"아이코! 이놈아! 어딜 물어? 내 고추 떨어진다! 저리 비키지 못해?"

덕삼은 소리를 꽥 지르며 엉거주춤하게 앉았던 몸을 벌떡 일으켜 세웠다. 그러느라 머리를 찧고 말았다.

"아이코! 아야!"

그저 보는 것만으로도 머리꼭지가 꽤나 아프겠다 싶었는데 덕삼은 그예 중심을 잃고 넘어졌다.

"꽥!"

덕삼은 닭똥을 주워 담은 바가지에 얼굴을 쑤셔 박고 말았다.

"어라! 저걸 어째? 저 아까운 닭똥……."

똥지게에 닭똥을 차곡차곡 담고 있던 억기 아저씨가 혀를 찼다.

"아재! 지금 저 넘어진 거 안 보이세요? 저놈의 쌈닭이 내 고추를……."

"시끄럽다, 이놈아! 내 오십 평생에 닭이 쪼아서 불알 떨어졌다는 소리 못 들어 봤다. 얼른 닭똥이나 쓸어 담아! 그 귀한 걸 네놈 얼굴에 처바르고 있을 셈이야?" (《진짜 선비 나가신다》, 한정영, 샘터사, 11-15쪽)

한편의 희극을 보는 듯한 장면입니다. 양반댁의 두 머슴이 거름으로 쓸 닭똥을 줍고 있는 장면인데, 특히 덕삼이 엉덩이를 좁은 닭장 안으로 밀어 넣고→장닭이 덕삼의 살을 쪼고→이어 살을 물린 덕삼이 넘어져 얼굴에 닭똥칠을 하는데, 억기 아저씨와 나누는 대화까지 어우러져 입체적인 코믹 장면이 만들어졌습니다. 물론 '메줏덩이보다 큼직한 엉덩이를 두 쪽'이라든가, '오장육부가 뒤틀린다'라든가, 혹은 '닭이 쪼아서 불알 떨어졌다는 소리'와 같은 문장을 추임새처럼 표현함으로써 유머러스한 분위기를 강조했습니다. 그러나 여기서 더 중요한 것은, 주인공의 시선입니다. 양반댁 자제인 주인공은 이 유머러스한 현장에 자신이 왜 함께 있어야 하는지 착잡하기만 합니다. 양반 자제인 자신의 처지와는 어울리지 않는 현실이니까요. 즉 이 장면은 표면적으로는 코믹하지만 주인공에게는 '불편'을 암시하지요. 자신은 과거를 보아 벼슬에 나가고 싶은데, 아버지는 실사구시를 강조하면서 농사일을 배우라고 하니까요. 이를테면 단순이 유머스러운 장면이라 하더라도, 오로지 웃음 코드 외의 본질적 기능을 다해야 한다는 뜻입니다.

물론 오로지 문장을 통해 웃음을 유도하는 방법도 있습니다.

> 그래도 십여 분가량 얼굴을 들고 서 있자 물기가 조금은 마른 듯했다. 아인은 분홍색 칸막이 쪽으로 다가갔다.
>
> "청소 다 했는데요?"
>
> 아인은 낮은 목소리로 말했다. 그러나 아저씨는 대꾸하지 않았다. 칸막이 안에 처박혀 무얼 하는지 꼼짝도 하지 않았다.
>
> 하는 수 없이 아인은 칸막이 앞쪽으로 다가갔다. 보건실의 침대와 침

대 사이에 있을 법한 낡은 칸막이는 윗부분 한쪽이 찢어져 있었고, 그 아래에 '소장 주민후'라는 글자가 손글씨로 조그맣게 쓰여 있었다.

'거참, 찌질하기가! 이렇게 깨알 같으면 도대체 어쩌란 거지?'

아인은 입맛을 다시며 슬쩍 칸막이 안으로 고개를 빼꼼 들이밀었다.

"청소 다 했다고요."

목소리가 생각보다 좀 거칠게 나왔다.

"응? 어…… 그래. 그런데 뭘 찾으러 왔다고 했지?"

뭐래? 아르바이트하러 왔다니까, 찾기는 뭘 찾는다고! 정신은 자기 집 장롱 구석에 숨겨 두고 나왔나? 아인은 한마디 쏘아 주고 싶었지만 참았다. 또 사고 치면 엄마가 이번에야말로 두 손 잡고 한강 다리에서 뛰어내리자고 할 테니깐. 그게 아니라 해도 허 마스터의 손끝과 성질 하나는 불타는 닭갈비보다 매서우니까!

부글부글 끓는 속을 억지로 다독이며, 아인은 아저씨의 눈을 마주 바라보았다. 탁하고 충혈되어 있지만, 어딘지 모르게 깊어서 뭐라 말할 수 없이 고요해 보였다. 이를테면 무슨 사연이 담겨 있달까? 집을 뛰쳐나가기 전 아빠의 눈빛도 가끔 저렇게 고요하곤 했었지, 아마? 하지만 그러거나 말거나 아인은 대꾸하지 않음으로써, '당신의 그 집 나간 멘탈이 돌아오기 전에는 찍소리도 안 할 거니까, 그런 줄 아슈!'라는 뜻을 분명히 전달해 보였다.

"너, 어디서 본…… 아, 맞다! 알바하러 왔다고 했지? 그럼 우선 청소부터……."

처음에는 약간 흔들리는 듯한 눈빛으로 반색하며 묻던 아저씨가 또다시 아까 했던 말을 반복했다. 그래서 아인은 이번에는 단칼에 아저씨의 말끝을 잘랐다.

"했어요. 화장실 청소도 하고, 유리창도 닦았어요. 바닥도 한 번 쓸었고요. 소파도 물걸레로 훔쳤어요."

눈을 똑바로 마주 보고, 한 마디씩 또박또박 뱉어 냈다. 내친김에 거짓말도 하나 끼워 넣었다. 그러자 아저씨는 멍하니 아인을 바라보았다. 그리고 잠시 후 어색하게 웃으며 말했다.

"아, 그래? 그럼 이제 뭐 하지? 뭐 하면 좋을까?"

알바하겠다고 온 사람한테 무엇을 하면 좋을지를 묻다니?

'하! 이 아저씨, 사람 뚜껑 열리게 하는데 소질 있네? 미쳤지, 어쩌자고 내가 여길 제 발로 기어들어 왔을까? 그날, 길거리 한복판에서 돼지 똥구멍 같은 주둥이로 닭다리 뜯어먹던 영감탱이만 아니었으면 절대로 이런 데는 발걸음조차 안 했을 텐데…… 홍도 여고 넘버 투가 모양 빠지게 알바는 뭐고, 게다가 화장실 청소라니! 학교 담벼락에 기대서 지나는 중딩들 삥이나 뜯던 그 우아한 여신의 모습은 어디 가고? 아니, 중학교 내내 외제 차 타고 등교하던 남사동창 새끼의 싸대기를 후려갈겨 영화표 셔틀 시키던 걸 크러쉬는 어쩔 건데?'

무엇보다 더 끔찍한 일은 이 어처구니없는 알바가 여름방학 내내 계속될지도 모른다는 것이었다. 더구나 정신이 오락가락

하는 이 양반 밑에서.

어이가 없어서 아인은 몇 번이나 고개를 절레절레 저었다. 아저씨는 한참 만에 입을 열었다. 이번에도 빙긋 웃으면서.

"너 고양이 좋아해?"

"아니요. 별로요!"

아인은 아저씨의 질문에 일부러 딱딱하고 차게 대답했다. 제발 그 속마음을 알 수 없는 미소 좀 집어치우라고요! 속으로 그렇게 외치면서 일부러 고개까지 과장되게 저었다.

하지만 그런 아인의 말을 무시하듯 아저씨는 벌떡 일어나 한쪽 벽을 가리키며 말했다.

"이쪽을 봐. 그동안 찾은 고양이들이야!" (《엘리자베스를 부탁해》, 한정영, 서유재, 18-21쪽)

다만 이와 같은 방법은, 자칫 이야기를 단순한 농담이나 말장난처럼 보이게 할 수 있고, 작가의 지나친 개입이 도리어 작품의 몰입에 방해를 가져다줄 수 있습니다. 심지어 가벼운 느낌을 주고, 그러한 '농담'들이 어린이의 눈높이에 맞지 않는다면, 도리어 역효과가 발생할 수 있습니다. 이를테면 그것이 아무리 유연해 보여도 단순한 말장난으로는 코믹한 분위기를 만들어 내는 데 한계가 있고, 이런 시도가 과할 경우, 좋은 문장은커녕 문장 자체의 안정성을 해칠 수 있습니다. 특히 종종 유행어를 남발하는 경우도 보이는데, 유행어는 한시적이라 원고 집필 시점부터 출간 시점까지를 고려한다면 적절한 방법은 아닙니다.

## 주인공의 능력을 라이트모티프로 활용하는 방법

### 《오드아이 프라이데이》, 《나는 조선의 소년 비행사입니다》

개성적인 인물을 만들어 내는 데 필요한 조건 중의 하나는 그(주인공)가 남들과 무엇이 다른지 구체화해 보여 주는 것입니다. 즉 간단하게는 차이점이며, 그리고 이 차이점을 드러내는 방법 중 하나는 그만의 능력을 보여 주는 것이지요. 즉 다른 캐릭터에 비해서 어떤, 그리고 얼마나 특별한 능력을 가지고 있는지 말해 주는 것은, 인물의 성격을 구체화하는 데에 큰 도움이 됩니다.

더구나 주인공이 또래 집단에서 함께 생활한다면 더더욱 필요하지요. 동화와 청소년소설은, 특히 학교와 같은, 비슷한 연령층의 아이들이 비슷한 교육을 받고 있는 공간을 주요 배경으로 삼습니다. 그래서 개별적 능력을 부여하는 것은 주인공만의 개성을 만들어 나가는 데 핵심적 역할을 하게 됩니다. 반대로 주인공에게 핸디캡을 부여하는 방식도 문제를 보다 빠르게 만들어 내는 효과를 발생시킵니다. 그리고 그 능력 자체가 그가 앞으로 벌여 나갈 사건을 간접적으로 암시하는 역할도 합니다.

이를테면 유독 공부를 잘하는 아이가 주인공이 되면, 공부를 모티프로 한 사건이 일어날 것이고, 싸움을 잘하는 아이가 주인공이 되면 싸움이 주요한 모티프로 작용할 것입니다. 사실 이 말은 애초에 작가가 그것을 염두에 두고 그 능력을 부여한다는 의미이기도 하지요. 예를 들어 기억력이 좋은 아이, 유독 춤을 잘 추는 아이, 게임을 잘하는 아이와 같은 주인공이 만들어질 수 있습니다. 그리고 이 능력은, 거듭 반복될 수밖에 없고, 따라서 주인공의 성격 형성에도 기여하면서 동시에 라이트모티프의 기능을 하게 됩니다.

> 마침내 10분이 지났을 때, 나는 고양이에게 말했다.
> "지난번처럼 될래? 따라와!"
> 나는 무턱대고 달리기 시작했다. 이번에는 녀석이 내 옆에 바싹 붙어 뛰었다.
> "처음엔 아빠를 따라 뛰었어. 아빠는 제 위험한 처지를 모르고 달아나는 너희들을 구하려고 뛰셨대. 프리러닝 말이야. 온갖 장애물이 가로막고 있어도 멈추지 않고 달리는 거야. 벽을 타고 난간을 뛰어넘고 건물에서 뛰어내리고……. 아빠가 했던 말이 기억나. 고양이를 구하려면 고양이처럼 달릴 수 있어야 한댔어. 물론 그때는 그 말의 뜻도 모르고 아빠를 따라 뛰었지. 넌 모르지? 아빠가 나보다 훨씬 잘 달렸어. 아빠는 달려야 했을 거야. 아빠의 고양이를 위해서도 말이야."
> 내가 지금 뭘 하고 있는 걸까 싶었다. 아무리 친구가 없어도 그렇지, 하다 하다 이젠 고양이와 이야기를 나누고 있다니! 그런데 더 '병맛'인 건, 그치려 해도 입이 따로 논다는 거였다.
> "아빠가 돌아가신 뒤에는…… 그래, 아빠가 생각날 때마다 뛰었고. 그런데 지금은?"
> 힐끗 뒤를 돌아보았다. 하필이면 형주 얼굴이 떠올라서였다. 나는 더는 말을 꺼내지 않았다. "지금은 맞지 않으려고 뛰는 거야!"라고 말할 수는 없었으니까. 하긴 말해 봤자 고양이가 알아들을 리

없을 테지만.

길이 조금 넓어지면서 차도와 인도를 구분하는 은색 난간이 나타났다. 그때 고양이가 앞서 갔다. 녀석은 난간을 앞다리로 짚고 뒷다리를 그 사이로 넣어 가뿐히 넘어갔다. 문득 따라 하고 싶은 생각이 들었다. 나도 똑같이 손으로 난간을 짚은 다음 발을 끌어당겨, 벌린 양손 안으로 밀어 넣었다. 몸이 가뿐하게 난간을 타 넘었다.

레이지 볼트.(한 손을 먼저 짚고 난간이나 다리를 먼저 넘긴 다음 다른 한 손으로 앞을 짚는 방법) 그게 이렇게 쉽게 되다니! 혼자 씩 웃으며 다시 고양이를 쫓았다. 놈은 이번에는 내 키 높이쯤 되는 담벼락을 거침없이 올라갔다. 점프, 그리고 뒷발로 담장을 밀어내듯 몸을 위로 튕기고, 이어 앞발로 담벼락 위를 붙잡았다. 이번에도 녀석을 따라 했다. 먼저 담벼락 중간쯤을 발로 짚고, 이어서 몸을 쭉 펴 올리는 동시에 남징 위를 붙잡았다. 그런 다음 재빨리 몸을 끌어올렸다.

이건 클라임 업?(점프하는 탄력을 이용에 높은 담을 오르는 방법) 고개를 갸웃거리는데, 고양이는 몸을 휙 날려 뛰어내렸다.

랜딩.(착지)

나도 몸을 던졌다. 그리고 고양이처럼 손과 발을 이용해 바닥을 짚었다. 한결 부드러웠다. 땅에 떨어질 때의 충격이 이전보다 덜했다.

나는 고양이에게 말했다.

"어때, 나 괜찮았어? 큭큭!"

고양이를 보고 웃는데, 다시 형주에게서 문자 메시지가 왔다.

<너, 이 새끼! 어디야? 없잖아. 어디로 간 거야?>

어쩔 수 없이 거짓 답장을 보냈다.

<고양이가 달아났어. 지금 쫓고 있어. 뒷문 쪽이야.>

"자, 이제 이쪽으로!"
나는 벌떡 일어나 교회의 빨간 담장으로 훌쩍 뛰어올랐다.
"이건 캣 리(장애물이나 웅덩이를 도움닫기 해서 반대편으로 뛰어 두 손으로 매달리는 기술)라고 하던데, 어땠어? 너랑 닮았니?"
나는 담장을 기어올라 교회 건물을 지나쳐서 다시 반대쪽 담장을 넘었다. 그리고 학교 정문 쪽으로 다시 달렸다. 숨이 차올라서 더는 뛸 수 없을 때까지.
학교 정문 앞에서 멈추었다.(《오드아이 프라이데이》, 한정영, 사계절, 59-61쪽)

《오드아이 프라이데이》의 주인공 '나'는 익스트림 스포츠라 불리는 프리 러닝을 할 줄 아는 아이입니다. '나'는 답답하고 숨 막히고 힘들 때 뛰고, 무엇보다 이 능력을 일진 아이들이 쫓아올 때 도망가는 용도로 사용합니다. 이 개별적 능력이 사건의 중요한 축을 형성해 나갑니다. 실제로 이야기 후반부에 이르면, 주인공은 이 능력으로 위험을 피해 달아날 때도 사용하지만, 자신만의 미션을 해결하는 데에도 사용합니다. 그 미션이란 갯벌 위 리조트 공사를 막기 위해 공사장 곳곳을 뛰어다니는 것이었지요. 물론 이 재능을 가지고 있지 않았다면, 불가능한 미션이었을 것입니다.

즉 이 작품에서 프리 러닝은 주인공의 개별 특질로서 성격 형성에도 영향을 미치면서, 중요한 소재로도 환기됩니다. 그뿐만 아니라 반복의 효과를 통해 주요한 모티프가 됨으로써 독자의 집중을 이끌어 냅니다. 따라서 작가는 주인공의 개별적 능력에 대해 전문성을 강화해야 하는데, 이는 개연성을 위해서도 꼭 필요합니다. 이 과정이 반복되면서 주인공의 성격도 한층 견고해지고 인상적인 캐릭터로 자리 잡을 수 있습니다.

> "제로센을 좋아하지?"
>
> 이토 준야의 질문에 조안은 감추고 있던 것을 들킨 기분이 들었다. 그래서 선뜻, 그렇다고 대답하지 못했다.
>
> "왜 하야부사(2차 대전 당시 일본 육군의 주력 전투기로, '매'라는 뜻이다)가 아니고, 제로센이지? 자네는 육군 출신인데 말이야."
>
> "그건……."
>
> 입은 떼었지만, 이번에야말로 더 할 말이 없었다. 구태여 이유라면, 여의도 비행장에서 본 비행기가 바로 제로센이었고, 그때부터 제로센만 생각했다. 그때는 비행기가 오로지 제로센만 있는 줄 알았으니까 더더욱 그랬다. 그러다가 육군소년비행병학교에 입학했을 때, 하야부사를 처음 알게 되었다. 육군에서는 제로센이 아닌 하야부사를 주로 탄다는 것을 알고, 그걸 타 보기도 전에 공연히 실망하기도 했었다. 다행히 정비병들은 제로센과 하야부사는 물론이고, 연습기까지 뜯어서 공부했다. 그런데 그때에도 제로센의 격한 엔진 소리가 더 좋았고, 외관도 하야부사에 비해서 더 안정감이

있어 보였다.

"왜 자네에게 내 비행기 정비를 맡긴 줄 아나?"

"……?"

"자네가 처음 여기 왔을 때부터 제로센을 대하는 태도가 남달랐기 때문이야. 쓰다듬고, 그 자리에 앉아서 한도 끝도 없이 살피고, 구석구석 들여다보고… …. 마치 사랑하는 연인을 대하듯 말이야. 그것도 첫사랑에 대한 애달픔이랄까?"

"네?"

"하하! 농담일세."

이토 준야가 큰 소리로 웃었다. 얼굴이 화끈 달아오른 조안은 네, 하면서 고개만 끄덕였다. 이번에도 마음을 들킨 느낌 때문에 조안은 가시방석에 앉아 있는 기분마저 들었다.

잠시 후, 이토 준야가 다시 입을 열었다.

"하지만 제로센도 이제는 그루망을 대적하기 버거워. 적기敵機는 끊임없이 개발되는데, 제로센은 제자리거든. 자네가 보기에는 무엇이 가장 큰 문제인가?"

그저 고개만 끄덕이고 있는데, 문득 이토 준야가 물었다.

하지만 조안은 선뜻 대답할 수가 없었다. 그래서 잠시 이토 준야를 쳐다보았다. 소년비행병학교를 졸업한 지 고작 9개월 남짓밖에 되지 않은 신참 정비병이 대답할 수 있는 말인가 싶어서였다.

그러므로 그 말은, 마치 조안을 시험하는 말투로 들렸다. 하지만 그런 조안의 심정을 아는지 모르는지 이토 준야는 대답을 기다리는 듯 조안을 마주 보았다.

하는 수 없이 조안은 입을 열었다.

"엔진이 기체에 비해 무겁습니다."

"맞아. 그건 민첩함을 위해 기체의 무게를 과감하게 줄였기 때문이지. 또?"

"몸체의 철판이 너무 얇아서 조종사들을 보호해 주지 못합니다. 그리고… …."

그즈음에서 조안은 다시 눈치를 보았다. 그러자 이토 준야는 고개를 끄덕였다.

"제로센은 날개에 연료 탱크가 있어서… …. 이를테면 만약 날개에 총탄을 맞게 되면 화재가 나거나, 화재를 피하더라도 연료가 손실되어 더 이상 전투를 하기가 어렵습니다……."

이번에도 조안은 잠시 머뭇거렸다. 공연히 주제넘는 말이 아닌가 싶은 생각이 들어서였다. 하지만 이토 준야는 이번에도 미소로만 답했다.

조안은 다시 말했다.

"최근 조종사들의 이야기를 들어 보면 그루망의 선회 능력이 예전보다 훨씬 나아졌다고 합니다."

"결국 당분간은 조종사의 능력에 의존해야 한다는 소리로군. 제로센의 강점이 그것이었는데 말이야."

"그리고 통신… …."

조안은 자신도 모르게 이토 준야의 말끝에 토를 달 듯 말했다.

순간, 이토 준야의 표정이 일그러졌다. 그 의미를 알 것 같았다. 사실 제로센뿐만 아니라, 일본군의 모든 비행기 통신 장비가 문제였다. 조잡하기 이를 데 없는 것이 고장도 잦았다. 고치려고 해도 본국에서는 부품을 제때에 보내 주지 않았다. 아니, 몇 달 전부터는 띄엄띄엄 보내 오던 부품마저 끊겨 버려, 칭다오의 비행기 절반 이상이 사실상 통신 기기를 사용할 수 없었다.

그 때문에 공중전을 치를 때에도 아군끼리 서로 연락을 취할 수가 없었다. 급한 대로 편대장이 수신호를 보내거나 비행기의 몸체를 움직여 작전을 지휘했지만, 그것은 한계가 있었다. 아군기가 서로 가까이 있을 때만 가능했고, 정작 전투가 벌어지면 신호를 보낼 수도 받을 수도 없었다.

'그런 아무짝에도 쓸모없는 무전기는 떼어 버려!' 언젠가 신경질적으로 말하던 이토 준야가 생각났다. 조안이 의아해서 쳐다보자, 이토 준야는 씁쓸한 표정으로, '무전기를 버리면 그만큼 더 가벼워질 것 아닌가?'라고 말했다.

이토 준야의 말대로 지금은 조종사 개인의 전투 능력에 의존하는 수밖에 없었다. 그래서 그 어느 교관보다 비행사에게 혹독한 훈련을 시키고 있는 것이라고 조안은 생각했다. 물론 그런 덕분에 이토 준야는 모든 비행사들 사이에서 악명 높은 교관으로 통했다.(《나는 조선의 소년 비행사입니다》, 한정영, 다른, 25-29쪽)

《나는 조선의 소년 비행사입니다》의 주인공 조안은 제로센이라는 비행기에 특별한 애정을 가지고 있습니다. 그래서 '남다른' 지식과 경험을 가지고 있지요. 그래서 이토 준야의 물음에 적절한 대답을 해내고 있는 것입니다. 물론 이런 조안의 제로센에 대한 해박한 지식과 애정은, 훗날 이토 준야가, 아직은 정비병인 그에게 비행사가 될 기회를 주는 계기로 작용하기도 합니다. 그럼으로써 주인공 조안은, '비행기에 대한 순수하고 깊은 애정을 가진 소년 비행사'라는 구체성 있는 캐릭터로 자리 잡습니다. 개인의 능력이 개별적 특수성을 구체화하는 데 중요한 역할을 하는 것이지요. 여기에 더하여 조안은 실제로 비행사가 되어 그 능력을 업그레이드합니다.

> '파전(巴戰, 공중전을 벌이는 전투기들이 서로 꼬리를 잡으려고 하는 것. 미군은 도그 파이트dog fight라 불렀다)이다!'
>
> 조안은 자신도 모르게 속으로 외쳤다. 구름 사이를 빠져 다니며 틀림없이 19번기와 4번기의 뒤를 차례로 따라잡았다 싶었는데, 구름이 걷히는 순간 두 대의 비행기가 양쪽으로 흩어졌다. 그 바람에 어느 한쪽을 재빨리 쫓지 못하고 머뭇거린 게 실수였다.
>
> '오른쪽!'
>
> 그렇게 마음먹고 기수機首를 돌리는 순간, 이번에는 19번기가 구름 뒤로 사라졌고 다시 조안은 당황했다. 그리고 두리번거리는 사이에 19번기가 뒤쪽에서 나타났다. 깜짝 놀라 재빨리 비행기를 48 급강하시켰지만, 19번기는 금세 조안의 비행기를 따라왔고, 그에 더해 4번기까지 꼬리를 물었다. 아차 싶었다.
>
> 파전에서 쫓길 때는 백까지 셀 동안 빠져나오지 못하면 70퍼센트는 격추당한다고 이토 준야가 해 준 말이 떠올랐다. 더구나 19번기는 다카하라, 4번기는 소라모토였다. 둘 다 이토 준야가 칭찬할 만큼 비행 실력을 갖춘 비행사였다. 조금 전, 조안과 한 팀인 22번기

의 꼬리에 매달린 노란 풍선을 떨어뜨린 것도 다카하라였다.

아니나 다를까. 열댓까지 세었을 때, 뒤따라 붙은 비행기에서 사격이 시작되었다. 예닐곱 발의 총알이 날개 옆으로 스쳐 지나는 게 보였다. 순식간에 소름이 돋았다. 조안은 반사적으로 돌아보았다. 다행스럽게도 뒤에 매달린 길쭉한 노란 풍선은 아직 그대로였다.

'빠져나가야 해.'

조안은 무심결에 중얼거렸지만 잠깐 동안 어떻게 해야 할지 판단이 서지 않았다.

'……서른하나, 서른둘.'

일단 조종간을 오른쪽으로 밀어 선회했다. 동시에 조금 더 아래로 내려갔다. 엔진 소음이 커졌고, 곧바로 무인도의 숲이 눈앞에 다가와 있었다. 동시에 뒤편의 비행기에서 쏜 총탄이 날아왔다. 스쳐 지나간 총알이 숲의 나무들을 뒤흔드는 게 보였다.

조안은 흔들리는 나무 위를, 닿을 듯 낮게 날았다. 그러는 바람에 잔가지와 나뭇잎이 더 거칠게 흔들렸다. 그러기를 잠깐, 조안의 비행기는 곧바로 바다 위를 날았다.

'……예순둘, 예순셋, 예순넷.'

순간, 조안의 머릿속에 한 가지 생각이 스쳐 지나갔다.

'물보라!'

이토 준야의 무용담을 들은 기억이 났다. 위험하긴 하지만 바다에서 뒤쫓아 오는 적기를 따돌리기에 가장 좋은 방법이라고.

조안은 재빨리 조종간을 밀었다. 그러자마자 비행기가 더 아래로 내려갔다. 잔잔했던 수면이 일렁거렸다. 아니, 비행기가 수면에 닿을 듯 말 듯하자 양쪽으로, 그리고 뒤쪽으로 물보라가 일어나는 게 보였다. 그리고 어느 순간부터 뒤쪽 비행기의 사격이 멈추었다.

조안은 뒤를 돌아보았다. 따르던 비행기 두 대가 보이지 않았다. 물론 그들도 이쪽을 보지 못할 것이었다. 물보라가 시야를 방해할 테니.

'여든일곱, 여든여덟.'

자신감이 생겼다. 조안은 양쪽 날개를 오른쪽, 왼쪽으로 반복해서 기울였다. 그러자 더 많은 물보라가 일었다. 그걸 보고 조안은 기체를 들어 올리며 재빨리 왼쪽으로 선회했고, 그러자마자 저편 뒤로 19번기가 보였다. 조금 전보다 간격이 벌어져 있었다.

방향을 잡지 못하고 있는 듯했다.

이때다 싶었다. 조안은 조종간을 당겨 하늘로 치솟아 올랐다. 한참을 수직으로 오른 다음, 배면 비행을 하며 커다랗게 원을 그리며 날았다. 조안이 기체를 바로잡았을 때는 어느새 두 대의 비행기 위였다. 이제는 19번기와 4번기의 꼬리를 잡을 수가 있었다. 그러자마자 조안은 먼저 19번기의 꼬리에 매달린 빨간 풍선을 조준했다.

'하나, 둘, 셋!'

숨을 멈추고 기관총 손잡이를 당겼다. 순간, 빨간 점들이 앞쪽을 향해 날아갔다. 아니, 그러는가 싶더니 19번기의 꼬리에 붙어 있던 풍선이 터지며 불길이 치솟았다. 그걸 보면서 조안은 속력을 더 냈고, 곧바로 4번기 뒤에 붙었다. 이번에도 차분하게 조준한 뒤, 사격을 했다. 결국 4번기의 꼬리에 붙은 풍선도 불을 내고 쪼그라들었다.

휴!

조안은 길게 숨을 내쉬었다. 그리고 하늘 높이 날아올랐다. 그리고 어느 때쯤, 조안의 오른쪽 옆으로 제로센 한 대가 나타났다. 이토 준야의 비행기였다. 조안은 손을 들어 거수경례를 했다. 그러자 이토 준야가 조안을 가리키더니 엄지손가락을 들어 보였다.

'네가 모의 전투에서 이겼다!'

그렇게 말하는 것 같았다. 그래서 조안은 입속으로 대답했다.

'네, 제가 이겼습니다! (《나는 조선의 소년 비행사입니다》, 한정영, 다른, 48-52쪽)

이를테면 조안은 '비행기에 대한 순수하고 깊은 애정을 가진 소년 비행사'에서 한 걸음 더 나아가, '전투 비행 능력이 뛰어난 소년 비행사'가 되는 것이지요. 이럴 경우, 캐릭터는 한결 더 완결성 있는 모습을 갖추게 됩니다. 여기까지 오는 동안은 물론 그 이후에도 이 능력의 사용은, 모티프로 활용되어 주제를 환기하고 독서의 집중도를 유지해 줍니다.

그러나 이런 진술이 과하면 위험합니다. 《오드아이 프라이데이》도 그렇고, 《나는 조선의 소년 비행사입니다》의 경우에도 전문적 진술이 과해서는 안 됩니다. 프리 러닝에 대한 전문 용어를 과하게 늘어놓거나, 제로센에 대한 설명이 필요 이상으로 제시될 경우, 사건의 기능이 허약해지고 따라서 이야기의 속도가 저하됩니다. 심할 경우, 작가의 지적 허영으로 보일 수도 있습니다. 특히 동화와 청소년소설은 '어린' 독자가 읽어야 하는 이야기이므로 그 분량과 깊이를 적절하게 조절해야 합니다. 더하여 그 부분이 이야기 전개에 반드시 필요한 부분이어야 합니다.

## 시간의 흐름과 공간의 이동을 자연스럽게 표현하는 방법

### 《소녀 퇴마사, 경성의 사라진 아이들》, 《고양이가 우리를 지배한다면》

일반적으로 한 장면이란, 동일한 장소에서, 동일한 시간대에 일어나는 사건을 기준으로 하며, 일정한 시간 동안 액션과 리액션이 지속되어야 합니다. 대화와 심리 묘사 등의 서술 방식이 필연적으로 혼재될 수밖에 없으며, 이를 통해 최소한의 메시지가 전달됩니다. 따라서 최소한의 분량이 유지되어야 '한 장면'으로서의 기능을 수행할 수 있습니다. 그래서 거칠게 표현하자면, 한편의 이야기는 이러한 장면의 연속체이고, 최대한 그렇게 쓰여야 완성도가 높아집니다.

하지만 글쓰기에 익숙하지 않은 작가는 특히 장소의 이동과 시간의 흐름에 잘 대처하지 못합니다. '그날 오후', '점심시간이 되자', '다음 날 아침'과 같은 시간의 흐름을 표현하는 접속어를 연속적으로 사용하지요. 이럴 경우, 단순히 시간의 흐름에 따라 에피소드를 배열하는 느낌을 주기 때문에 완성도는 물론이고 장르의 온존성을 무너뜨릴 수도 있습니다. 이를테면 시간의 흐름에 따른 병렬적 에피소드의 사용은 '민담식 서사'(옛날이야기류)의 흔적을 지우기 어렵습니다.

이를 극복하기 위한 방편으로 한 줄을 띄고 새로운 장면을 서술하기도 하는데, 이 역시 반복되면 똑같은 한계를 노출합니다. 이는 공간 예술인 영화나 드라마에서는 흠결이 아니지만, 동화와 청소년소설에서는 흠결로 지적될 수 있다는 뜻입니다. 영화는 공간의 이동을 통해 시간의 흐름을 표현하기 때문입니다.

그러므로 줄거리(또는 스토리보드)상에서 일정한 길이를 확보할 수 없는 에피소드는 과감하게 버리거나, 간단한 설명으로 처리하고 리드 신을 중심으로 서술해야만 한 장章으로서의 역할을 해내는 데에 무리가 없습니다. 그리고 차선책은, 이동하는 중에 특정한 서술을 추가하여 그 이동 모습 자체를 하나의 장면으로 만드는 방법입니다.

"택시를 불러 놨습니다. 함께 가실 겁니까?"

그 말에 이모와 지니 아저씨가 고개를 끄덕였고, 기자 아저씨는 고개를 저었다. 그러더니 하나씩 밖으로 나갔다. 채령은 자신도 모르게 따라갔다. 문 앞에서 이모와 눈이 마주쳤는데, 이모는 잠깐 망설이는 듯했다.

"너는 그냥 집에 있는 게…."

그런데 왜일까. 다미앵 신부가 나서더니 어눌하게 말했다.

"위험한 일은 생기지는 않을 것입니다. 그리고 그녀에게는 특별한 능력이 있습니다."

그러자 이모는 고개를 끄덕이더니 채령의 손을 잡았다. 그리고 다미앵 신부를 따라서 천변풍경 앞에서 기다리던 택시에 올라탔다. 지니 아저씨는, 기자 아저씨와 무언가 한참을 이야기하더니 뒤늦게 뛰어왔다. 비로소 택시가 출발했다.

그런데 저 앞쪽에 단아가 마치 기다리고 있었다는 듯 이쪽을 바라보며 가만히 서 있었다. 채령은 얼굴을 창 앞으로 바싹 가져갔다. 그리고 단아와 눈을 맞추었다. 하지만 잠깐 사이, 단아의 모습을 스쳐 지났다.

"채령, 틀림없이 래호를 보았습니까? 정말로 아무 이상이 없었습니까?"

택시가 나지막한 내리막길을 지나고, 오밀조밀하게 몰려 있는 쌀집과 포목점 거리를 지날 즈음이었다. 앞자리에 타고 있던 다미앵 신부가 몸을 돌려 물었다. 채령은 고개를 끄덕였다.

"겁을 먹지는 않았던 것입니다? 다친 곳도? 채령은 증인이 되어야 합니다."

이번에도 고개를 끄덕였다. 그러자마자 이모가 나섰다.

"어제도 물어보셨잖아요. 별일 없을 테니, 너무 걱정하지 마세요."

"그래도 잘 모릅니다. 악령이 간섭하고 있습니다. 래호는 아직 악령과 맞서기 힘듭니다. 성수를 가지고 있긴 하지만 그것만으로는 모자랍니다."

다미앵 신부는 여전히 불안한 표정이었다.

"우리도 알고 있습니다. 하지만 백작은 신부님과 친분이 있다 했고…."

두 사람의 이야기를 들으며 채령은 자동차의 바깥을 내다보았다. 줄지어 늘어선 판잣집이, 어느새 파란 잎으로 뒤덮인 낮은 야산이 스쳐 지나가고 있었다. 채령은 일부러 그것들을 눈에서 놓지 않았다. 자꾸만 머릿속에 지난밤의 꿈이 떠올라서였다.

어느새 택시는 야트막한 언덕길을 오르기 시작했다. 그리고 앞 유리창 너머로 어제 본 대저택이 눈에 들어왔다. 그즈음에는 다미앵 신부와 이모의 대화도 멈추어 있었고, 코 고는 소리를 내던지니 아저씨도 깨어나 앞쪽을 쳐다보고 있었다.

> 택시가 멎자마자, 다미앵 신부가 맨 먼저 내려서 문을 두드렸다. 그러자 오래지 않아 어제처럼 집사가 나왔다. 신부는 얼른 그에게 공사관에서 주었다는 종이 한 장을 내밀었다. 그러자 집사는 집안으로 다시 들어갔다가 돌아와 쪽문을 활짝 열었다. 다미앵 신부가 앞섰고, 지니 아저씨가 따랐다. 이모는 채령의 손을 잡고 맨 뒤에서 조심스레 발걸음을 옮겼다.
> 저택 앞의 정원은 어제 본 뒤뜰과는 또 달랐다. 가지런하고 정갈했다. 꽃과 나무가 싱싱하게 물이 올라 있었으며, 그 사이사이에 평편한 돌로 길을 냈다. 꽃 한 송이라도 허투루 심은 것이 아니었으며 색과 열을 맞추었고, 시든 꽃이 하나도 없었다. 다만 뒤뜰에서 본 것처럼 알 수 없는 비석과 동상이 곳곳에 놓여 있었는데, 그것 때문인지 자꾸만 무언가가 발목을 잡는 기분이 들었다.(《소녀 퇴마사, 경성의 사라진 아이들》, 한정영, 다른, 134-135쪽)

시간이 흐르고 공간을 이동하고 있음을 알 수 있습니다.(강조 표시 참고) '그리고 얼마 후'라든지, '잠시 후'와 같은 표현을 쓰는 대신 그 자리에 바뀌는 공간 묘사를 삽입하고, 대화를 일정한 주제로 이끌어 가면, 시간의 흐름과 공간의 변화 모습을 동시에 표현하면서도 한 장면이라는 느낌을 유지할 수 있습니다. 그 덕분에 이 장면은 앞과 뒤에 자연스럽게 연결될 수도 있습니다. 이러한 서술이 필요한 이유는 무엇보다 사건이 자연스럽게 이루어지는 것으로 보이게 할 수 있다는 이점 때문입니다.

채 날이 밝기도 전에 출발한 터라, 무빙 보드가 중앙 광장 부근을 지날 즈음에서 어렴풋이 날이 밝아왔다. 다행히 그때까지는 아무런 일도 일어나지 않았다. 마침, 안개까지 자욱해서 을씨년스럽고 으스스하긴 했지만 미쳐 날뛰는 동물을 피하기에는 더없이 좋은 조건이었다. 먼 곳 어디에서 개 울음소리가 들리고 안개 너머에서 알 수 없는 동물의 기척도 들렸지만, 그뿐이었다.

아빠는 장산시청 앞쪽의 넓은 길을 피해, 뒤편의 우회도로로 길을 잡았다.

밤낮없이 복잡했던 시청 뒤편의 거리는 괴괴하기 이를 데 없었다. 무슨 일이 있었던 것인지, 사방에 쓰레기투성이였고, 간판과 유리창이 부서진 건물이 많았다. 아무리 보아도 익숙해지지 않았다. 순식간에 사람이 사라지고 유령의 도시가 되어 버린 듯한 풍경들이 낯설기만 했다. 디안은 무빙 보드의 핸들을 꽉 잡았다.

아빠는 곧 시청 뒷길을 빠져서 장산 호수를 끼고 도는 관광도로 쪽으로 방향을 잡았다. 이유를 알 것 같았다. 관광도로 양편에는 높게 자란 메타세쿼이아 때문에 드론을 피하기 쉬울 거란 생각이 들었다. 그리고 길 한편은 호수고, 또 다른 편은 습지와 공원이라서 딱히 동물들이 나타날 것 같지 않았다. 무엇보다 동물원으로 갈 수 있는 빠른 길이기도 했다.

20분쯤 달리자 '몽금포 제1동물원 10KM, 몽금포 제2동물원 13KM'라는 표지판이 보였다. 그것 때문인지 몰라도 아빠는 이편으로 손짓을 한 뒤 무빙 보드의 속력을 조금 더 냈다. 디안도 얼른 아빠의 꽁무니를 따라잡았다.

얼핏 뒤를 돌아보니, 태서도 속력을 높여 바싹 뒤를 쫓아왔다. 그런데 바로 그 직후였다. 갑자기 아빠가 무빙 보드의 속도를 현저하게 줄였다. 그럴 거면 왜 속도를 냈나, 싶은 마음이 들 만큼 무빙 보드의 속도는 빠르게 줄었고, 곧바로 멈추었다. 동시에 칸이 시끄럽게 짖었다.

"컹컹! 컹! 컹!"

디안은 얼른 무빙 보드를 아빠의 무빙 보드 옆으로 멈춰 세우며 물었다. 하지만 구태여 대답을 들을 필요가 없었다. 도로 저 앞편에는 뜻밖에도 악어가 일곱 마리나 도사리고 있었다.

"헉! 저, 저게 뭐예요?"

디안은 깜짝 놀랐고, 얼결에 태서의 팔을 붙잡았다.

"제1동물원에서 뛰쳐나온 모양이에요."

뒤따라온 태서가 말했다. 말 그대로 제1동물원에는 주로 맹수가 있었다. 그런데 이제는 그 녀석들까지 뛰쳐나왔다는 말인가? 역시 사람들을 노리고? 그런 생각이 들자 더 으스스했다.

"컹! 컹컹!"

칸이 매섭게 짖어 댔다. 아빠는 칸의 머리를 쓰다듬으며 진정시켰다. 그리고 그때, 가만히 도사리고 있던 악어가 움직이기 시작했다. 세 마리의 악어가 동시에 이편으로 어기적거리면서 기어 오고 있었다.

일단 뒤로 물러나는 수밖에 없었다. (《고양이가 우리를 지배한다면》, 한정영, 서해문집, 105-107쪽)

《고양이가 우리를 지배한다면》의 디안은 아빠, 그리고 태서와 함께 바이러스에 의해 폐쇄가 결정된 도시를 빠져나가는 중입니다. 《소녀 퇴마사, 경성의 사라진 아이들》이 시간의 흐름과 공간의 이동 틈새에 대화를 통해 사건의 진전을 유도한 반면, 위의 장면은 인용 전반부에서 폐쇄된 도시의 장면을 묘사하고 있습니다. 여기서 얻을 수 있는 효과는 도시가 황폐화되었으며, 그 상황이 주인공을 매우 긴장시키고 있음을 전달하는 것입니다. 또한 시간의 현실적 흐름을 유지하는 것이 이 긴장감을 더 확대합니다.

이처럼, 시간의 흐름도 유지하면서 공간의 이동을 표현하면, 독자는 주인공의 여정에 동참하는 기분을 느낄 수 있습니다. 이는 독서 집중도가 높아진다는 뜻입니다. 물론 매번 이런 서술을 유지할 수는 없을지라도, 번번이 그날 오후 '다음 날 아침'과 같은 서술이 반복되면, 성의가 없어보이기도 하고, 무엇보다 인위적 흐름으로 느껴질 수 있습니다.

# 통권 필사하기 《조선으로 온 카스테라》

## 통권 필사의 목적과 효과

한 권 전체를 필사하면 얻을 수 있는 효과는 다양합니다. 목적에 따른 부분 필사를 통해서 얻을 수 없는 것들을 통권 필사를 통해 확인할 수 있습니다.

이를테면 이야기의 구조를 확인할 수 있습니다. 작품 전체의 틀과 모양을 파악할 수 있다는 뜻인데, 독자로 읽을 때보다 작품 전반을 더 깊이 있게 이해할 수 있습니다. 물론 이때의 '이해'란 작품에서 니다내고자 하는 주제를 잘 파악할 수 있다는 뜻이 아니라, '처음-중간-끝'의 각각의 단계에서 어떤 서술을 어떻게 해야 하는지 알 수 있다는 의미입니다.

아울러 통권 필사는 문학작품(동화와 청소년소설)에 다양한 수사修

辭가 필요하다는 사실도 깨닫게 해줍니다. 한 편의 이야기는 묘사부터 설명과 해설, 대화 등의 수사가 반복되면서 이루어진다는 것인데, 이 각각의 서술 행위가 언제 어느 시점에 필요한 것인지, 왜 필요한지 직관적으로 알게 되지요. 아울러 이 다양한 수사가 처음과 중간과 끝에서 그 효과가 다르다는 것도 파악하게 됩니다.

통권 필사의 또 하나의 장점은, 다른 작가의 작품을 단순히 따라 쓰기만 해도, 작가적 체험을 가능케 하는 데에 있습니다. 즉 통권 필사는 독자나 연구자 혹은 비평가의 관점이 아니라, 작가적 관점으로 작품을 이해하는 데 매우 용이하지요. 물론 이 작가적 체험은 추상적인 개념이 아니라, 필사를 거듭해 나감에 따라 그 이야기의 작동 원리에 적극적으로 개입하고, 그것을 체득하게 된다는 뜻입니다. 특정 부분을 필사할 때마다, 단순히 '어떻게 이렇게 썼을까?'라는 의문부터, '(이 부분은) 다른 방법으로 써보면 어떨까?'라든가, '이 부분은 이런저런 이야기나 문장을 더 추가했다면 어땠을까?'와 같은 방식으로 상상력을 활성화해, 그 의문들을 자신의 작품에 적용하도록 유도합니다.

무엇보다 통권 필사는 '처음-중간-끝'의 각 단계에 따라 어떤 서술이 필요한지 이해하는 데 도움이 됩니다. 특정한 서술이 어느 단계에 왜 필요한지를 알게 된다는 뜻입니다. 이는 자신의 작품을 쓸 때, 체계적인 집필 순서에 대한 지배력을 높여 줍니다.

## [처음] 첫 부분에서 이야기의 특성을 표현하기

이야기를 시작하는 첫 부분은 작가가 한 작품을 쓰면서 쓰고 지우기를 가장 많이 반복하는 곳입니다. 자신의 문장 능력을 힘주어 드러내려는 곳도 글의 초입입니다. 그래서 때로는 화려한 표현으로 독자를 사로잡으려 합니다. 또한 내용적으로는 속도와 자극 등을 통해서 독자에게 강한 인상을 남기려 하지요. 그러므로 이야기의 가장 앞부분에서 독자는 작가의 가장 현란한 문장과 마주하기도 합니다. 어쨌든 첫 부분은, 작가가 아무리 피하려 해도 그 작품의 전반적 특성과 분위기를 가장 잘 드러내는 부분입니다. 그 어떠한 작가라도 첫 부분을 쓸 때, 가장 심혈을 들여서 쓰기 때문입니다. 하지만 화려한 외피보다 목적적으로 접근하는 편이 이야기 앞부분의 완성도에는 더 도움이 됩니다.

> 이게 마지막일지도 몰라.
> 이웃집 목련 나무의 흰 꽃이 떨어져 담장에 젖은 빨래처럼 널리기 시작할 무렵부터였다. 다미는 혼잣말처럼 자꾸만 그런 말을 중얼거렸다. 그러다 제풀에 놀라, 얼른 삼키곤 했다. 하지만 어쩌다 보면 또 잊고서 그 말을 버릇처럼 토해 냈다.
> 몹쓸…!
> 다미는 자신을 나무라다가, 곧바로 고개를 저었다. 마음을 다잡기로 했다. 이제 곧 오월이니까. 그리하여 산천초목이 온전히 푸르러지면, 그때는 떠나야 하니까. 남들이 뭐라고 해도, 이미 그러기로 결심했으므로.(《조선으로 온 카스테라》, 한정영, 다른, 7쪽)

첫 장을 열었는데 '마지막'일지도 모른다는 문장과 마주하는 독자는 긴장할 것입니다. 이런 문장은, 알베르 카뮈의《이방인》의 첫 문장, "엄마가 죽었다."와 같은 이율배반적 문장입니다.

여행(독서)을 시작했는데, 끝이 났다는 식의 도발은 충분히 흥미를 유발할 수 있습니다. 게다가 뒤따르는 문장들도 하나같이 주인공의 '결의'로 가득합니다. 밝고 경쾌하기보다는 우울한 표현들이 혼재해 있습니다. 하필 흰 목련의 활짝 핀 모습이 아닌 낙화를 '젖은 빨래'로 표현한 것은 물론이고, '몹쓸'이라거나, '그때는 떠나야 한다'는 진술이 이를 뒷받침하고 있습니다. 이야기가 몹시 진지하고 무거우리라는 예상을 할 수 있습니다. 더구나 주인공의 심리가 내재되어 있기 때문에 더욱 그러합니다. 독자는 이 톤tone으로 이야기의 전체를 미리 예측합니다. 독서를 계속할 것인가도 고민합니다.

> 그래서 다미는 마지막이 될지도 모를 밥상을 어제도, 그리고 오늘도 성심껏 차렸다. 때를 맞추어 유 초시 어른이 며칠 전 통통하고 늙은 닭 한 마리를 던져 주고 갔다. 물론 당신의 아들인 순님 오라버니를 잘 먹이라는 뜻이 더 컸을 터였다. 그러거나 말거나 다미는 처음엔 그저 때 이른 백숙이나 끓여 볼 생각이었다. 겉의 상처는 얼추 아물었으나, 속으로 더 곪았을 아버지의 몸을 생각해서였다. 다가올 여름을 미리 대비하여 나쁠 게 없었다. 병든 아비를 두고 간다는 비난을 피할 수 없을 테지만, 마지막 순간까지는 무엇이든 하고 싶었다. 하찮은 양심일지도 몰랐다.
>
> 그런데 마침 열흘 전 필사하려고 받아 온 책 한 귀퉁이에 써 있던

칠향계가 생각났다. '씻은 닭의 내장을 빼내고, 배 속에 일곱 가지의 양념을 넣고 가마솥에 오랜 시간 쪄 낸다'고 했는데 솔직히 번거로워 보였다. 하지만 설명의 말미에 '몸을 보保하는 데 이만한 음식이 없다. 속이 허한 사람에게 먹이면 피를 돌게 한다'는 말에 부랴부랴 재료를 사다가 물을 끓이고 밤새 가마솥 앞을 지켰다. 그게 순남 오라버니에게도 나쁠 리 없었다.(13-14쪽)

이야기의 초반에 필요한 포석 중의 하나는 무슨 일이 일어날지 모른다는 긴장감을 끌어올리는 것입니다. '마지막'이라는 단어를 반복하면서, "병든 아비를 두고 간다"라는 부분이 그러한데, 심상치 않은 일이 일어날 것임을, 즉 이야기의 방향성을 암시하고 있습니다. 더하여 "씻은 닭의 내장을 빼내고, 배 속에 일곱 가지의 양념을 넣고 가마솥에 오랜 시간 쪄 낸다."라는 서술을 남김으로써 요리에 관한 이야기일지 모른다는, 이야기 특성에 관한 실마리를 던져 두기도 합니다. 이처럼 이야기 전체의 분위기를 전달하고, 마치 아우트라인을 던지는 듯한 서술이 시작 부분을 차지합니다.

다만 장르적 특성이 강한 동화나 청소년소설이라면, 이렇게 다소 '무거운' 시작을 추천하지 않습니다. 놀이적 특성을 강화해야 하는데 이와 같은 감성적 출발은 그다지 도움이 되지 않습니다. 더 빨리 주인공의 역동성이 드러나는 사건을 만들고, 그에 따라 휩쓸리듯 사건으로 빠져들어 가는 것이 좋습니다. 또한 장르 동화(청소년소설)는 인물의 입체성을 염두에 두지 않아도 되므로, 위의 경우처럼 인물의 내면을 반영하는 묘사에 구태여 시간을 뺏길 필요도 없지요.

## [처음] 캐릭터(주인공)의 구체성을 만들어 나가는 방법

트렌드만 염두에 둔다면, 최근의 동화와 청소년소설의 글쓰기는 1장에 의외의 사건을 던져 놓고, 그 사건을 이어 나가면서, 그 사건 위에 다양한 방법으로 주인공의 특성을 구체화characterize해 나갑니다. 이는 해당 작품을 서서히 입체화하는 일이기도 합니다. 왜냐하면 이야기는 주인공의 것이기 때문입니다. 주인공의 색채와 향기가 작품 전체에 배는 것이지요. 주인공의 특성이 곧 작품의 특성이 된다는 뜻입니다. 따라서 주인공의 특성을 구체화하는 일은, 초반부터 전략적일수록 좋습니다.

"오늘 칠향계를 끓여 아비에게 주었습니다. 끓일 때 향이 탕약 같았고, 끓여 놓고 상위에 올렸더니 삼계탕보다 보기에 좋았고 맛은 더 부드러웠습니다."

"오호라! 그리하였구나? 또?"

"일전에는 아비가 좋아하는 연포탕을…."

"그래? 연포탕은 맛이야 소고기 국물로 내지만, 모양도 중요한데 숙유(두부)는 어찌했느냐?"

"단단히 눌러 주었습니다. 연한 상태로 국물에 끓이면 제 모양이 나지 않습니다."

"그리고?"

"길이는 8푼, 너비는 3푼으로 하되, 소금을 뿌려 솥뚜껑 위에서 지져 냈습니다."

"저런! 네가 요리에 진심인 것을 알겠구나."

"…?"

다미는 갑자기 무슨 말이냐고 되물을 뻔했다.

"네가 했다는 그 요리는 정성도 정성이지만, 절차 하나하나에 시간을 들여야 한다. 그것을 마다하지 않았으니, 어릴 적부터 밥 짓고 국 한 그릇 끓이는 일에도 무심치 않았을 것이다."

"별다른 일은 아닙니다. 집에 병자가 있습니다. 하여 몸에 좋다고 하거나 먹고 싶다는 음식이라면 형편이 닿는 대로 가리지 않았습니다. 또한 돕는 이가 있어서 재료도 어렵지 않게 구했습니다."

다미는 윤 초시를 잠깐 떠올리며 얼른 대답했다.

(중략)

빙허각은 부엌 한쪽에 보자기로 덮어 놓은 반상을 가리켰다. 그러자마자 찬모가 보자기를 걷어 냈다. 그 위에는 몇 가지 음식들이 놓여 있었다. 다미가 무얼까, 싶어서 눈치를 보는데 빙허각이 다미에게 말했다.

"이것은 죽순 나물이다. 한번 먹어 보거라. 네 입맛이 궁금하구나."

갑작스러운 말에 다미는 놀라서 빙허각을, 그리고 조 상궁의 눈치를 보았다. 조 상궁은 고개를 끄덕였다. 하는 수 없이 다미는 젓가락을 들어 죽순 나물을 맛보았다. 상큼한 향이 돌았고, 아삭거리는 식감이 좋았다.

"맛납니다."

"그뿐이냐? 혹여 부족함이 느껴지지 않는지 묻는 것이다."

"그걸 어찌…."

다미는 이번엔 찬모의 눈치까지 살피며 주저했다.

"괜찮다. 무슨 말이든 해도 좋으니 솔직히 말해 보거라."

그래도 다미는 주저했다. 하지만 빙허각도, 조 상궁도 기다리고 있었다. 다미는 어렵게 입을 열었다.

"햇죽순이라 아삭한 식감이 없지 않았으나, 죽순을 너무 오래 삶은 듯하여 산뜻함이 덜하였습니다."

"그런가, 막둥 어멈?"

다미의 말이 끝나자마자 빙허각이 찬모에게 물었다. 그러자 찬모가 고개를 끄덕였다.

뒤미처 빙허각은 다미에게 산갓 김치와 고추장, 아주까리기름까지 맛보게 하고 똑같이 물었다. 물론 다미는 걱정은 되었지만, 자신이 생각한 대로 대답했다. 다미의 대답을 들은 빙허각은 똑같이 찬모에게 물었고, 그럴 때마나 찬모는 고개를 끄덕였다.

그런데 빙허각이 뜻밖의 말을 했다.

"개천댁의 솜씨를 그대로 물려받았구나."

"네, 어찌 저의 어미를…."

"조 상궁이 알려 주었다. 개천댁이 이전에도 이 집안에 행사가 있을 때마다 여러 번 와서 음식을 만들곤 했었다. 그런데 마침 조 상궁이 네 이야기를 하길래 네 솜씨를 보고 싶었을 뿐이다. 너를 시험했다 여기지 말고 노여워하지 말거라. 우리 집안에 행사가 많아 필요할 때 청할 수도 있고…."

"아…."

다미는 자신도 모르게 탄성을 뱉어 냈다. 그제야 빙허각이 직접 이곳까지 자신을 오게 한 이유를 알 것 같았다. 다미는 무어라 대꾸해야 할지 몰라서 가만히 고개를 숙이고만 있었다. 그때, 빙허각이 한 번 더 다미를 당혹스럽게 했다.(25-27쪽)

《조선으로 온 카스테라》에서 다미는 어머니에게서 음식(요리)에 대한 재능을 물려받았습니다. 그리고 이를 전문가(《규합총서》를 쓴 빙허각 이씨)에게 확인받습니다. 이때, 이 확인받는 과정이 구체적이고 개연성은 물론, 리얼리티까지 살아있어야 합니다. 즉 다미가 물려받은 자산으로서의 천부적 재능이 있을 뿐 아니라, 지금도 능수능란하게 요리를 해내고, 또한 살아 있는 미각을 가지고 있다는 사실을 독자에게 인지시킴으로써 인물 특성의 구체화가 실현됩니다. 다양한 당대 요리 이름을 언급하고, 그에 대한 주인공의 태도를 보여 주는 일은, 그래서 필요한 것입니다.

이때 상당수의 독자는, '아, 이 책은 요리 이야기겠구나!'라고 생각하기 시작합니다. 물론 이는 장단점이 있는 '평가'입니다. 주인공의 특성을 살렸다는 점에서는 장점이고, 그로 인해 자칫 이 책의 특성이 획일화될 수도 있는 것은 단점입니다. 즉 주인공이 비록 매우 위험한 처지에 놓였더라도, 결국 이 능력으로 무언가를 이루어 낼 것임을 어렴풋이 짐작할 수 있지요. 실제로 다미는 자신의 능력을 소소하게 인정받고, 그 과정을 통해서 자신의 앞길에 대한 자신감을 갖습니다.

《조선으로 온 카스테라》에서 다미의 '능력'은 바로 요리입니다.

이 능력으로 다미는 험한 세상과 맞서 싸울 준비가 되었습니다. 이 능력은 주인공의 정체성을 구축해 나가는 가장 중요한 '도구'가 됩니다.

## [중간] 감추어 둔 적대자를 활성화하여 얻어 내는 효과

이야기가 중반을 넘어서기 전에, 작가는 독자에게 주인공을 억압하는 요소를 확인시켜 주어야 합니다. 이를테면 적대자를 말합니다. 즉 주인공이 어떤 문제 상황에 처했는지를 적시해야 한다는 뜻입니다. 그래야 긴장감을 유발할 수 있으니까요.

물론 적대자가 없어도 이야기를 흥미롭게 전개할 수 있습니다. 앞서 말한 대로 인물 대신 주인공이 처한 환경이 적대자의 역할을 대신하면 되니까요. 《조선으로 온 카스테라》를 지배하는 시대적 환경은 이미 주인공에게 상당히 적대적입니다. 신분과 계급의 한계는 물론, 엄마와 아빠의 역모 가담으로 주인공은 더더욱 많은 적대자를 가지게 됐지요. 그러므로 적대 인물이 없어도 이 이야기는, 주인공이 환경에 굴복하지만 않는다면, 앞으로 나아갈 수 있습니다. 그래서 《조선으로 온 카스테라》에서는 아버지의 질병, 소녀 가장, 암울한 미래 등 다미를 둘러싼 환경이 우회적으로 암시되고 있는 것이지요.

다만, 주인공이 그 적대 환경에 반기를 들고 어떤 행동이라도 시도하는 특이점이 있어야 합니다. 이 특이점에는 무엇보다 환경으로만 존재하던 적대자가 특정 인물로 환기되어 주인공을 억압하도록 하면, 구체성을 확보할 수 있습니다. 그럴 경우, 주인공은 그 이전까지 적대 환경에 대해 단순히 견뎌 내고 있던 태도를 저항의 모드로 전환합니다. 그래야만 역동성이 커집니다.

이를테면 작가는 처음에서 중간으로 진입하는 부분에서 주인공이 바쁘게, 그리고 빠르게 움직이게 해야 합니다. 오로지 머물러 있기만 하면, 아무리 진지하고 심각한 서술이라도 이야기는 앞으로 나아가기 어렵기 때문이지요.

다미는 순남 오라버니를 힐끗 쳐다보고 방으로 들어갔다.

"됐고, 게 앉거라."

문을 닫으려는데 윤 초시가 말했다. 다미는 문지방만 넘어선 채로 그 자리에 앉았다. 아버지를 힐끗 보았는데, 잔뜩 인상을 쓰고 있었다. 잠을 자고 일어나서인지 아버지의 눈빛은 맑았는데 왠지 근심이 서린 듯했다.

윤 초시가 아버지를 한번 힐끔 쳐다보더니 입을 열었다.

"네 아버지한테는 말했다. 가을에 혼례를 올리기로 말이다. 순남이가 벌써 열아홉이고, 네가 열여섯이지 아마? 가을이면 네 아버지도 기력을 많이 회복할 게야."

숨이 탁 막혔다. 다미는 아버지를 쳐다보았다. 아버지가 힘없는 큰 눈을 두어 번 껌벅였다. 다미가 놀랄 사이도 없이 윤 초시가 말을 이었다.

"혼례를 올리고 나더라도 네 아버지는 그냥 이곳에서… 기력은 회복해도 누군가 보살피지 않으면 안 될 테니, 출가외인이라고는 하나, 네가 돌보아 드려야 하지 않겠느냐? 네 아버지와 나는 막역한 사이이고 하니, 그 정도는…"

"지금도 순남 오라버니는 잘 돌보고 있습니다."

다미는 당장 뛰쳐나가고 싶은 마음을 억누르고 가까스로 입을 열었다.

"그래. 잘하고 있는 거 안다. 그럴 바엔 소꿉놀이를 할 게 아니라, 혼사를 치르는 게 맞지 않겠느냐?"

"하지만 저는 아직… 할 일도 있고…"

"맨날 그 소리! 그리고 보자 하니, 무슨 필사를 하고 그런다는데, 그게 무슨 살림에 보탬이 되겠느냐? 아녀자가 과거를 볼 것도 아니고. 그러니 애초에 쓸모없는 짓 하지 말고…"

"요리에 관한 책입니다. 옷을 만들고 바느질하는 방법도 담겨 있습니다."

무슨 말이라도 해야 할 것 같아서 다미는 용기 내어 말했다. 입안에서 '아녀자가 해야 할 일이 그 안에 다 적혀 있습니다. 그것을 익혀 두면 혼인한 후에도 도움이 될 것입니다'라는 말이 맴돌았다. 그 말이라도 하면, 조금이라도 윤 초시의 질주를 막을 수 있을 것 같아서였다. 하지만 그 말이 쉽게 나오지 않았다.

"흠! 그런 책이 있다고? 도대체 누가 그런 책을 썼다는 게야?"

"둔지미 서 대감 댁의 작은 마님이 쓰셨습니다."

"서 대감 댁이라면… 그래, 한때는 그 댁 어른이 당상관 벼슬을 하기도 했지. 하지만 옥사도 겪고 하더니, 영 예전만 못하다 들었다. 그런데 그 댁 마님이 그런 걸 썼다고?"

"《규합총서》라 한답니다. 부녀자들이 평생 배워야 할 지식을 담아

놓았다고 했습니다."

"허허! 부녀자들이 알아야 얼마나 알겠다고, 그걸 구태여 책을 봐야 아느냐? 바느질이나 익히고 대를 잇기만 하면 되는 것을….
네 어머니도 자꾸 세상일에 나섰다가 네 아비를 이 몰골로 만들어 놓은 것이 아니…."

무언가에 짜증이 났는지 윤 초시는 목소리를 높여 나무랐다. 하지만 그러다가 아버지와 눈을 마주치고 얼른 입을 다물었다.

하지만 이미 아버지는 잔뜩 인상을 썼고, 흴끔한 얼굴이 아까보다 더 어두워졌다. 그러자 민망했던지 윤 초시는 크게 두어 번 헛기침을 하고 나서 말머리를 돌렸다.

"어쨌거나 육손이 할멈한테 말해 놓았다. 혼례 준비를 도와줄 게야. 그 양반님네 마님이 노비만 부릴 줄 알지 무얼 알겠느냐? 육손이 할멈보다 못할 것이다. 너도 배울 게 있으면 육손이 할멈한테 이야기하거라."

그 말을 끝으로 윤 초시는 아버지와 다미의 눈치를 보더니 몸을 일으켰다. 그러고는 마루로 나섰고, 순남 오라버니를 본체만체하고는 마당으로 내려서서 빗속으로 걸어 나갔다.

다미는 잠시 마루 끝에 주저앉았다. 온갖 생각이 머릿속을 휘저었다.

'이건 아니야!'

속으로 외쳤다. 이럴 수는 없다고 생각했다. 다미는 계속 머리를 저었다.(42-45쪽)

이 지점에서 윤 초시를 통해 적대 기능이 더욱 활성화되고 마침내 다미는 이를 참았던 저항의 계기로 삼기로 합니다. 따라서 이 지점부터 주인공 다미의 행동은 빨라지고, 폭넓어집니다. 언제까지나 조 상궁을 기다릴 것 같았던 다미는 비로소 집을 뛰쳐나가 더욱 적극적으로 그녀를 찾아 나섭니다. 이는 주인공을 새로운 모험의 길로 안내하는 역할을 하지요. 이때 독자의 주의가 환기됩니다. 바로 이 지점부터 독자는 주인공에게 본격적으로 흥미를 느끼고 주인공을 바짝 뒤쫓으며 응원하게 됩니다.

실제로 이후, 다미는 자신의 삶의 방향을 조금씩 돌려세울 계기를 마련해 주는 빙허각 이씨를 만나게 되지요. 이 특이점을 시작으로 다미의 삶은 다소 거칠어지는데, 실제로 물리적 활동량도 많아집니다. 독자가 몰입하기 좋은 환경이 만들어졌다는 뜻입니다.

## [중간] 주인공(혹은 사건)을 극단적으로 몰아가기

중간 단계에 진입해서 주인공의 물리적 움직임을 이끌어 냈다면, 주인공의 위기를 가속화해야 합니다. 이 지점은, 독자가 본격적으로 이야기에 흥미를 느껴야 하는 부분이기 때문입니다. 즉 주인공을 실제적 위기에 몰아넣고, 그 이후를 도모해야 합니다. 이때, 주인공에게 닥친 시련이 가혹하면 가혹할수록 독자의 흥미와 독서의 집중도는 높아집니다. 이 지점을 지나면 독자는 더 이상 이야기에서 이탈하지 않습니다. 그래서 조금은 과장됐다 싶을 정도의 시련을 주인공에게 던져 줄 필요도 있습니다.

그런데 바로 그때, 사립문 쪽에서 기척이 들렸다. 다미는 소스라치게 놀랐고, 조 상궁 역시 다미를 옆으로 밀치며 몸을 도사렸다. 뜻밖에도 문 너머에는 순남 오라버니가 서 있었다.

"아버지… 갔어. 이렇게, 갔어. 사람들이 데려갔어."

순남 오라버니는 몸을 뒤틀어 보이며 말했다. 아버지가 오랏줄에 묶여 끌려갔다는 흉내를 내고 있는 것 같았다. 그걸 보는 순간, 온몸이 녹아내리는 기분이 들었다. 다미는 아무 말도 하지 못했다.

다미는 어금니를 꽉 깨물었다. 그리고 순남 오라버니를 지나쳐 걸었다. 그런데 문득 순남 오라버니가 다미의 팔을 붙잡았다. 다미는 그 손길을 마주 잡지도 뿌리치지도 못했다. 그저 선 채로 순남 오라버니의 얼굴만 빤히 쳐다볼 수밖에 없었다.

그런데 그때, 뒤편에서 누군가 바투 다가왔다.

"여기서 뭘 하는 게야? 아비가 다시는 이 집에 얼씬도 하지 말라고 하지 않았어!"

윤 초시였다. 소리를 높이며 순남 오라버니의 어깨를 붙잡아 끌었다. 그 바람에 다미의 팔을 잡고 있던 순남 오라버니가 손을 놓았다.

"흠…. 그래, 어디로 가는 것이냐?"

"…"

"어디로든 피하는 게 좋을 게야. 서학에 기웃거린 사람들도 역모처럼 연좌하여 사돈에 팔촌까지 잡아들인다더구나."

아무 말도 나오지 않았다. 다미는 그저 듣고만 있었고, 윤 초시는 할 말을 다 했다는 듯 몸을 돌렸다. 그 순간, 다미의 머릿속에서 아버지의 비명이 울렸다.

다미는 자신도 모르게 윤 초시에게 달려가 무릎을 꿇었다.

"어르신, 아버지를 살려 주세요. 제발요! 그럼 뭐든지 다 할게요! 순남 오라버니랑 혼인할게요."

다미는 그 말이 자신의 입에서 나온 말이라고 믿고 싶지 않았다. 하지만 머릿속에서는 아버지의 비명이 연신 울렸고, 그 때문인지는 몰라도 고통에 몸부림치는 아버지의 얼굴만 떠올랐다.

그런데 윤 초시는 다미를 야멸치게 밀어냈다.

"왜 이러느냐? 남들이 볼까 무섭구나."

"어르신! 어찌 이러십니까? 제발 아비를 살려 주세요!"

"허허! 내가 무슨 힘이 있다고!"

"어르신!"

다미는 애원했지만, 윤 초시는 결국 돌아섰다. 그러면서 한마디 더 했다.

"어딜 가더라도 행여나 내가 도왔단 말은 하지 말고…. 아니, 누가 묻거든, 난 네 집에 드나든 적이 없는 것이야. 알았지? 내가 천주학 책을 구해 주었다는 말은 더더욱 해선 안 돼!"

다짐을 주듯 말하고 윤 초시는 몸을 돌렸다. 순남 오라버니는 그 자리에 남으려 버텼지만, 윤 초시의 억센 손에 이끌려 갔다. 그러면서 뒤를 돌아 다미를 한없이 바라보았다.(62-64쪽)

주인공 다미의 시련이 겹겹 쌓이고 있습니다. 무엇보다 가장 비극적인 일은, 아버지가 잡혀간 일일 것입니다. 그러나 여기에 그치지 않고, 다미의 비극은, 어쩌면 마지막까지 믿었던 윤 초시마저 배신하는 부분에서 극단으로 치닫습니다. 직전까지만 해도 다미를 자신의 아들(순남 오라버니)과 혼인하게 하려 했던 윤 초시는 도리어 자신을 아는 체도 하지 말라 이르지요. 결국 다미는 실낱같은 희망마저 잃어버립니다.

물론 이 장면은, 훗날 다미가 거지로 떠도는 순남 오라버니를 데리고 제물포로 가며 '원수를 은혜로 갚음'으로써 반전의 효과도 발생하고 주인공의 품격이 상승하기도 하지요. 이 부분에서 다미의 비극이 커서 반전의 효과도 큽니다.

## [중간] 특정한 시간의 흐름을 정리할 때

시련이 강력할수록 공간의 이동은 자연스러워 보입니다. 위험을 피해서 달아나는 형식을 취함으로써 이전 사건은 회피하고, 또 다른 사건을 만드는 데도 필요한 방법이지요. 물론 공간의 이동은 또 다른 사건을 내포합니다. 그 사건이 일어나도록 준비 과정이 필요합니다.

아래의 인용은 다미가 위기를 겪고 큰 충격에 빠진 뒤, 극복하는 과정을 담고 있는데, 약 한 달 동안 일어난 일들을 압축적으로 정리하고 있습니다.

두물머리는 종일 분주했다. 포구에는 큰 배와 작은 배가 차례로 들고 났으며, 그때마다 장사꾼과 배꾼이 타고 내렸다. 선착장에서 멀지 않은 주막거리에는 종일 그들의 발길이 끊이지 않았다.

조 상궁을 따라 들어간 파주댁의 주막은 거리 끝에 있었는데도 다른 주막보다 더 붐비는 듯했다. 이렇게 많은 사람이 포구에서 가까운 곳을 마다하고 구태여 살짝 언덕진 곳까지 걸어오는 이유를 알 수 없었다.

해가 머리 꼭대기에 떠 있을 즈음 파주댁의 주막에 다다른 다미는, 사람들에게 치여 단 한 번도 앉을 새 없이 종종걸음으로 뛰어다녀야 했다. 파주댁은 다미가 내민 빙허각의 서찰을 읽는 둥 마는 둥 하더니, "알겠으니, 어서 일부터 하거라. 수향아, 뭐 하고 있어?" 했다. 그러자 다미보다 두어 살은 더 많아 보이는 퉁퉁한 몸집의 처녀가 좁쌀눈을 찡긋하더니 다미의 소매를 끌어당겼다. 그 바람에 다미는 숨 돌릴 틈도 없이 부엌에서 불을 때고, 밥을 안치고, 수육을 삶고, 썰고, 파와 채소를 다듬고, 뒷마당 우물가에서 산더미처럼 쌓인 그릇을 닦았다.

그러다 뜬금없이 불려 가 국밥을 날랐고, 다시 설거지를 했다. 그때마다 수향이 너부데데한 얼굴을 들이대며 온갖 잔소리를 해 댔다. 이건 이렇게 하라는 둥, 저건 저렇게 하라는 둥. 그래도 해 본 일이라고 해 질 무렵까지는 버틸 만했지만, 그런 뒤에도 그치지 않는 일에, 다미는 입 안에서 단내가 났다. 언제 조 상궁이 떠났는지도 눈치채지 못할 만큼 옴나위없었다.

다미는 마지막으로 든 손님들까지 주막 마당에서 사라진 뒤에야 문 앞쪽 평상 끝에 털썩 주저앉았다.

겨우 고개를 들어 보니, 맨 먼저 어둠에 단단히 제 모습을 감추고 있는 먼 산의 까만 그림자가 눈에 들어왔고, 뒤미처 산봉우리 옆쪽으로 보름달이 슬며시 고개를 내밀었다. 강물이 그 달빛을 받아 반짝거렸다. 다미는 한참 동안 넋을 놓고 그 낯선 풍경을 바라보았다.

그러다가 어느 순간, 이역감(異域感) 때문에 다미는 당혹스러웠고, 그 바람에 벌떡 일어났다. 두리번거리다가 사립문 쪽으로 나아갔다. 언덕 아래쪽으로 간간이 불 켜진 집들이 보였고, 뒷산 어디선가 부엉이 우는 소리가 들렸다. 다미는 몸을 움츠렸고, 저도 모르게 어깨를 파르르 떨었다. 선선한 바람이 불어서도 아니었고, 밤이슬이 발등에 내려서도 아니었다.

'여기는 어딜까? 내가 왜 여기에 와있는 걸까?'

갑작스레, 그리고 대책 없이 그런 생각이 머릿속에 들어찼다.

다미는 갑자기 길을 잃은 사람처럼 주막집 마당을 서성거렸다. 안절부절못하며 앉지도 서지도 못했다.

(중략)

다음 날도, 그다음 날도 똑같은 날이 반복되었다. 새벽에 일어나 가마솥에 불을 때고 국을 끓이고, 채소를 다듬고 국밥을 나르고 설거지를 했다. 수육을 썰다 손가락을 베이고, 전을 부치다가 데었다. 며칠이 지나자 손가락에 대충 감은 천 쪼가리가 세 개나 되었다. 상처 난 곳이 물러 터지고 고름이 나다가 보름이 지나고 나서야 겨우 아물었다.

손님이 넘칠 때는 부엌과 마당을 오가며 국밥을 날랐고, 그러다 사람들에게 치이고, 국밥이 늦게 나온다며 욕을 얻어먹기도 했다. 대놓고 희롱하는 남자들까지 있었다. 종일 시끄러운 소리를 들으니 귀가 먹먹했고, 그 바람에 늦은 밤까지 귓가에서 사람들의 목소리가 웅웅거렸다. 몸에는 온갖 음식 냄새가 배었고, 아무리 씻어도 냄새는 지워지지 않았다. 그 덕분인지는 몰라도 짬짬이 먹는 한 끼가 달았고, 뒤채에 들어서기만 하면 곯아떨어졌다.

한 달을 산 것인지, 하루가 끝나지 않고 계속되는 것인지 알 수 없었다. 해가 뜨고 지는 것이 이처럼 큰 의미가 없게 느껴지기는 처음이었다. 하루가 끝난 듯하면 다시 시작되곤 했으니까.

뼈마디가 쑤시고 어깨와 허리가 욱신거리던 것도 달포가 지나면서부터 익숙해졌다. 하루가 끝날 무렵, 뒤채로 돌아와 잠깐이나마 생각이란 것을 하고, 이런저런 기억을 떠올릴 여유가 생긴 것도 그즈음부터였다.

다행스럽게도 한 달 선의 기억들이 그때보다 벅차지 않았다. 자꾸 주먹을 쥐고, 어금니를 물곤 했지만, 숨을 쉬지 못할 정도로 가슴이 뛰지는 않았다. 부지런히 몸을 놀려야 살 것이라던 파주댁의 말이 이해가 되었다.(77-83쪽)

1-2장 사이의 시간 간격과 2-3장 사이의 시간 간격은 3-4일인데, 4장에서 일어난 일이 3장에서 일어난 일보다 한 달 뒤입니다. 시간의 차가 갑자기 커졌습니다. 이럴 때, 마치 작가가 편의대로 에피소드를 골라서 쓴 것처럼 보일 수 있습니다. 앞 사건과 사건 간의 응집력도

약화됩니다.

하지만 어떤 이야기든 각 장의 시간 간격을 일정하게 유지하는 일은 쉽지 않습니다. 이럴 경우, 시간의 틈이 많이 벌어졌음에도 사건의 응집력을 놓치지 않으면서 연속된 사건(앞 사건에 이어서 곧바로 이어진 사건을 보는 느낌)으로 보이게 할 필요가 있습니다. 이때는 간격이 많이 벌어진 특정한 시간대의 일을 축약하고 빠르게 다음 사건으로 진입해야 합니다.

그리고 중간 지점에서 이런 장면이 중요한 이유는, 다미의 심리적 고통의 표현, 새로운 공간에 대한 밀도 있는 묘사, 변함없이 음식에 직면하는 태도의 유지를 보여 주고 있다는 점에서입니다. 즉 주제를 일관성 있게 유지하여 설명식 묘사와 정보성 진술의 느슨함에서 오는 단점을 최대한 보완하고 있습니다.

## [중간] 또래 인물 비교 서술 방법과 효과

중간의 특정 지점을 넘어서면, 주인공의 인물적 특성을 조금 더 깊이 있게 드러내야 합니다. 이때 인물의 특성을 드러내는 가장 좋은 방법은, 그 인물의 구체적인 행동을 통해서 독자에게 호소하는 것입니다. 사건을 마주했을 때, 외부적으로 표현되는 그의 행동은 해당 인물의 성격과 생각(이데올로기나 세계관 따위)을 반영한 것이기 때문입니다. 더구나 여러 개의 사건 속에서 이와 같은 행동의 반복은 인물의 성격을 견고하게 만들고, 그럼으로써 개별적 특성도 강조됩니다. 이는 어떤 면에서 작가의 치밀한 묘사보다 훨씬 더 직관적인 방법입니다.

독자에게 인물의 개별적 특성을 더 직관적으로 전달하는 가장 좋은 방법 중 하나는, A(강조하려는 목표 인물, 대체로 주인공)를, 또 다른 인물 B와 대비시키는 것입니다. 둘을 나란히 서게 함으로써 발생하는 비교 효과로 인해 어느 한쪽(A)의 특성을 적극적으로 어필할 수 있습니다.

"아이고, 이 화상아! 깨 다 탄다. 코가 문드러진 거야? 타면 안 된다고 했잖아, 응?"
벼락같은 목소리에 화들짝 놀랐다. 얼결에 돌아보니, 말을 다 마치기도 전에 파주댁이 한뎃부엌에서 솥을 걸고 깨를 볶고 있던 수향의 등짝을 후려쳤다. 짝, 하는 소리가 찰지게 났다. 다미는 자신도 모르게 등을 움츠렸다.
"아야, 아프단 말이에요!"
"냄새가 저 앞마당까지 나는데도 몰랐단 말야? 도대체 정신을 어디에 두고 있는 거야? 이런 거 하나 제대로 못 해서 널 어디에 쓰겠니? 응?"
"그러길래 왜 갑자기 깨를 볶냐고요. 손님 없을 때는 쉬기도 해야지. 그리고 그까짓 깨 조금 탄다고 뭐가 어떻다고요."
수향은 파주댁의 잔소리에 지지 않고 대꾸했다.
"아이고! 내가 말을 말아야지. 어서 찬물 붓지 않고 뭐 해!"
파주댁이 소리를 빽 지르고 부엌으로 들어와 절구질을 하는 다미에게 다가왔다. 그러더니 절구 안에 담긴 깻가루를 손으로 한 줌

펴 올려 살폈다.

“곱게 잘 빻았구나.”

그 말에 다미는 공연히 수향의 눈치가 보였다. 애초에 흑임자 다식을 만들자고 말한 게 자신이었기 때문이다.

(중략)

뻘쭘하여 서 있는데, 파주댁이 부엌 바깥에 대고 외쳤다.

“뭘 하고 섰어? 또리 아재한테 가서 잉어 좀 가져오너라. 엊그제 부탁해 놓았으니, 잡아 놓았을 게야. 예닐곱 마리면 된다. 알았지?”

“예닐곱 마리나 되는 걸 나 혼자 어떻게 들고 와요?”

“어휴! 저 썩을 것! 다미, 네가 따라갔다가 오너라! 나머지는 내가 마무리하마.”

하는 수 없이 다미는 절굿공이를 내려놓고 부엌 밖으로 나갔다.

새벽부터 오시까지 세찬 비가 내린 탓에 길은 곳곳이 진흙탕이었다. 비는 그쳤지만, 강 쪽에서부터 짙은 안개까지 몰려와 금세 온몸이 눅눅해졌다. 잿빛 하늘은 서서히 희어지고 있었지만, 여전히 음산했다.

“넌 여기서 일하는 게 재밌어?”

주막집을 나서, 비탈 아래까지 내려올 때까지 말이 없던 수향은 문득 어린애 같은 질문을 했다. 다미는 속으로 대답했다.

‘그럴 리가….’

그리고 그냥 내처 걸었다. 왼편으로 선착장 가는 길이 보였다. 물안개 너머에 크고 작은 배가 희미하게 형체를 드러내고 있었지만, 오가는 배꾼들은 많지 않았다. 지난 이틀 동안 바람과 비가 내내 그치지 않았던 탓이려니 했다.

다미가 대답이 없자, 수향은 한마디 더 했다.

"아니, 가만 보니 넌 그다지 힘들어하는 내색도 없고…."

"…."

그 역시 자다가 남의 다리 긁는 격이어서 대꾸하지 않았다.

"이모가 주막에서 일하다가 부지런한 총각 만나서 시집이나 가라고 하는데, 난 싫어. 이모가 매파한테 장사꾼을 소개해 달라고 부탁을 해 놨대. 그런데 난 못 하겠어. 밤낮없이 일이나 하고 그게 뭐야?"

수향은 시키지도 않은 말을 늘어놓았다. 아마 아무에게나 그냥 털어놓고 싶은 것 같았다. 하긴 주막에는 파주댁은 물론 일하는 아낙네들 전부가 그 또래이니 맘껏 이야기를 나눌 사람이 없을 게 분명했다. 차라리 두 살 어린 다미가 대화 상대로는 더 나을 것이다. 그래서 다미는 그냥 들어 주는 게 더 낫겠다는 생각이 들었다.

수향은 또 투덜거렸다.

"이모는 나보고 무슨 언문이라도 배우라고 채근하는데, 언제 그걸 배울 시간이 있다는 거야? 그리고 그걸 배워서 어디에 쓰게? 계집이 무슨 과거를 볼 것도 아니고. 그런데 너는 글을 어찌 배운 거야? 선반에 있던 책을 다 읽을 줄 알아? 그래서 뭘 할 건데? 아니, 어차피 너나 나나 주막집 부엌데기는 마찬가지 아니야? 조선 천지에 양반 아닌 여자로 태어나서 제 뜻대로 사는 년이 어딨담? 그저 돈 많은 사내 만나서 손에 물 안 묻히고 사는 게 장땡이지."

다미는 얼결에 고개를 끄덕였다.

(중략)

그러나 그때였다. 길은 오른쪽으로 휘돌고 왼편엔 연꽃밭이 나오나 싶었는데, 그 연꽃밭 너머에 젊은 선비 하나가 모습을 드러냈다. 제법 차려입은 듯했지만, 멀리서 봐도 배가 꽤 나온 키 작은 선비였다. 수향은 그 선비를 보더니 어쩔 줄 몰라 했다. 그쪽으로 달려가려다가 멈추어 다미에게 다가와 제가 들고 있던 소쿠리를 내밀었다.

"또리 아재한테는 혼자 갈 수 있지? 잉어 예닐곱 마리라고 했으니까, 혼자서도 들고 올 수 있을 거야."

"네? 언니, 저는 또리 아재 댁이 어딘지도 모르고…."

"이 길로 쭉 올라가면, 초가집 몇 채가 나올 거야. 그중 끝 집을 찾아가면 돼. 강에서 제일 가까운 집이라고. 알았지? 버드나무 아래 있는 집을 찾아."

다미는 얼결에 소쿠리를 받아들었고, 그새 수향은 선비를 향해 달려갔다(91-98쪽)

특히 이 부분은 주인공 다미가 두물머리로 이동한 뒤, 생활에 적응하는 중에 일어난 일입니다. 따라서 큰 고통을 겪어 낸 이후 주인공의 삶에 대한 지향점을 확인시켜야 하는 부분이지요. 그래야만 캐릭터의 구체성이 살아납니다.

이 장면에서는 다른 사람들의 입을 통해 다미와 수향의 인물 됨됨이를 우회적으로 진술하고 있습니다. 특히 둘은 엇비슷한 또래이며 한 방에서 지내고 있는데, 생각은 매우 다릅니다. 무엇보다 수향은 매우 세속적 욕망을 추구하는 인물로 묘사되고 있습니다. 경박하게 말하며, 어른을 공경하는 마음이 없어 보입니다. 심지어 비밀스러운 연애까지 하고 있는 듯합니다. 더 깊은 속내는 알 수 없지만, 수향의 액션이 워낙 크고 과장스럽게 서술되어 있어서 그 기질적 특성이 대강이나마 한눈에 보입니다. 반면 이와 대비되는 다미는 딱히 어떤 액션을 취하지 않아도, '(수향에 비해) 그렇지 않은' 인물이라는 반사 효과를 기대할 수 있습니다.

이러한 적극적 비교는, 수향이 "어차피 너나 나나 주막집 부엌데기는 마찬가지 아니야? 조선 천지에 양반 아닌 여자로 태어나서 제 뜻대로 사는 년이 어딨담? 그저 돈 많은 사내 만나서 손에 물 안 묻히고 사는 게 장땡이지."라고 말하는 부분에서 특히 도드라지는데, 이 진술의 반대편에 주제가 있음을 암시하는 역할을 합니다. 또한 이러한 수향의 세속적 욕망의 극대화가 훗날에는 큰 사고와 연결되기도 하는 등, 부수적 효과까지 유도할 수 있기 때문에, 이러한 비유적 서술은 다양한 역할을 할 수 있습니다. 이처럼 새로운 곳에 다다르면 새로운 인물을 적극 활용한다는 측면에서 꼭 필요한 전개 방법이라 할 수 있습니다.

## [중간] 주인공을 이끌 조연 캐릭터의 히스토리 정리

한 편의 이야기에서 대부분의 등장인물은 주인공에게 어떤 식으로든 영향을 미칩니다. 특히 중반을 넘어서며 주인공의 삶에 영향을 끼치는 인물은 다른 인물보다 히스토리가 명확해야 합니다. 이때, 히스토리는 단순히 각 인물의 과거를 의미하는 것이 아니라, 그중에서 특히 현재성에 지대한 영향을 미친, 선택적인 개인의 역사를 말합니다. 그리고 현재성이란, 해당 인물이 '하필이면 지금 여기에서 벌어지고 있는 사건의 한 구성 요소로 존재'하고 있을 때를 의미합니다.

따라서 히스토리는 각 인물의 총체성 확보를 위해서라도 필요할 뿐만 아니라, 존립 근거를 증명합니다. 더불어 현재 그가 시도하는 모든 행동의 모티프로 작용합니다. 즉 과거에 '그러했음'으로 인해, 지금 '그럴 수밖에 없는' 행동을 하게 된다는 뜻이지요. 결국 히스토리는 매우 치밀하게 준비되어야 하는 중요한 요소입니다.

다만 주인공을 제외한 인물의 히스토리는, 그 양과 깊이를 주인공의 그것에 비교해서 과하지 않은 수준으로 유지해야 합니다. 히스토리의 양과 깊이는 무엇보다도 인물의 '비중'(중요도)에 비례하도록 설계하는 것이 좋다는 뜻입니다.

《조선으로 온 카스테라》의 주인공 다미에게 가장 큰 영향을 미치는 인물은 빙허각 이씨(전반부)와 다산(후반부)입니다. 하지만 이 두 인물은 실존 인물이기도 하고, 그런 만큼 두 인물에 대한 히스토리는 차고 넘치는 편입니다. 이들 외에는 파주댁과 김무생이 일정 부분에서 주인공의 삶에 직접 간섭합니다.

(A)

다미는 자신도 모르게 물었다.

"노비였다고요?"

생각지도 않게 목소리가 컸다. 그 바람에 다미는 민망해졌다. 하지만 수향은 그런 것에는 아랑곳하지 않고, 기다렸다는 듯 대꾸했다.

"몰랐던 거니? 하긴 대놓고 떠들 일은 아니지. 원래는 파주 장단에 살았대. 처음엔 소작농이었다가 서너 해 가뭄이 들어 소작료를 못 내서 노비가 될 처지였던 걸 서씨 집안에서 거두었다더라. 그런데 파주댁이 음식 솜씨도 좋고 손끝이 야무졌나 봐. 음식만이 아니라 옷도 잘 지었대. 거기서 파주댁은 글도 배우고…."

"노비에게 누가 글을 가르쳐요?"

"그러니까 별나다는 거지. 그 댁 작은 마님이 그렇게 극성이었대. 시동생도 직접 가르쳐서 과거에 합격시켰다던데?"

비로소 다미는 빙허각이 자신을 이리로 보낸 이유를 안 것 같았다. 자신도 모르게 고개를 끄덕였다. 그러는 사이 수향이 말을 이었다.

"네가 보던 책도 파주댁이 여기로 올 때 그 작은 마님이 주신 거라던데?"

다미는 다시 한번 고개를 끄덕였다. 그리고 물었다.

"그런데 어쩌다가 두물머리까지…."

"그게 참 별일이지. 소작료를 갚아 주었으면 어쨌든 노비가 된 건데, 10년이 지나서 품삯을 다 갚았다며 나가 살라고 했다나? 믿어야 할지 말아야 할지. 아무튼 난 엄마한테 들었어. 저마다 제 재주대로 살아야 한다고 그랬다나, 어쨌다나? 그런 사람이 진짜 있는지 없는지 확인할 길이 있어야지…."

수향의 엄마는 파주댁과 가까운 사이라 했다. 파주댁이 처음 두물머리에 왔을 때, 수향의 엄마는 찬모 노릇을 하다가 어느 날 수향을 파주댁에게 맡기고 장사꾼에게 재가하여 여기저기를 떠돈다는 말을 일 어멈들에게 들은 적이 있었다.

수향에게는 낯설지 몰라도 다미는 얼추 이해가 되었다. 다미는 빙허각의 진심이 어디에 있는지 아직도 그 깊은 마음은 헤아릴 수 없지만, 빙허각이라면 당연히 그렇게 했을 거라는 생각이 들었다.(95-97쪽)

(B)

여유당에 가는 것이 벌써 네 번째인데도 익숙하지 않았다. 물론 네 번 다닌 길이 매일 다니는 길처럼 느껴질 리 없었지만, 번번이 낯설었다.

"그래, 오늘은 무얼 해 드리라고 하더냐?"

배에 올라 노를 젓기 시작한 또리 아재가 물었다.

"오늘은 삼합미음을 끓여 드리려 합니다."

"삼합이라니? 이런 계절에 해삼에 홍합을 구해 왔더란 말이냐? 어떻게?"

"저야 알 수 없는 일이지요."

"하긴 김무생이 그자라면 못 구할 게 없지. 배를 타고 강길이며 바닷길 안 다녀 본 데가 없으니까."

또리 아재는 처음엔 놀라는 듯하다가 고개를 끄덕였다.

"도대체 그분은…?"

다미는 입을 떼었다가 얼버무렸다. 무얼 질문하려던 건 아니었다. 그저 자신도 모르게 대꾸하려던 게 물음이 되어 버렸다. 그런데 그걸 어떻게 받아들였는지 또리 아재가 문득 다산의 이야기를 먼저 꺼냈다.

"글쎄다. 내가 알기로는 김무생이란 자가 한낱 장돌뱅이였을 때 다산 어른께 큰 은혜를 입었다 들었다. 수원에서 화성을 쌓을 때라던가, 어쩐 일로 다 죽게 된 김무생을 다산 어른께서 살리셨다더라."

"…?"

"김무생은 그런 뒤에 청나라를 오가며 장사를 하더니, 어느새 큰 장사꾼이 돼서 조운선도 갖게 되었지. 그리고 해마다 몇 번은 이곳에 다산 어르신을 찾아온단다. 그저 장사꾼에 불과하다 생각할지 모르지만, 도리를 아는 사람이고 세상을 보는 안목도 아주 높은 사람이더구나."

그 말에 다미는, 김무생이 다산을 향해 땅바닥에 머리를 대고 큰절을 올리던 모습이 떠올랐다. 그런데 또리 아재의 말 중에 문득 궁금한 것이 있었다.

"안목이라니, 그건 무슨 말씀이신지?"

"이곳 두물머리에는 주막만 수십 개인데 왜 하필 파주댁만 찾는지 아느냐? 음식 맛이지. 남다르더란다. 나한테도 찾아와서 잡은 물고기 중에서 가장 싱싱한 놈으로 내달라 부탁하곤 했다. 물론 값도 두 배로 쳐주고 말이다."

"저는 사내들이란 그저 술과 고기면 다 좋아하는 줄 알았어요."

"허허! 우리처럼 농사나 짓고 한곳에 사는 사람들이야 그럴지도 모르지. 그렇지만 뱃사람들이나 장사꾼들은 조선 팔도를 돌아다니지 않느냐? 그럼 온갖 음식을 다 먹어 볼 테고. 또 그중에서도 맛좋은 집을 찾아가겠지. 또 언제 올지 모르니 말이다. 사람의 마음이란 게 그렇지 않더냐? 게다가 배꾼들은 언제 배가 뒤집혀 죽을지 모른다며 먹기라도 잘 먹어야 한다는 생각도 하고 말이다. 그래서 이리저리 떠도는 사람들일수록 입맛이 까다롭지."

그쯤에서 숨이 찬지 또리 아재는 잠시 말을 멈추었다. 또리 아재의 어깨 너머로 여유당의 기와지붕이 보이기 시작했다. 다미는 너른 강 이편저편을 휘돌아 본 다음 다시 또리 아재를 쳐다보았다. 또리 아재가 말을 이었다.

"파주댁이 그런 말을 하더구나. 장사꾼이나 배꾼들은 그저 지나치는 사람들이라 아무렇게 대접하면 된다고 생각하기 쉽지만, 그 반대라고. 도리어 세상을 돌아다니는 사람들이라 입소문을 내고 그러다 보면, 어쩌다 이곳을 지날 때 반드시 다시 찾아온다고 말이다. 제가 가진 재주라고는 그저 국밥 말고 음식 몇 가지 만드는 것뿐인데 그것이라도 소홀히 하면 어찌 먹고사느냐고 말야."(124-126쪽)

인용문 (A)에는 파주댁의 히스토리가 간략하게 제시되어 있습니다. 이 히스토리는 그녀가 지금과 같은 삶을 살 수밖에 없는 이유를 확인해 줍니다. 아울러 파주댁이 훗날 야소교를 믿고, 차별 없는 평등 세상을 꿈꾸게 된 것도, 일차적으로는 자신의 히스토리에서 비롯된 것입니다. 이 히스토리가 현재 파주댁의 삶을 형태를 이끌고 있다는 사실을 알 수 있는 대목이지요. 더구나 이런 히스토리는, 빙허각 이씨에 대한 다미의 깊은 신뢰를 한 번 더 이끌어 냅니다. 이처럼 특정 인물의 히스토리는 앞뒤에서 사건의 직·간접적 모티프가 되기도 합니다. 물론 독자에게 그 인물의 정체성을 확인시켜 이야기의 흥미를 높이기도 합니다.

아울러 인용문 (B)에는 김무생의 히스토리가 등장합니다. 그렇지 않아도 다미는 '큰손님'으로 국밥집에 찾아온 그가 궁금하던 터였고, 독자 입장에서는 이 특별한 인물의 등장에 긴장감이 더해지겠지요. 단순히 어시스턴트일지, 아니면 또 다른 적대자일지 알 수 없으니까요. 하지만 히스토리가 설명되면서부터 그 의문은 해소되고 다산과의 특별한 인연이 미칠 파장이 궁금해집니다. 그리고 그의 히스토리는 다미를 다산에게 이끌게 되고, 그 인연은 거듭 발전해 훗날 다미가 제물포의 찻집까지 이르도록 안내하는 데까지 이르지요.

이처럼 특정 인물의 히스토리는, 현재의 이야기 자체를 풍성한 읽을거리로 만드는 데 일조하면서, 인물의 현실성을 만들어 줍니다. 주인공에게 어떤 식으로든 영향을 미치며 함께 사건을 만들어 가지요. 그러므로 어떤 인물이 특히 클라이맥스를 앞둔 지점에서 주인공의 삶의 방향에 조금이라도 영향을 미친다면, 그 인물의 행동에 대한 개연성을 위해서라도 적합한 히스토리는 반드시 필요합니다.

## [중간] 실존 인물을 통해 주제를 환기하는 요령

이야기가 클라이맥스를 향해 나아가려면, 주인공의 각성이 필요합니다. 왜냐하면 클라이맥스란, 이야기 전체를 통틀어 주인공에게 가장 위험한 순간을 앞둔 지점이기 때문입니다. 따라서 주인공에게는 어떤 방법을 통해서든 클라이맥스로 들어설 이유를 만들어 주어야 합니다. 위험도 감당할 만한 가치 있는 일이어야겠지요. 그러므로 이 지점은, 또한 주인공을 시험하는 부분이기도 합니다.

주인공을 각성시킬 가장 좋은 방법은 주제를 환기하는 것입니다. '너(주인공)의 존재 이유는, 바로 이것(주제) 때문이야!'라고 말해 주는 것입니다. '그래서 너는 그것을 실천하지 않으면 안 돼!'라고 압박하는 것이지요.

"그래도 그건 선비의 도리는 아니지. 그래서 지금까지 김무생이 보내온 모든 것을 돌려보내곤 했다. 그런데 내가 너를 마다하지 않은 것은, 그 가수저라라는 것 때문이다."

"네? 가수저라가 어찌…?"

"네가 양이의 음식을 만들려는 것을 보니 궁금하였다. 난 새로운 것에도 관심이 많고 그렇게 무엇이든 새로운 것을 자꾸 해 보려는 사람을 좋아한단다. 그래서 묻고 싶었다. 그런 사람들이 많아야 세상이 좋아지기 때문이지."

다미는 무슨 말인지 알 수가 없어서 그저 고개만 끄덕였다. 그러자 다산이 다시 물었다.

"그래서 완성했느냐?"

"아, 아직 제대로 되지를 않습니다. 무엇이 문제인지 아직도 찾지 못하였습니다."

"그럼 탕화는 어찌 되었느냐?"

"그것도 아직…."

다미는 고개를 숙였다. 왠지 훈장님에게 꾸중 듣는 도령의 심정이 이럴까, 싶은 생각이 들었다. 하지만 다산은 인자한 미소로 답했다.

"괜찮다. 아무런 바탕도 없이 어찌 처음부터 잘되겠느냐? 하고 또 하다 보면 되는 것이지. 새로운 것을 해 보겠다고 나서는 용기가 더 필요한 때다. 아무것도 하지 않으면 아무런 일도 일어나지 않는다는 말이 있지 않으냐?"

순간 언젠가 엄마가 했던 말이 스쳐 지나갔다. "아무 일도 안 하면서 무슨 천지개벽을 바란단 말이에요?"라던 그 말이 소용돌이치듯 머릿속을 휘저었다. 다미는 자신도 모르게 고개를 들고 다산을 쳐다보았다. 그는 차를 한 모금 마시더니 강 쪽의 먼 하늘을 바라보았다.

다미는 찻잔에 남은 쓴 물을 반쯤 꿀꺽 삼키고 떨리는 두 손을 맞잡은 다음, 조심스레 입을 열었다.

"제가 만든 음식을 먹는 사람이 병자이거나 허약한 사람이라면, 얼른 먹고 나았으면 좋겠고, 배고픈 사람이라면 넉넉하게 배가 불렀으면 좋겠고, 책을 읽는 선비라면 머리가 환해지면 좋겠고, 밭 가는 농부라면 힘이 불끈 솟았으면 좋겠고, 아이라면 쑥쑥 자라면 좋겠고…."

다미의 말에 다산의 미소가 더 환해졌다. 오히려 그것이 더 당황스러워서 다미는 얼른 뒷말을 이었다.

“하오나, 처음부터 그리 생각한 것은 아닙니다. 처음엔 그저 어미를 따라 했고, 어미가 솜씨가 있다 해서 그저 음식 만드는 것이 재미있었는데, 아비가 깊은 병에 걸려 살리고자 했을 뿐입니다. 하온데 제게 은혜를 베풀어 주신 분이 ‘너의 손끝을 믿어라!’ 하시었습니다. 그래서 보잘것없으나, 할 줄 아는 게 그것뿐이라 자꾸만 남이 하지 않았던 음식을 만들어 보고 싶었을 뿐입니다.”

“그래서 너는 지금 너의 손끝을 믿고 있느냐?”

다산은 숨차게 대답한 다미의 말이 끝나자마자 물었다. 흥미롭다는 표정이었다.

&“아닙니다. 그저 믿지 못하여 자꾸만 해 보고 또 해 볼 참입니다. 저는 그 용기란 것도 없어서 그저….”

“아니다. 너는 이미 용기를 내었다. 용기를 내었으니 자꾸 하려는 것이다. 용기를 내지 못하면 아무도 하지 않은 일을 할 수 없지. 설사 실패하더라도 그것은 가치 있는 일이다.”

“어째서 그렇습니까?”

다미는 자신도 모르게 물었다.

“설사 실패했더라도 무엇이든 하려 했다는 흔적이 남고, 그것이 누군가에게는 기억되고, 기록될 것이니 말이다.”

“…?”

“혹여 네가 실패하더라도 그 이후에 또 다른 누군가가 네가 갔던 길을 가게 될 것이고, 그 길은 네가 가려 했던 길보다 수월할 것이

다. 처음 용기를 내는 것이 그래서 어렵고 힘든 일인 것이지."&

다미는 가만히 다산의 얼굴을 쳐다보았다. 그의 낮으나 또렷한 음성이 귓가에 남아 반복되어 들렸다. 그런데 그때 문득, 다미는 다산의 그 말이 다산 자신을 두고 하는 말인 게 아닌가, 하는 생각이 들기도 했다. 다산에 대해서 자세히 알지는 못하지만, 유배를 당하기 전에 그가 했던 일이며, 유배지에서도 수없이 많은 책을 쓴 원동력이 바로 그 용기란 것이 아닐까, 싶어서였다.

다산이 이어서 말했다.

"남들이 하지 않은 것을 해 보려는 용기야말로 새 세상을 열어 보려는 것과 무엇이 다르겠느냐? 어떠냐? 네가 가수저라를 온전히 만들 수 있다면, 그것이 너에게 새로운 세상을 만들어 줄지 어찌 알겠느냐?"(129-133쪽)

그런데 주인공을 '압박'하는 데 하필이면 실존 인물을 활용하려는 것은, 그가 이미 (긍정적) 평가가 내려진 실존 인물이기 때문입니다. 또 다른 허구적 인물을 통해서 주제를 전달해도 큰 문제는 없으나, 실존 인물이 갖는 진실성과 진정성, 사실성 등의 효과 때문입니다. 이를테면, 그가 어떤 이야기를 하더라도 허황되게 들리지 않을 것이란 뜻입니다.

주인공 다미는 물론, 독자 역시 다산이 어떤 사람인지 알고 있기 때문에 한층 더 신뢰할 수 있습니다. 독자에게는 믿을 만한 위인이고, 주인공 다미에게는 아버지와 같은 고초를 겪은 어르신으로 인지되어 있으므로 이러한 주제의 설파는 인위적이긴 해도 강조의 효과를 얻을 수 있습니다.

사실 이전까지 다미는 이전에 빙허각 이씨가 해 준 말이 있었지만, 적극적으로 자신의 삶을 주체적으로 이끌어 나가지 못합니다. 여전히 조 상궁을 기다리면서 궁녀가 되길 꿈꾸지요. 그러나 다산에게 '새로운 것을 해나가는 일의 가치'에 대해 들은 뒤로 마음이 흔들리고 결국 궁녀가 되는 길을 포기하지요. 이때부터 주인공은 작품의 주제인 '자신의 삶의 목표를 실현하기 위한 행보'에 나서게 됩니다. 따라서 주제의 환기는 클라이맥스의 입구에서 시작하면, 자연스러운 긴장감을 유발할 수 있습니다.

다만 이때 실존 인물이 전달하는 주제는, 그의 삶과 역사적 평가 범위 안에 있는 것이 좋습니다. 실존 인물이라고 해서 무조건, 아무 말이나 해서는 안 된다는 뜻입니다. 그럴 경우, 도리어 실존 인물의 등장 배경을 의심받을 수도 있습니다. 가령, "네가 양이의 음식을 만들려는 것을 보니 궁금하였다. 난 새로운 것에도 관심이 많고 그렇게 무엇이든 새로운 것을 자꾸 해 보려는 사람을 좋아한단다. 그래서 묻고 싶었다. 그런 사람들이 많아야 세상이 좋아지기 때문이지."와 같은 충고는 다산이기 때문에 할 수 있는 충고입니다. 다산이야말로 새로운 것에 관심이 많았고, 새로운 것을 추구하였고, 또한 그래서 실학자로서 업적을 남긴 것이지요. 그러므로 다산을 아는 독자라면 이와 같은 충고(주제의 환기)를 더욱 진정성 있게 받아들일 것입니다.

물론, 역사 동화가 아니라면 주인공에게 우호적인 어시스턴트가 이 역할을 대신하면 됩니다. 현실 동화라면, 믿을 만한 선생님, 주인공을 항상 지지해 주는 또 다른 어른 등이 바로 그들입니다.

## [중간] 핵심 소재를 전면에 드러내면 얻는 효과

보통 제목에 소재가 언급되는 경우에는 그것으로부터 이야기가 시작되었을 가능성이 큽니다. 그것 자체가 가장 중요한 소재라는 뜻입니다. 물론《조선으로 온 카스테라》의 핵심적 소재는 '카스테라'이며, 따라서 카스테라가 중요한 모티프로서 기능합니다. 이 말은, 다른 에피소드도 두루 언급되겠지만, 무엇보다 '카스테라가 어찌 되는지?' 혹은 '카스테라로 무엇을 하는지?', '카스테라로 인해 무슨 일이 발생하는지?'를 잘 살펴보란 의미입니다.

따라서 이 작품에서 카스테라는 어떤 식으로든 그 자체가 인상적으로 언급되어야 할 필요가 있습니다. 특히 클라이맥스를 눈앞에 두고 있다면, 이제 그 핵심 소재를 깊이 있게 다루어야 합니다. 그래야 그 소재에서 주제를 확보할 수 있습니다.

또리 아재에게 부탁해서 구리로 된 냄비를 구하긴 했지만, 가수저라를 만드는 건 쉽지 않았다. 탕화도 부석당도 마찬가지였다. 가수저라는 번번이 시커멓게 탔고, 탕화를 만들라치면 설탕물을 졸이고 졸이다가 냄비에 시커먼 단물만 남았다. 그나마 부석당은 얼추 모양이 만들어졌지만, 맛이 달지 않고 씁쓸했다. 보름 동안 번갈아가며 이것저것 다 해 보았지만, 변죽만 울렸을 뿐 제대로 된 건 없었다.

그러자 파주댁이 지나가는 말로 "하나부터 해 놓고 그다음 걸 해 보든지…" 했는데, 그게 낫겠다 싶었다. 그때, 다미는 자신도 모르게 입속으로 외쳤다.

'가수저라!'

무엇이든 하나만 먼저 해낸다면 그다음 것도 길이 보일 거란 생각이 들었다. 그래서 다시 한번 생각해 보았다. 달걀로 거품을 내는 일도 문제없었고, 설당(설탕)을 구하기 어려울 때는 하물며 편청*을 넣어도 얼추 맛은 낼 수 있다는 것쯤은 터득했다. 자꾸만 냄비에 들러붙는 것도 오미자 기름을 발라 보았더니 조금은 해결이 됐다. 그러나 불 속에 집어넣기만 하면 타기 일쑤였다. 그래서 얼른 화로에서 빼냈더니 또 안쪽이 덜 익기도 했다. 마지막 남은 문제는 시간을 조절하는 일이었다. 그런데 그게 어려웠다.

국밥이든 수육이든, 웬만한 음식들은 대략 한나절이랄지, 한 시진이랄지 끓이면 됐고, 그 정도는 그저 감으로도 맞출 수 있었는데, 가수저라는 경각에도 타거나 덜 구워지기 일쑤였다. 더구나 구리 냄비가 무쇠솥보다 열에 더 빨리 달구어지기 때문에 어림잡아 시간을 맞추기란 쉽지 않았다.

다미는 고민 끝에 부엌 안쪽 가장 작은 아궁이 벽 위에 큰 바가지를 매달았다. 그리고 가운데에 작은 구멍을 뚫었다. 그 밑에는 대통을 놓고, 대통 안쪽에 일정한 간격으로 금을 그었다. 그리고 그 금이 지워지지 않도록 풀물을 들였다. 시간을 계산해 볼 참이었다. 만든 모양새가 헤싱헤싱했지만, 그런대로 쓸 만했다.

일단 구리 냄비를 화로 안에 넣은 뒤에 바가지에서 똑똑 떨어뜨린 물이 대통 아래서부터 일곱 눈금까지 채워졌을 때 꺼냈다. 그러자 속이 덜 익었고, 열두 눈금까지 채워질 때까지 굽자 절반이 타 버렸다. 그리고 열 번째 눈금까지 왔을 때 꺼내자 비교적 겉은 거무스름하게 그리고 안쪽은 노랗게 익었다.

"됐어요! 이거예요!"(150-152쪽)

처음에는 단순히 요리 재능을 키워 오던 다미는 마침내, 그 누구도 만들어 본 적이 없는 음식을 만들기 시작합니다. 바로 카스테라입니다. 더구나 카스테라 만들기는 우연히 발견한 책 속에 있는, 간단한 레시피만 보고 시작한 것이라서 어려움이 크지요. 그러므로 시도의 과정도 필요하고, 그 어려움을 극복하는 과정까지 담아낼 필요가 있습니다.

그래서 다미는 본격적으로 자신이 직접 요리법을 계산하고, 개선하고, 업그레이드하면서 카스테라를 완성해 나갑니다. 이런 과정이 얼마간은 집중적으로 언급될 필요가 있습니다. 작품의 내용적 특성을 표면화하기에도 도움이 되지요. 즉 작품의 정체성을 드러내는 중요한 기능을 한다는 뜻입니다.

물론 이 부분이 과하면, 전문성은 살릴 수 있을지 몰라도, 오히려 그런 점 때문에 흥미가 떨어질 수 있습니다. 그 분야에 특별히 관심 있는 독자가 아닌 다음에는, 지나친 전문적 서술은 독이 될 수 있지요. 위의 인용에 등장하는 옛 용어만 해도 독해에 방해가 될 수 있다는 뜻입니다.

## [끝] 사용 인물을 마지막까지 놓치지 않는 방법

이야기의 가장 흥미로운 지점이자, 주인공에게는 가장 위험한 부분이 클라이맥스입니다. 이 지점이 지나면 대체로 이야기는 마무리 수순에 들어갑니다. 이때 마무리에는 특히 극적인 사건 종결과, 동화나 청소년소설의 특성상 주인공의 미래를 더 분명하게 열어 주는 일이 포함됩니다.

그러나 이야기가 끝을 맺기 전에, 작가가 반드시 처리해야 할 일이 하나 있는데, 그것은 작품에 등장한 인물들의 퇴로를 만들어 주는 일입니다. 이 말은 곧, 한번 등장시킨 인물은 끝까지 책임지라는 의미이며, 결코 소모적으로 사용해서는 안 된다는 의미를 포함하고 있습니다. 이때 인물의 소모적 사용이라는 말은, 새로운 사건의 발생 등을 위해서만 활용하고, 이후에는 언급하지 않는 경우를 말합니다. 즉 한 사람의 등장인물조차 일회성으로 등장하는 데 머물지 않고, 어떻게든 그의 삶을 마무리 지음으로써 전체적 완결성을 갖추어야 합니다.

> "제물포에는 조선인도 많지만, 청국인과 양인도 꽤 드나든다. 그곳을 오가는 사람들 대다수는 상인이지만, 다른 일로 드나드는 사람들도 많다. 그래서 더더욱 다관이 필요하지. 그곳에 드나드는 청국 사람들이나 양인들에게 차와 함께 가수저라와 같은 양이의 음식을 팔아 볼 생각이다."
>
> "네? 제게 주모를 하란 말씀이십니까?"
>
> 김무생의 말을 깨닫는 순간, 다미는 되물었다.

"주모? 하하하! 그래, 조선에서는 주모라고 하지. 무어라 부르든 상관 없다. 그저 국밥집이 아닌, 차와 과자를 팔며 사람들이 잠시 쉬어 갈 수 있는 곳이다. 조선에서는 아직 그 누구도 만들지 않은 음식으로 말이다."

"…"

무어라 선뜻 대답하기 어려웠다. 다미에게는 좋은 기회지만, 아까처럼 왠지 자신이 선뜻 생기지 않았다. 그러자 그런 눈치를 챘는지 김무생이 다시 물었다.

"물론 거절해도 좋다. 네가 하겠다면 하면 되는 것이고, 아니라면 너를 이곳에 두고 갈 생각이다. 이 주막집에서 일하도록 해 주마."

김무생의 말에 다미는 국밥 한술 뜨지 못하고 바깥을 내다보면서 이런저런 생각을 해야 했다. 그리고 조 상궁에게, 남의 이름으로 살지 않겠다며 두물머리에 남겠노라고 말한 기억이 새삼 떠올랐다.

'그건 어쩌면 빙허각 어른의 말대로 나를 믿어 보겠다는 생각 때문이 아니었을까?'

그런 생각이 들었고, 그래서 김무생을 향해 고개를 돌렸다. 아니, 돌리려는데 바깥에 낯익은 얼굴이 보였다. 그래서 다시 바깥으로 고개를 돌렸다. 뜻밖에도 순남 오라버니였다.

헉!

다미는 자신도 모르게 일어나 천천히 바깥으로 나갔다. 잘못 보았나, 싶어서 유심히 쳐다보았지만, 틀림없이 순남 오라버니였다. 옷은 찢어지고 더러웠으며, 머리는 산발이었고 얼굴은 땟국물로 꾀

죄죄했다. 말 그대로 비렁뱅이였다. 그런 채로 순남 오라버니는 지나는 사람들에게 구걸을 하고 있었다.

“한 푼 줍쇼!”

그러다가 주막집을 기웃거리기도 했다.

하아!

가슴이 무너지는 듯했다. 다미는 그 자리에서 조금도 움직이지 못했다. 조 상궁이 했던 말이 떠올랐다. 그런데 그때쯤, 이쪽저쪽을 기웃거리던 순남 오라버니가 이쪽을 바라보았다. 그 바람에 다미는 저도 모르게 한걸음 나섰다. 그리고 눈이 마주쳤다. 뒤미처 순남 오라버니가 고개를 갸웃거렸다.

다미는 한 걸음 더 나아갔다. 주체할 수 없이 가슴이 뛰고 공연히 눈물이 흘렀다. 잠시 후, 순남 오라버니가 이쪽으로 걸어왔다.

그리고 마주 보더니 말했다.

“다미다! 다미! 다미!”

순남 오라버니는 여러 번 이름을 부르며 그 자리에서 겅중거렸다. 환한 미소가 땟국물로 얼룩진 얼굴에 감돌았다.

“오라버니, 어떻게 여기까지…!”

“다미다, 다미!”

“그래, 다미야. 오라버니, 괜찮은 거예요?”

다미는 순남 오라버니를 위아래로 훑어보며 물었다. 그런 다미를 쳐다보면서 순남 오라버니는 그저 웃기만 했다.

그때 김무생이 다가와 물었다.

“아는 사람이냐?”

그 말을 듣는 순간, 다미는 정신이 퍼뜩 들었다. 그리고 김무생을 향해 돌아서 간절히 말했다.
"제물포로 가겠습니다. 저이도 데려가게 해 주세요! 제가 두 배의 일을 하겠습니다. 제 손끝을 믿어 보겠습니다."(176-178쪽)

이 장면은, 주인공 다미가 극적으로 두물머리에서 탈출한 뒤, 김무생과 함께 마포나루에 내린 직후입니다. 이곳에서 김무생은 다미에게 뜻밖의 제안을 합니다. 제물포에 가서 '찻집 주모' 노릇을 할 것인지, 아니면 마포나루 부근의 국밥집에 남아 일을 할 것인지 묻지요. 사실 이 부분에서 다미는 자신에게 유리한 쪽을 선택하고 그다음의 수순에 따라 자신의 삶을 이어 가면 됩니다. 그런 결말이 이 작품의 결말을 어색하게 만들지는 않을 것입니다.

그런데 여기에서 순남 오라버니를 만납니다. 순남 오라버니는, 한때 '품을 수도 놓을 수도 없는' 사람이었습니다. 그런 채로 그는 이야기의 초반에서 다미의 가출을 유도하고, 빙허각 이씨를 찻집에서 다시 한번 만나게 하는 가교 역할을 했지요. 그러나 결국 집을 나선 이유가 결국 순남 오라버니가 정신이 온전치 못한 사람이라는 사실 때문이라는 부담에서 자유로울 수 없습니다. 비록 윤 초시의 불손한 의도를 피해서라고는 하지만, 다미의 순수성을 의심받을 수도 있는 상황이지요. 이를테면 순남 오라버니는 그만큼 중요한 인물 중의 하나란 뜻입니다.

그런데 마지막 장면에서 거지로 떠도는 순남 오라버니를 다미가 스스로 거둠으로써, 한편으로는 작품에 등장한 모든 인물을 합리적으로 사용하도록 했지요. 그뿐만 아니라 김무생에게 순남 오라버니를

'조건'으로 제시함으로써 그를 거두겠다는 의지를 거듭 강조하여 다미의 올바른 인성을 간접적으로 강조하고 있습니다.

물론, 하필이면 이곳에서 순남 오라버니를 만나는 것 자체가 작위적이라고도 할 수 있으나, 그를 포기하는 것보다는 끝까지 그의 삶을 책임짐으로써 얻는 효과가 더 크다고 할 수 있습니다.

## [끝] 에필로그의 효과

에필로그는 이른바, '유종의 미'를 거두는 부분입니다. 특히 동화와 청소년소설은, 장르적 특성상 해피엔드를 추구하기 때문에 주인공에게 그동안의 고난에 대한 '보상'이 주어지고, 안정감 있는 결말을 유도하는 것이 좋습니다. 물론 시리즈라면 속편을 염두에 두고 새로운 사건에 대한 예고를 남겨 둘 수도 있습니다.(《소녀 저격수》 참고) 더불어 이야기의 마지막 부분이어서 여운을 남겨 두는 센스도 필요합니다. 이것은 독자가 작품을 오래 기억하게 하기 위한 방법이기도 하지요.

그래서 에필로그에서는 본장과는 조금 다른 분위기를 유도해도 좋고, 다소 감성에 호소하는 것도 나쁘지 않습니다. 애초에 전달하고자 하는 메시지로부터 멀어지지 않아야 한다는 점만 상기하면 됩니다.

다미는 숨이 막혔다. 그 말을 듣는 순간 놀랐고 얼결에 앞으로 나섰는데, 조 상궁이 그 자리에 서 있었다.

"마마님!"

다미는 휘청거렸다. 그러자 조 상궁이 달려와 다미의 손을 맞잡았다.

"용케 살아 있었구나. 아니, 이렇게 훌륭한 모습이 되었구나."

"마마님!"

같은 말밖에 나오지 않았다. 울음이 나오려 했다. 하지만 지금은 울면 안 될 것 같았다. 다미는 우선 조 상궁을 한쪽 탁자에 앉게 했다. 그리고 얼른 부엌으로 달려가 차와 가수저라를 내왔다.

"제가 만든 거예요. 한번 드셔 보세요."

그러자 조 상궁은 활짝 웃으면서 가수저라를 먹었고, 차를 마셨다.

"정말 일품이구나. 궁궐에서도 이만한 음식을 먹어 본 적이 없다. 정말 고맙구나. 이렇게 네가…."

문득 조 상궁이 말을 끊었다. 그때 문득 다미는 불길에 예감에 사로잡혔다.

"빙허각 마님은요?"

"…."

"마마님!"

"저 차가 마님이 따신 마지막 찻잎이다. 꼭 네게 가져다주라 하셨다."

"마마님!"

"얼마 전 두물머리에 다시 갔었다. 그곳에서 큰일이 벌어졌다는 것도 알았고, 여차저차해서 네가 이쪽으로 왔다는 것도 알게 됐지. 마님께서 듣고는 꼭 차를 보내 주고 싶다고 하시더구나."

"…."

"얼마 전 대감마님께서 돌아가셨는데, 그때부터 곡기를 끊고 거동을 못 하신다. 당분간은 찻잎을 따지 못하실 것 같다."

그러자마자 참았던 눈물이 흘렀다. 당장이라도 달려가고 싶었다. 그때 조 상궁이 잠시 내려놓았던 보퉁이를 풀어 책 몇 권을 건네주었다.

"이건…"

"《규합총서》 중 음식에 관한 내용을 모두 담은 것이다."

아!

다미는 아무 말도 하지 못하고 숨만 크게 내쉬었다. 눈물이 더 쏟아졌다. 그러자 조 상궁이 말했다.

"울지 말거라. 그래도 뵐 날이 있지 않겠느냐?"

다미는 고개만 살짝 끄덕일 뿐, 대답을 할 수 없었다. 빙허각의 얼굴, 그리고 해 주었던 말들이 수없이 스쳐 지나갔다. 다미는 말도 못 하고 어깨만 들썩였다.(185-187쪽)

에필로그에서 가장 인상적으로 부각되는 인물(혹은 사건)은, 주인공 다미에게 가장 큰 영향을 미친 빙허각 이씨(의 마지막 소식)입니다. '네 손끝을 믿으라'는 자극을 주어 스스로 포기할 뻔했던 주인공의 삶을 전환하는 데 일조하였으며, 카스테라를 통해 새 삶에 대한 의지를 다미 스스로 확인케 한 사람도 빙허각 이씨였지요. 그는 심지어 다미를 물리적 위험에서 구해 주었습니다. 중반 이후, 종종 언급은 되고 있지만, 작품에서 사라졌습니다. 그런 빙허각 이씨를 다시 등장시킴으로써 에필로그는 이야기의 전체를 환기하는 역할을 하고 있습니다. 더구나 조 상궁에게 들은 그의 소식에는 '죽음의 그림자'가 드리워져 있어서 한결 감정이 고조됩니다. 다소 신파라는 느낌이 없지 않으나, 다시 한번 빙허각 이씨를 언급함으로써 주제를 환기함과 동시에 여운을 남기는 데 일조하고 있습니다.

## 필사 효과의 확인

필사를 통해 언어에 대한 감각을 익히고, 각 부분에 대한 표현력을 증대시키며(부분 필사), 나아가 그 작품 전반의 구조와 구성을 확인함은 물론, 집필에 대한 간접 체험을 통해 필력을 확장할(통권 필사) 수 있습니다. 그러므로 필사를 꾸준히 반복하면, 단순한 독서보다 훨씬 더 빠르고 합리적으로 창작 방법론을 익힐 수 있습니다.

그러나 아무리 필사를 반복하더라도 그 효과를 작가 스스로 확인하기는 힘듭니다. 결국 스스로 작품을 반복적으로 써내는 과정에서 부분적으로 자신의 문장력이 조금씩 나아지고 있음을 직감적으로 확인할 수 있는 정도입니다.

필사 효과를 가장 직관적으로 확인할 수 있는 방법은, 물론 작품을 써보는 것입니다. 하지만 당장 쓰고 있는 작품이 없다면, 이는 불가능하지요. 한두 문장으로 확신할 수는 없으니까요. 그래서 추천할 만한 가장 확실한 방법은, 자신의 작품을 필사하는 것입니다. 일정 시간 동안 필사를 하고 난 후, (출간된 작품이건 아니건 가리지 않고) 필사 전에 썼던 작품을 수정하는 방식으로 덮어쓰기 해 보는 것이지요. 만약 그 작품을 유연하게 수정할 수 있다면, 그것이 필사의 효과라 판단하면 됩니다. 작품을 쓸 때 떠올리지 못했던 어휘를 쓸 수 있다거나, 이전과는 다른 방법으로 문장을 서술하고 있다면, 문장에 대한 긍정적 변화가 일어나고 있음을 확신해도 됩니다. 앞서 말한 대로 문장과 문장이 논리적으로 잘 연결되거나, 정확성에 대한 자기 검열의 허들이 높아지고, 문장의 길이를 길고 짧게 조절하는 일까지 모두 포함해서 말이지요.

자신의 작품 필사를 해야 하는 두 번째 이유는, 집필 과정을 통틀어서 특히 어떤 부분에서 문장력이 미흡한지를 확인할 수 있기 때문입니다. 위와 같은 변화가 일어난 뒤에도, 내 작품에서 여전히 미흡해 보이고 여전히 수정되지 않는 부분이 나타날 것입니다. 이를 바탕으로, 이후에는 그 부분을 집중적으로 필사하면, 자신의 허약한 부분을 보완할 수 있습니다. 이처럼 필사는 무계획적으로 혹은 무작위적으로 하는 것이 아니고 목적적으로 접근했을 때, 훨씬 더 좋은 효과를 얻을 수 있습니다.

결국 필사는 기술적인 의미의 '스킬'을 익히는 것이 아닌, 작가 자신의 작품의 내적·외적인 완성도 향상을 위해 필요한 전방위적 창작 방법론을 익히는 일임을 인지해야 합니다.

다른 인스타그램

뉴스레터 구독

**동화·청소년소설 읽기와 필사의 모든 것**

창작의 힘을 끌어올리는 핵심과 응용의 기술

**초판 1쇄** 2026년 1월 23일

**지은이** 한정영

**펴낸이** 김한청
**기획편집** 원경은 차언조 양선화 양희우 장민기
**마케팅** 정원식 이진범
**디자인** 이성아 황보유진
**운영** 설채린

**펴낸곳** 도서출판 다른
**출판등록** 2004년 9월 2일 제2013-000194호
**주소** 서울시 마포구 동교로 27길 3-10 희경빌딩 4층
**전화** 02-3143-6478 **팩스** 02-3143-6479 **이메일** khc15968@hanmail.net
**블로그** blog.naver.com/darun_pub **인스타그램** @darunpublishers

ISBN 979-11-5633-751-5 03800



다른 생각이
다른 세상을 만듭니다